Début d'une série de documents en couleur

# HISTOIRE

DE

# DESAIX

ARMÉES DU RHIN. — EXPÉDITION D'ORIENT.
MARENGO

D'APRÈS LES ARCHIVES DU DÉPÔT DE LA GUERRE

PAR

## M. E. BONNAL
CONSERVATEUR DES ARCHIVES DU DÉPÔT DE LA GUERRE

> « La présence de Desaix va changer
> la face des choses »
> THIERS.

---

PARIS

| DENTU, ÉDITEUR | DUMAINE, ÉDITEUR |
| PALAIS-ROYAL, 17 ET 19 | RUE ET PASSAGE DAUPHINE, 30 |

1881

*A Son Excellence M. Torres-Caicedo
Ministre Plénipotentiaire
hommage très affectueux
Ed. Bonnal*

# HISTOIRE

DE

# DESAIX

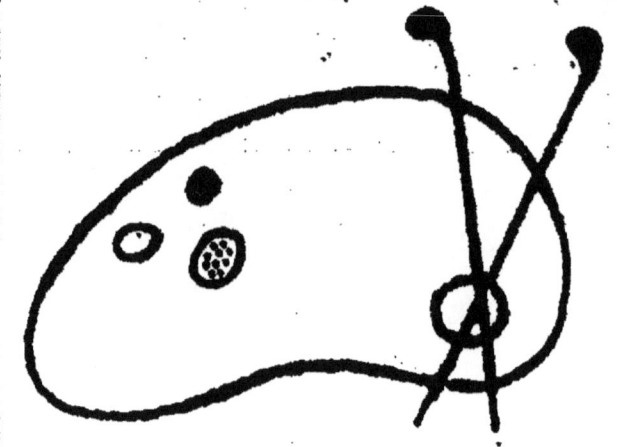

Fin d'une série de documents en couleur

# HISTOIRE

DE

# DESAIX

ARMÉES DU RHIN. — EXPÉDITION D'ORIENT.
MARENGO.

D'APRÈS LES ARCHIVES DU DÉPOT DE LA GUERRE

PAR

## M. E. BONNAL

CONSERVATEUR DES ARCHIVES DU DÉPÔT DE LA GUERRE

« La présence de Desaix va changer
la face des choses. »

THIERS.

PARIS

DENTU, ÉDITEUR  |  DUMAINE, ÉDITEUR
PALAIS-ROYAL, 17 ET 19  |  RUE ET PASSAGE DAUPHINE, 30

1881

# A M. JULES GRÉVY

### PRÉSIDENT DE LA RÉPUBLIQUE

# PRÉFACE

*Les leçons sur l'art de la guerre et la grandeur militaire d'une nation, ressortent toujours des récits de campagnes entreprises pour défendre l'indépendance nationale aux frontières. On a certes décrit les guerres de la Révolution française dans leur ensemble, mais on a négligé les monographies. Pourtant, que de modèles nous offrent les généraux de cette époque si utiles à connaître pour l'honneur de nos armées.*

*La vie de Desaix en est une preuve nouvelle. Et quel témoignage que cette vie écrite avec des documents inédits.*

*Les* ARCHIVES HISTORIQUES DU DÉPÔT DE LA GUERRE, *que les officiers de l'ancien corps d'État-Major ont organisées, enrichies par des travaux dignes du talent de ceux qui furent pendant un siècle les auxiliaires du comman-*

DEBUT DE PAGINATION

dement, je les ai utilisées dans la plus large mesure, parce que j'en ai le soin (1).

Les MÉMOIRES DE GOUVION SAINT-CYR SUR LES CAMPAGNES DES ARMÉES DU RHIN ont servi de guide à l'exposé des faits militaires auxquels a coopéré Desaix de 1792 à 1797. J'ai consulté pour l'expédition d'Orient la RELATION DES CAMPAGNES DU GÉNÉRAL BONAPARTE EN ÉGYPTE ET EN SYRIE par le général de division Berthier.

Voilà mes conseils, mes témoins.

Pour être complet, je devais, sur le premier acte militaire du Premier Consul, une étude qui vînt ou infirmer, ou approuver, ou expliquer les narrations connues. Il fallait les éclairer par une version inédite et en appeler aux documents de nos adversaires. La version inédite sur Marengo, on la trouvera dans le récit considérable de cette journée. La leçon provenant d'adversaires, elle ressort de l'examen des documents du DÉPÔT DE LA GUERRE D'AUTRICHE-HONGRIE. Exposé par un officier respectueux de la vérité historique, ce récit fournit aux appréciations à porter sur le rôle de Desaix à Ma-

---

(1) Le présent ouvrage a été écrit par ordre de M. le général Gresley, sénateur, ancien Ministre de la Guerre.

rengo une base juste : la narration d'un ennemi. Je l'ai citée, traduite en son entier ; puis, j'ai conclu.

On trouvera dans une NOTICE générale sur la relation de Marengo par Jomini, publiée en 1824, la constatation d'un fait dont nous avons saisi l'Institut de France, savoir : l'emploi exclusif des documents autrichiens, ce qui infirme, en partie, la valeur absolue de sa narration.

*Pour peindre celui qui fut un grand citoyen et un grand général, pour honorer celui qui surpassa ses rivaux par l'élévation de son caractère, je n'ai pu l'isoler du temps où il a vécu. Je n'ai pu me taire sur quelques-uns des hommes célèbres avec lesquels il a été en rapport, pas plus que je n'ai passé sous silence les événements principaux de notre histoire. Mais je l'ai fait avec la mesure qui sied à l'équité, avec la déférence qui est due à cette* ARMÉE FRANÇAISE *dont des malheurs immérités ne peuvent diminuer la gloire et qui en trouvera la preuve dans ce livre.*

# LIVRE PREMIER

## CAMPAGNES DE L'ARMÉE DU RHIN

## CHAPITRE PREMIER

### JEUNESSE DE DESAIX

SOMMAIRE. — Famille de Desaix. — École militaire d'Effiat. — Régiment de Bretagne. — 46ᵉ de ligne. — La Révolution et l'Alsace. — Le colonel Mathieu Dumas. — Desaix commissaire des guerres. — Il est nommé Aide-de-camp. — Il proteste contre l'Émigration.

### 1768-1792

Desaix (Louis-Charles-Antoine) naquit à Saint-Hilaire d'Ayat, près de Riom, dans le département du Puy-de-Dôme, le 17 août 1768. Sa famille appartenait à la plus vieille noblesse d'Auvergne, et ses biens seigneuriaux étaient assez considérables pour donner deux titres différents aux fils du chef de la famille. Le certificat de noblesse de l'historiographe des ordres militaires les mentionne ainsi : le Quereau et le Veygoux. Puîné de plusieurs enfants, Desaix remplaça son frère aîné à l'École militaire d'Effiat, le 18 octobre 1776, après la nomination de ce dernier comme cadet au régiment de Beauvoisis.

La fondation d'écoles militaires date en France de 1607, époque où Henri IV organisa le *Collége de la Flèche* ; son succès engagea Richelieu à créer, en 1635, une *Académie royale* pour la noblesse. On connaît les efforts de Louvois sur ce point et la création de Pâris-Duvernay en 1751. Un descendant du maréchal d'Effiat avait voulu perpétuer le renom militaire de son aïeul et avait créé dans l'ancien duché de Montpensier un collége, devenu plus tard une école royale militaire. Douze bourses destinées à douze jeunes gentilshommes, issus de préférence de l'Auvergne et du Bourbonnais, devaient faciliter le recrutement supérieur de l'armée.

Desaix y fut admis à l'âge de huit ans (1). Un règlement du 28 mars 1776 vint « donner une nouvelle forme aux établissements fondés » dans ce but. « Dix maisons » leur furent affectés, avec le titre d'*Ecole royale militaire* (2), « en diverses provinces, » et le ministre de la guerre eut « la surintendance des dites écoles. » L'objet de l'instruction était ainsi réglé : « Faire enseigner l'Ecriture, les Langues françoise, latine et allemande, l'Histoire, la Géographie, les Mathématiques, le Dessin, la Danse, la Musique, l'Escrime en fait d'armes. » Un concours annuel précédait l'envoi des élèves dans les régiments comme *cadets-gentilshommes*, il avait lieu au Collége de Brienne, obligatoirement. La répartition se faisait « dans l'Infanterie, la Cavalerie et les Dragons, » suivant les dispositions de leur taille et leur constitution. » Ceux qui se distinguaient « dans

---

(1) Le rôle politique de la famille de Desaix avant la Révolution a été très-modeste et n'a pas laissé de trace marquante dans l'histoire de l'Auvergne.

(2) *Colléges* de : Sorèze, Brienne, Tiron, Rebais, Beaumont, Pont-le-Voy, Vendôme, Effiat, Pont-à-Mousson, Tournon. — En projet : Auxerre et Dôle, tit. I, art. 1. Il n'existe aucun document important au Dépôt de la guerre sur les anciennes Ecoles militaires.

les mathématiques et dans le dessin » étaient placés à Mézières, ou à la Fère pour le Génie et l'Artillerie. Ils sortaient de ces établissements « ingénieurs ou sous-lieutenants d'artillerie. » Les élèves qui n'avaient pas été admis subissaient « un second examen l'année suivante. » Telle était la réorganisation dont profita Desaix au début de ses études.

Le jeune élève se fit remarquer par la vivacité de son intelligence. L'histoire et la géographie lui inspirèrent un goût particulier et il manifesta à sa mère, en 1784, ses regrets de n'avoir pu, comme deux de ses camarades, « aller à la marine. » Nous retrouverons en 1797 cette passion des voyages et nous verrons en Orient ce que l'enthousiasme pour l'Inde conseillait à son génie. Peu porté vers les mathématiques, le futur vainqueur de Schifferstadt s'adonnait avec passion à l'étude de l'allemand. Il répondait aux instances de sa famille, qui eût voulu voir en lui le continuateur des Sirmond ses aïeux, par une vocation d'homme d'action, que l'un des siens était tombé à Rosbach à la tête de son régiment et qu'il s'inspirerait de cet exemple...!

Pour que les rapprochements inattendus soient complets en cette biographie, il faut constater que ce fut à l'un des plus grands noms de la noblesse française que Desaix dut son entrée dans l'armée. Le 18 octobre 1783, le comte de Crillon, colonel du régiment de Bretagne, le proposa comme sous-lieutenant au roi. Le maréchal de Ségur lui conféra le 20 « la charge de troisième sous-lieutenant en pied, sans appointements, en la première compagnie du régiment de Bretagne. » L'élève désormais officier prit le nom de chevalier de Veygoux pour se distinguer de son frère aîné et de ceux de ses parents qui portaient le nom patronymique : Des Aix. La mort de son père coïncida avec sa sortie d'Effiat; il partit pour Grenoble libre de toute tutelle de famille, mais prêt à accepter celle de ses chefs.

Qu'avait été le régiment de Bretagne dans son passé, qu'était-il dans le présent ? c'est ce qu'il importe de savoir pour comprendre Desaix en 1792 et peut-être aussi durant toute sa carrière.

Le régiment de Bretagne (1), dénommé d'abord *Cardinal-Mazarin* et *Mazarin-Français*, comptait dans l'armée depuis 1644 et ne devait disparaître qu'à la réorganisation de 1791 où il forma le 46ᵉ de ligne, numéro d'ordre tiré de son ancienneté relative. Il avait servi sous Condé, sous Turenne, sous Luxembourg, Créqui et Catinat. A Fribourg et à Nordlingen; à Lens et à Candie; à Trèves et à Mayence; à Turin et à Malplaquet; dans la campagne du Hanovre et dans la guerre d'Amérique, il avait honoré son drapeau. A la Marsaille, il avait exécuté en tête de l'armée la première charge à la baïonnette qu'ait faite l'armée française, et perdu 900 hommes.

Son séjour en Dauphiné, province prompte aux innovations, avait favorisé l'extension des doctrines philosophiques nouvelles parmi le corps des officiers. Instruit et discipliné, ce régiment se ressentait de cette influence partie de haut, le chevalier de Veygoux l'éprouva; il refit son éducation en lisant les écrivains célèbres. Les noms qu'honorèrent les faits de la guerre d'Amérique excitèrent son enthousiasme; complétant dans la garnison de

---

(1) Drapeau : fond aurore et noir, croix herminée séparant les quatre quartiers. Les armes de Bretagne figuraient dans le drapeau colonel, qui était blanc.

Briançon ses études, Desaix se rendit digne d'une position plus élevée. Ce fut à son savoir qu'il dut de comprendre et d'aimer le mouvement qui animait le pays à tous les degrés et dont les *cahiers aux Etats-Généraux* attestent devant l'histoire l'unanimité.

L'assemblée des notables avait vu un frère du roi (1) protester contre toute modification gouvernementale en ces termes : « Des institutions réputées sacrées et par
» lesquelles cette monarchie a prospéré pendant tant de
» siècles sont converties en questions problématiques ou
» même décriées comme des injustices. » La noblesse d'Auvergne avait, elle, donné les instructions les plus larges à ses députés. On y lisait : « Souvenez-vous que
» la nature a fait les hommes égaux... L'assemblée des
» représentants de la nation française, formant les Etats-
» Généraux, est la seule puissance compétente pour éta-
» blir les impôts et faire les lois sous la sanction du roi. »
La famille de Desaix assista à ces délibérations et les signa par ses divers chefs. Le jeune officier les félicita de leurs principes. Les événements amenèrent, après la sortie de France du comte d'Artois, une rétractation dans les doctrines et une fuite coupable quant aux personnes.

En 1788, le régiment de Bretagne avait été cantonné mi-partie dans le Luxembourg français, mi-partie dans l'Alsace. L'agitation des esprits dans le Bas-Rhin s'était communiquée aux troupes et le colonel du régiment avait tenu à faire un exemple : retenus dans une prison pendant neuf mois, trois lieutenants durent briser leur carrière pour obtenir leur liberté. Les officiers protestèrent par l'envoi

---

(1) *Mémoire présenté au Roi par le comte d'Artois*, 12 décembre 1788, *Moniteur*, t. I, p. 18.

de deux d'entre eux à l'Assemblée nationale ; ce fut dans ce voyage que Desaix entendit Mirabeau. Le général Menou fit un rapport, le 14 octobre, sur la demande des délégués (1) qui obtinrent gain de cause, c'est-à-dire leur renvoi devant un conseil de guerre.

Ce fut durant son séjour à Paris que le capitaine de Beaufranchet d'Ayat, plus tard général, présenta son jeune parent au colonel Mathieu Dumas, directeur du Dépôt de la Guerre. Envoyé trois mois plus tard, par l'Assemblée législative, comme président des commissaires extraordinaires destinés à assurer l'exécution de ses décrets sur la paix publique en Alsace, le colonel Dumas reçut de Desaix la demande de lui être attaché comme aide-de-camp. Accepté à ce titre, le jeune sous-lieutenant se signala par son esprit militaire dans la répression des émeutes de Colmar comme il l'avait fait à Strasbourg. Le séjour de la commission à Landau le mit en présence de son frère aîné et de plusieurs membres de sa famille, officiers dans le régiment de Beauvoisis. L'émigration, que la coupable imprudence du comte d'Artois avait constituée en principe de gouvernement, affligeait l'armée et portait ses efforts sur cette partie de nos frontières. Desaix résista à des insistances sur lesquelles nous aurons à revenir. Le retour du colonel Dumas à Paris rendit le chevalier de Veygoux à ses premiers devoirs ; mais l'effervescence des populations ayant redoublé avec la prestation du serment à la Constitution, il sollicita son entrée dans le corps des Commissaires des guerres.

Le directeur éminent du Dépôt de la guerre pendant la

---

(1) *Moniteur*, n° 289, année 1791.

première coalition a laissé sur ses rapports avec lui un témoignage précieux, le voici extrait de ses *Souvenirs* :

« J'avais auprès de moi, dans mes excursions, le jeune
» Desaix, alors sous-lieutenant dans un régiment d'infan-
» terie en garnison à Strasbourg; il s'était offert pour
» me servir d'aide-de-camp avec mon beau-frère Delarue.
» Desaix était fort lié avec ma famille ; son caractère, son
» dévouement à la liberté, son intelligence me l'avaient
» fait accueillir, et il n'a cessé de me donner des témoi-
» gnages d'amitié et de reconnaissance, jusqu'au jour où
» il tomba à Marengo. »

Nommé au poste qu'il ambitionnait, le 20 décembre 1791, il prêta serment à titre de « commissaire ordinaire des guerres pour résider à Clermont, » le 9 janvier 1792. Cinq mois plus tard, il était réintégré dans son régiment, le 46° de ligne, comme inapte à remplir un emploi qui exigeait « vingt-cinq ans accomplis. » La décision du ministre ajoutait : « Il a supporté sans fruit beaucoup de dépenses qui l'ont épuisé. » La guerre approchait : il obtenait le brevet « d'aide-de-camp » du chef de l'état-major général de l'armée du Rhin, en juin.

Les membres de sa famille qui appartenaient à l'armée avaient émigré. Sa mère le pressant de les rejoindre sous peine de faire rejaillir « une honte éternelle » sur les siens, il s'écria : *Je n'émigrerai à aucun prix ; je ne veux pas servir contre mon pays. Je veux demeurer et avancer dans l'armée. Non, jamais je ne serai émigré.*

Desaix appartenait désormais à la France et allait illustrer ce nom qu'on l'accusait d'entacher !

# CHAPITRE II

## DESAIX ET LA RÉVOLUTION

SOMMAIRE. — Pilnitz et Brunswick. — Le général de Broglie et le général Mathieu Dumas. — *Le Dépôt de la Guerre* et les Etats-Majors. — Affaire de Neuf-Brisack. — Magnifique conduite de Desaix. — Mémoire de La Morlière sur la *Défense de l'Alsace*. — Préliminaires de la guerre. — Desaix à l'Etat-Major général. — Sa bravoure à Landau d'après le maréchal Berthier. — L'Assemblée législative délègue des *Commissaires à l'Armée du Rhin*. — Desaix est emprisonné. — *Mémoire à Carnot* qui lui rend justice.

### 1792

Le jour est fait sur la *Déclaration de Pilnitz* comme sur le *Manifeste de Brunswick*. William Pitt a été l'inspirateur de ces documents. Ce qu'il voulut, ce n'était point soustraire le roi à des revendications justes — 1791 — mais trouver la suprématie continentale dans l'abaissement de la France. Ces deux actes préludèrent aux intrigues dont il affligea notre pays. La Prusse devait se distinguer dans cette lutte. Un aide-de-camp général de Frédéric-Guillaume écrivait à Dumouriez : « L'importance et l'authen-
» ticité de cette pièce exigent, mon général, que vous la
» portiez aussi promptement que possible à la connaissance
» de la nation à laquelle elle est adressée. » Le général de Bulow a reconnu la tentative de démembrement de la

France décidée par la Coalition (1), et des aveux de publicistes allemands les ont confirmés ouvertement aujourd'hui.

Les dépêches de nos ambassadeurs avaient averti le gouvernement des projets hostiles des cours auprès desquelles ils étaient accrédités. Pour les mettre à exécution, on signalait « l'anarchie de la France » et on appelait « noble entreprise » la violation de son indépendance. Au sein du parlement anglais Burke avait osé dire : « Nous pouvons actuellement considérer la France comme presque effacée de la carte de l'Europe. » L'Assemblée nationale avait répondu en chargeant son ministre de la guerre d'inspecter les frontières. Ordre avait été donné à tous les commandants de postes de veiller à la discipline et de redoubler de surveillance. Voyons ce qui se passa sur le Rhin.

Le 9 janvier 1792 le général de Broglie envoya à M. de Narbonne, son ministre, un rapport dans lequel il lui rendait compte de sa tournée, de ses discours aux troupes, de leur esprit et de l'état des places fortes. Il formulait des demandes quant à leur matériel, leur approvisionnement et leur entretien. Le général Dumas, de son côté, écrivit au chef de l'état-major général pour lui demander une correspondance qui mit le Dépôt de la Guerre à portée de suivre ses mouvements et de préparer les cartes et mémoires dont il pourrait avoir besoin, mais en respectant le secret de ses opérations ; ce dernier point fit l'objet d'une discussion spéciale (2). Le maréchal Luckner an-

---

(1) *Lettre* au général Carnot pour lui demander la reddition d'Anvers, en 1815. — Et Garden en son *Hist. des Trait. de paix.*

(2) « Je vous renouvellerai donc la prière que je vous ai déjà faite de nous
» communiquer toutes les pièces du Dépôt de la Guerre qui concernent les fron-

nonça, le 10 mai, la désertion du 1ᵉʳ hussards, désertion qui devint le signal d'émeutes militaires. Le lendemain, on déclarait que l'Electorat de Trèves était rempli d'émigrés. Néanmoins, le général de Broglie écrivit au général Kellermann pour l'inviter à ne pas céder à son ardeur militaire en faisant des incursions sur le territoire de l'Empire; il ne l'y autorisait que si les troupes autrichiennes paraissaient sur nos frontières (1).

La fermentation des esprits renouvela à Neuf-Brisack les scènes de l'année précédente. Desaix devait s'y montrer l'homme du devoir et de la discipline. Le régiment du Bourbonnais, devenu le 13ᵉ d'infanterie, était cantonné dans cette place qu'avait créée le génie de Vauban. Les émigrés entraînèrent un certain nombre d'officiers du nouveau 13ᵉ d'infanterie à trahir leur pays en pactisant avec l'étranger. Un rapport du maréchal-de-camp de Wimpffen le constata officiellement le 13 mai pour déclarer, le 18, que leurs menées obligeaient le commandant de place à parler de « trahison. » Il craignait que Neuf-Brisack fût emporté de vive-force. Soldats et volontaires, excités par ces faits que la désertion des officiers supérieurs de la plupart des régiments de l'ancienne « armée royale » cantonnée en Alsace portait à leur connaissance, coururent aux armes. Leur chef les engagea à « avoir de la » confiance à ses officiers, de ne jamais rendre justice » lui-même, » et de respecter pour la transmission des

» tières d'Alsace, le Brisgau, le Palatinat et toutes les rives du Rhin jusqu'à » Coblentz. »

(1). Nous devons, dans un travail circonscrit par le rôle qu'a joué notre héros, supposer les faits généraux connus du lecteur. Nous écrivons une *biographie* et non une histoire générale.

griefs la voie hiérarchique des officiers. « Je leur fis
sensation, ajoute-t-il, on me promit tout. » Impuissant à
rétablir l'ordre dans le courant de juin, le général d'Her-
bigny en appela au chef de l'état-major de l'armée Le
général de Broglie intervint et fut couché en joue par ceux
dont il avait été le colonel. Desaix, qui l'avait accompagné
comme aide-de-camp, se jeta au-devant de lui, lui fit un
rempart de son corps et contribua par ses exhortations à
ramener l'obéissance. Ce fait et le talent qu'il montra
dans ses fonctions d'officier d'état-major lui valurent, le
30 juin, le grade de capitaine. Le chevalier de Veygoux
et un soldat qui avaient tout fait ayant été oubliés, le ministre Lajard écrivit : « Sa Majesté a vu avec peine qu'ils
n'étaient point désignés par leurs noms, elle vous charge
de les lui faire connaître. » Le 8ᵉ régiment de chasseurs
à cheval fut mis à l'ordre de l'armée pour sa belle conduite, à l'encontre d'un régiment de dragons qui avait
pactisé avec les égarés.

Ces incidents, dont il ne faut pas augmenter l'importance, n'arrêtaient ni les préparatifs de la guerre ni les
conférences des généraux qui commandaient sur le Rhin.
M. de la Morlière écrivait le 16 mai à M. de Belmont, à
Metz, une lettre instructive sur la liaison de l'armée du
centre à celle du Rhin (1). Il y était dit :

La levée du camp de Tiercelet, commandée sans doute par
des considérations importantes, mit à découvert et en danger
d'être forcé, soit par Sarrebruck et Forbach, soit même par sa
droite, le camp de Neunkirch. Il m'a paru que cette disposition,
de l'armée du Centre, en rompant la liaison et l'appui que se

(1) Reg. 3, fol. 269-70.

prêtaient mutuellement ces deux réunions de forces, m'obligeaient de lever le camp de Neunkirch et d'en replier les troupes plus avant dans l'intérieur du Bas-Rhin : avant de vous faire part de mon opinion, Monsieur, j'ai cru devoir la soumettre à la discussion et l'éclaircir des lumières de ceux des officiers généraux, des officiers de l'artillerie et du génie que j'ai pu rassembler à Strasbourg ; le résultat de leurs observations, Monsieur, est pour que le général commandant l'armée du Rhin pût étendre momentanément la surveillance sur les places de Bitche, Phalsbourg et même jusque sur Bouquemont, ce qui n'empêcherait pas que ces places ne fussent gardées par des troupes de l'armée du Centre ; qu'il pût, dans le cas où quelqu'une de ces places ou des points voisins se trouveraient menacés, y faire avancer des forces, joindre ses patrouilles à celles de votre armée, placer des postes intermédiaires entre ceux que vous aurez disposés pour éclairer les mouvements de l'ennemi, s'opposer aux tentatives d'évasion et aux entreprises des partis, et enfin concourir en commun à la défense de cette partie des frontières.

Le général de Broglie signalait à son ministre, le 3 juin, les agissements du prince de Hesse que l'on avait imprudemment commissionné officier-général de l'armée du Rhin.

Cette protestation ne plut pas à la Cour, car le général de La Morlière constatait, le 9 juin, qu'on refusait à son chef d'état-major un avancement mérité et le déclarait en ces termes au ministre de la guerre : « Il est vérita-
» blement malheureux pour la patrie que le Roi s'oppose
» à l'avancement qu'il serait utile de lui donner dès
» aujourd'huy » (1). Les intrigues de cour favorisaient la

---

(1) Sur l'affaire de Neuf-Brisack : Registre 3, fol. 109 ; Reg. 5, fol. 237 ; Reg. I. B., fol. 416.

désorganisation et blessaient l'équité dans un but anti-français. L'œuvre des émigrés, contre laquelle Desaix avait protesté à Clermont, puis à Landau, dont il avait vu les suites à Strasbourg et à Neuf-Brisack, œuvre qui a subi des phases diverses dont la législation seule marque les transformations, a été exposée par certains de leurs anciens chefs. Le récit de la *Campagne du prince de Condé*, publié par le lieutenant-général d'Ecquevilly, est la condamnation la plus nette de ces tentatives. L'ancien officier du prince a donné, avec une étonnante franchise, une série de pièces émanant de Wurmser, de Brunswick et de l'empereur d'Autriche, qui portent en elles-mêmes leur commentaire. Les ordres du jour du prince de Condé leur généralissime, les exaltations du duc d'Angoulême sur le précieux concours des Anglais, montrent jusqu'où la scission des partis peut s'égarer (1). Composée de 20 à 22 mille hommes répartis en trois corps, l'armée du prince de Condé que soldèrent la Russie et l'Angleterre avec des conditions humiliantes agit de 1792 à 1801 et prit part à toutes les opérations de guerre.

Les administrateurs du Haut-Rhin appelaient, le 27, la sollicitude du gouvernement sur l'état de l'armée. Voici le texte complet de leurs représentations :

Les plaintes, Monsieur, qui nous sont adressées journellement nous forcent de vous prévenir que *tous les officiers de l'armée du Haut-Rhin seront obligés de quitter si on ne vient promptement à leur secours* ; ils ne trouvent pas un verre d'eau pour un assignat. Il y a parmi eux des anciens sous-officiers

(1) Ses débris combattaient encore en 1807 et leurs chefs célébrant leurs colères demandaient des pensions et des commandements militaires en 1816.

qui sont sans fortune et qui ne peuvent subsister ; les officiers des volontaires nationaux sont pareillement dans une détresse inexprimable pour la même cause : c'est au Directoire qu'on s'adresse, croyant qu'il peut porter quelque remède au mal, et le Directoire ne peut que vous faire passer ces sujets de plaintes si graves que, si on n'y remédie au plus tôt, on peut perdre l'armée.

Dumouriez en comprit l'importance et ajouta en marge ces mots : *Lettre infiniment importante à envoyer à M. Servan.* Le ministre de la guerre répondit « au moment de son arrivée. » L'émigration ne cachait plus ses desseins, et le *Mercure de Souabe*, envoyé au Dépôt de la Guerre, publiait ses vues ainsi : « Le Roi, la Reine et les trois chargés d'affaires de Prusse, d'Autriche et de Russie, » étaient attendus à Coblentz le 27. L'expédition a échoué. « Leur » projet est de rassembler ici tous les pairs de France » et les membres des anciens parlements pour y tenir un » lit de justice et déclarer le roi prisonnier et son frère » aîné régent du royaume de France. » Le maire de Strasbourg, Dietrich, faisait remarquer au même moment le danger que courait l'Alsace en dégarnissant ses frontières, l'irritation qu'y suscitaient les dix mille émigrés campés dans l'Electorat de Mayence et la nécessité où l'on était de se préparer à une résistance qu'il déclarait devoir être sans merci. Les canonniers de la garde citoyenne furent autorisés, sur la demande faite par Dietrich, à « se former aux différentes manœuvres de l'artillerie, » avec « quatre pièces de campagne et deux de position » placées au Finckmath. Les rapports secrets annonçaient l'entrée en ligne des Prussiens auxquels l'Électeur de Bavière livrait passage, tandis que les Autrichiens passaient par la Silésie.

Le général de La Morlière signalait au président de la commission extraordinaire l'arrivée des Autrichiens et des Prussiens dans le Brisgaw et sur le Rhin. Il redoutait une attaque et réclamait des secours; son armée comptait seulement 47,700 hommes dont 25 mille étaient nécessaires à la défense des places de guerre; aussi parlait-il de moyens extraordinaires pour faire tête à l'ennemi. Il proposait une levée de 40,000 hommes dans les six départements frontières; portée à 80,000 hommes, l'armée couvrirait alors tous les postes de l'Alsace et contiendrait l'ennemi du côté du Palatinat. Cette levée, calculée sur le « sixième des bataillons actifs, » avait été concertée « avec les administrateurs du Bas-Rhin. » Elle devait permettre « d'occuper les passages des Vosges qui assurent la communication du Rhin à la Sarre, » point capital pour Landau. L'augmentation de l'artillerie, les ordres donnés au commissaire général pour les subsistances et le transport, les mesures qui les complétaient étaient encore, au dire du rapporteur, insuffisantes. En paix avec la Prusse, les généraux de l'armée du Rhin n'en voyaient pas moins les troupes, comprenant plusieurs corps, « à quelques lieues de nos frontières. » Les princes de l'Empire les recevaient sur leurs territoires dont les places renfermaient les magasins. « On ne peut douter qu'ils ne s'unissent à eux contre nous, ajoutait-on, à l'ouverture de la campagne, c'est-à-dire sous quinze jours. » Les divisionnaires du commandant en chef signaient cet appel en conjurant l'Assemblée législative et le Roi d'employer, dans la situation présente, toutes les ressources de l'État, sans quoi, s'écriaient-ils, *la cause de la liberté serait trahie* (1).

C'est en consultant les dossiers de la *Correspondance* et les registres de *Correspondance des généraux en chef* comme ceux de leurs *chefs d'état-major*, qu'on connaîtra l'histoire militaire exacte de la première République. Les esprits impartiaux constateront pour la première période, c'est-à-dire l'année 1792, la sollicitude des commandants aux frontières, le zèle de leurs collaborateurs, le patriotisme des municipalités de l'Est, de Mézières à Huningue, l'empressement des directoires de départements pour subvenir aux besoins du soldat et coopérer par des réquisitions de tout genre à l'œuvre commune. Heureuse la France si, dans le déchaînement de l'Europe provocatrice sans raison, William Pitt eût disparu de la scène politique, si les souverains étrangers eussent renvoyé les émigrés dans leurs foyers, si, enfin, au lieu de seconder leurs colères politiques, nos assemblées n'eussent délégué aux armées que des représentants comme Rewbell ou Merlin de Thionville, ces héros de l'Alsace et de Mayence!

Les archives du Dépôt de la Guerre abondent en pièces de toute sorte, émanant de l'état-major général de l'armée du Rhin. Elles sont aussi considérables pour les autres; mais nous devons nous circonscrire et insister de préférence sur celles qui touchent à notre héros. De l'universalité des questions traitées, du nombre considérable des documents, des détails dans lesquels entraient les officiers attachés à

---

(1) Dossiers de juillet, correspondance de l'Armée du Rhin, sans date : vers le 15 juillet.

l'état-major, des dossiers de la correspondance quotidienne comme du registre du chef de ce service, de la correspondance avec le commandant en chef et de celle qui relate les réponses des ministres de la guerre, nous pouvons nous rendre compte des services que dut rendre Desaix (1). Son esprit élevé, ouvert à « toutes les sciences qui font l'homme d'État et le guerrier, » éclairé par l'histoire, trouva auprès de Mathieu Dumas et du général de Broglie des guides sûrs et le moyen de tirer parti de ses incessantes études. C'est ainsi que le jugeait le modèle des majors-généraux, le prince Berthier. C'est à lui encore que nous recourons pour témoigner de sa bravoure à Landau.

Envoyé en reconnaissance, dit-il, il revenait à Landau ; il découvre l'ennemi aux prises avec les Français ; il y vole sans armes, se précipite dans la mêlée, a son cheval blessé, est fait prisonnier, se dégage, étonne ses chefs par ses traits de lumière, s'élance de nouveau et sort couvert de gloire, entouré des prisonniers qu'il a faits. C'était tout à la fois son premier combat et le premier de la guerre. Les vieux militaires prédirent alors un soutien pour la patrie dans ce jeune guerrier qui se montrait audacieux avec réflexion et tour-à-tour impétueux et tranquille. L'éclat de cette action retentit dans l'armée. Beauharnais s'en fait redire les détails, l'appelle auprès de lui, le nomme successivement chef de bataillon, adjudant-général et commandant des brigades qui vont au secours de Mayence (2).

(1) Ces derniers actes appartenant à l'année 1793, mais nous avons respecté le texte du maréchal en le citant en entier.

(2) Simple capitaine à l'état-major général, Desaix a été porté sur les con-

L'étude suivie des pièces officielles montre un accord qui ne se dément pas entre le ministre de la guerre et ses généraux en chef, pour l'offensive comme pour la défensive. Les intrigues de l'émigration et l'acte du 10 août devaient seuls apporter des changements. Dans une lettre du 12, Clavière, ministre par intérim, annonçait aux généraux des armées du nord, du centre et du midi, que l'Assemblée législative venait de convoquer une Convention nationale, moyen le plus sage, disait-il, pour rallier les Français divisés. Il espérait que les généraux resteraient unis à leur poste, et ne s'inspireraient que de leur devoir pour sauver le pays. Biron s'appropriait ces sentiments le 14 et adjurait Kellermann, Custine, de rester fidèles à l'armée. Il assurait le 15 aux commissaires de l'Assemblée que l'armée du Rhin était dévouée à la cause de la liberté !

Ce fut le 16 août que les commissaires Carnot, Coustard, Prieur et Ritter arrivèrent au quartier-général. Ce qu'ils y accomplirent, le rapport qu'ils envoyèrent à la Convention l'apprend. Mais on nous permettra d'exprimer notre étonnement sur le silence gardé jusqu'ici par nos historiens, sur cette partie des faits militaires. Nul n'a recherché comment s'était accomplie, aux armées, la transmission du pouvoir et la chute de la royauté, nul n'a élucidé, par conséquent, les causes *premières* de l'émigration, de la Terreur, du parti Jacobin.

Le lendemain de leur arrivée au quartier-général de Wissembourg, les commissaires firent annoncer à l'armée « les dispositions de l'Assemblée nationale, » et se confor-

trôles des situations en 1792, et c'est tout. Sans l'Éloge de Berthier, on en serait réduit aux conjectures.

mant aux instructions reçues, ils lurent « aux différents corps de troupes les *Décrets* relatifs à la suspension du Roi. » Les décrets furent acclamés ainsi que le nom du général en chef, Biron. La conduite tenue à l'état-major avait été plus délicate à remplir. Les commissaires n'ignoraient pas qu'il se composait d'officiers ayant « une réputation de patriotisme assez suspect; » aussi les fit-on expliquer « individuellement sur cette question » : Vous soumettez-vous purement et simplement aux décrets de l'Assemblée nationale, oui ou non? Après des pourparlers, les intéressés promirent « qu'ils obéiraient purement et simplement. » Puis sur des écrits qui furent « de véritables rétractations » de leur parole, « MM. Victor Broglie et Brige » durent être suspendus par les commissaires.

Desaix, attaché à son général jusqu'à l'oubli de lui-même parce qu'il était dans la disgrâce, le suivit dans sa retraite. Arrêté comme suspect dans son voyage, il subit une détention de deux mois et dut sa liberté à l'intervention de Biron (1). Il demanda aussitôt à rentrer dans les rangs, la preuve la voici :

MÉMOIRE DE DESAIX A CARNOT POUR SA RÉINTÉGRATION DANS UNE COMPAGNIE DU 46ᵐᵉ RÉGIMENT.

Strasbourg, le 28 novembre 1792.

An Iᵉʳ de la République.

Le citoyen L. des Aix Veygoux a l'honneur de représenter au citoyen Carnot, *Commissaire du Pouvoir exécutif*, qu'étant aide-de-camp du général Victor Broglie lorsqu'il fut suspendu

---

(1) Aux Pièces justificatives, la lettre du général Biron, qui établit les motifs de l'arrestation sur transport de lettres destinées au général Broglie.

de ses fonctions par les Commissaires de l'Assemblée nationale, il n'eut pas le même sort ;

Mais que se croyant obligé de suivre son général *jusqu'à ce que l'Assemblée nationale eût prononcé sur lui*, il fut le joindre à Bourbonne, où il comptait rétablir sa santé délabrée ;

Que voyageant muni de passeports conformes à ceux prescrits par la loi, il fut arrêté à une municipalité, *sous des prétextes peu fondés*, et de là conduit à Épinal où il a resté deux mois détenu ;

Qu'ayant enfin obtenu la liberté *sans avoir mérité de la perdre*, reconnu innocent sans avoir été accusé coupable, le premier usage qu'il en a fait a été de voler à la défense de son pays et d'aller reprendre la compagnie qu'il avait au 46ᵐᵉ régiment ;

Il était bien aise de prouver, par son dévouement pour sa patrie, qu'il en était un des bons citoyens ;

Qu'à son arrivée, il a trouvé son emploi nommé à cause de sa longue absence ; qu'alors ayant représenté au général Custine que sa détention malheureuse l'avait empêché de se trouver à son poste, malgré son désir, ce général s'était empressé de reconnaître qu'il n'avait pas eu droit de le priver de son poste, et avait ordonné que la première compagnie vacante lui fût donnée ;

Que pour que cela fût le plus promptement possible, il a sollicité auprès du ministre de la guerre la retraite du citoyen Blaniac, premier capitaine au 46ᵉ régiment, retiré chez lui depuis un an, après vingt-neuf ans de service, pour cause de maladie qui le rend incapable de servir. Cette retraite doit être d'autant plus accordée, que cet officier n'a pas été nommé lieutenant-colonel, poste qui lui revenait par son ancienneté, et qui a été donné au citoyen Siné qui le suit.

Le citoyen Veygoux a donc l'honneur, d'après ces faits, de prier le citoyen Carnot de vouloir bien, *suivant le désir du* général Custine, lui faire donner cette compagnie privée depuis si longtemps de capitaine; il croit pouvoir se flatter que le courage éprouvé avec lequel il a déjà servi sa patrie et les désagréments bien peu mérités qu'il a éprouvés engageront le citoyen Carnot à accéder à sa demande. Pressé du désir de combattre pour la République, il demande à prendre les armes le plus tôt possible; c'est la seule faveur qu'il ambitionne.

*Le citoyen ancien aide-de-camp du général Victor Broglie,*
Signé : L. des Aix Vsvaoux.

Ainsi, le prisonnier rendu à lui-même *sans avoir été reconnu coupable* conserva son vrai nom malgré les dangers qu'il venait de courir, il eut le courage de s'adresser au délégué qui avait suspendu son ancien chef et s'affirma, par une hauteur de caractère qui nous frappe, aide-de-camp d'un proscrit. Disons-le à l'honneur de Carnot, il sut comprendre ce qu'un tel exemple annonçait pour l'avenir, et réintégra « adjoint à l'état-major de l'armée du Rhin, » sans le distraire du 46ᵉ d'infanterie, Desaix.

# CHAPITRE III

## DESAIX A L'ARMÉE DES VOSGES

SOMMAIRE. — Résumé de la Campagne de 1792. — *Opinion du Maréchal Gouvion Saint-Cyr sur la capacité progressive des Volontaires.* — Plan de Custine pour la Campagne de 1793, armée du Rhin. — Avenir de Desaix. — Les Commissaires de la Convention protestent contre la situation qu'on fait à l'armée des Vosges. — Critique du plan des opérations d'après Gouvion Saint-Cyr. — Desaix à Worms. — Affaires de Limbach et Rhinzabern. — Conduite de Desaix. — Gouvion Saint-Cyr et Desaix. — *Rapport officiel par les Représentants du Peuple.* — Dél .n contre Beauharnais à Robespierre. — Desaix au camp de Northweiler. — Son *Rapport sur les événements du 21 au 29 vendémiaire.* — Desaix général de division au camp de la Wantzenau. — Récit de Gouvion Saint-Cyr. — Dépêches de Carnot à Saint-Just. — Desaix à l'affaire de Berstheim. — Desaix s'empare de Lauterbourg. — Jugement de Hoche sur les trahisons anticipées de Pichegru. — Jugement de Gouvion Saint-Cyr sur l'œuvre de l'armée du Rhin.

### 1793

De graves événements avaient signalé la fin de l'année 1792. La chute de la royauté avait précipité l'action des cabinets de l'Europe coalisés contre la Révolution française. Stimulés par la désorganisation de l'armée que l'émigration privait de douze mille officiers, c'est Gouvion Saint-Cyr qui le constate (1), et par le délabrement des places fortes du nord et de l'est, les généraux ennemis avaient franchi

---

(1) *Mémoires*, t. I, Introd., p. xxxix.

nos frontières. Le génie de Dumouriez et les fermes dispositions de Kellermann avaient arrêté et repoussé l'invasion. Les Prussiens, qui étaient entrés en ligne avant d'avoir déclaré la guerre, par la violation de leur neutralité en juin, s'étaient fait battre à Valmy le 20 septembre et les Autrichiens à Jemmapes le 6 novembre. Nos troupes, si inférieures en nombre, de cadres récents, composées d'éléments discutables, travaillées par des tentatives de désorganisation continues, apprirent à avoir confiance en elles-mêmes. L'amour de la patrie et le sentiment de l'honneur guidèrent au combat ceux qu'un fol aveuglement menaçait à l'intérieur d'une contre-révolution et à l'extérieur d'un démembrement.

Gouvion Saint-Cyr a dit ce qu'il fallait penser de ces armées improvisées, levées sur tous les points de la France à ce cri : *La Patrie est en danger !* « Le gouvernement se
» disposa de nommer les officiers, il s'en remit au choix
» des soldats ; et ce qui pourra surprendre bien du monde,
» c'est que la plupart de ces choix furent très-bons : les
» soldats ont toujours recherché les sujets qu'ils croyaient
» les plus capables de commander et de maintenir une
» bonne discipline. Ceux qui pourraient en douter n'ont
» qu'à consulter la liste de tant de généraux en chef, de
» division ou de brigade, qu'on a vus à la tête de nos
» armées pendant vingt ans. Ils ne furent pas d'abord à
» la hauteur de leurs fonctions ; mais ils trouvèrent dans
» le patriotisme qui les animait les moyens d'acquérir
» bientôt l'expérience et l'instruction qui leur man-
» quaient (1). » La conquête de la Belgique de Mons à la

---

(1) Ibid., p. lxxxvj.

Meuse avait chassé les Autrichiens des Pays-bas. La Savoie venait d'être réunie à la France pour punir le roi de Sardaigne de son initiative dans l'émigration. Les Espagnols, vainqueurs d'abord, avaient été arrêtés aux pieds des Pyrénées ; nos flottes dominant la Méditerranée avaient imposé la reconnaissance de la République française à tous les Etats d'Italie, et les satisfactions de la victoire suppléaient à l'insuffisance ou aux détresses des armées.

Sur le Rhin, Custine avait emporté Mayence et fait sur Francfort une expédition brillante mais impolitique ; battus en Champagne, les Prussiens eussent été écrasés si Coblentz avait été pris ; on eût alors donné la main à Dumouriez et du coup terminé la guerre. Mais la retraite de l'armée de la Moselle sur la Sarre laissa le flanc gauche de Custine à découvert, tandis que le prince de Hohenlohe manœuvrait sur ses derrières aux environs de Trèves. L'armée du Rhin devait donc se trouver dans une position « fâcheuse » au début du printemps, Mayence compromise et l'ensemble des opérations militaires livré aux incertitudes.

Retenu dans les prisons, Desaix ne put prendre part aux actions hardies qu'accomplit sur le Rhin le corps d'armée auquel il appartenait à cette époque. L'année 1793 devait être plus heureuse pour lui. Nous allons voir l'officier d'état-major suspect conquérir ses grades sur le champ de bataille, à la pointe de son épée, un à un, noblement.

Caractère antique, il osera risquer son avenir en réclamant pour sa mère la restitution des biens de Veygoux, séquestrés sans motifs, et quitter le camp de Northweiler dont il remit le commandement à un officier obscur pour éviter des susceptibilités.

Il opposera à ses dénonciateurs des blessures glorieuses, et lorsqu'il aura cru lui-même ne faire qu'une action ordinaire : vaincre son ennemi, il se trouvera qu'il aura mis en pratique les préceptes de Turenne et de Villars dans cette partie de la France qu'il appelle avec ses émules : la barrière naturelle des frontières de l'est. Son génie s'éveillera en Alsace, province dont chaque nom rappelle un souvenir militaire, une date et des généraux célèbres parmi ceux qui l'y ont précédé. Il aura cette rare fortune de trouver parmi ses appuis des commissaires de la Convention, personnages redoutés, et parmi ses collègues des maîtres dans l'art de la guerre tels que Moreau et Gouvion Saint-Cyr, des rivaux tels que Molitor et Marceau.

L'armée du Rhin est une de celles qui ont le plus souffert et peut-être celle qui s'est le plus distinguée pendant les guerres de la République, de 92 à 98. Toujours sur la défensive, elle n'a pas eu comme ses rivales des opérations brillantes à faire, et on a pu dire d'elle que le conseil exécutif et les rédacteurs de plans d'ensemble l'ont traitée en sacrifiée. Ce jugement exact, nous en trouvons une preuve dans la lettre qu'écrivirent les commissaires de la Convention délégués au ministre de la guerre, document précieux signé par deux des hommes considérables de cette période : Rewbell et Merlin de Thionville.

. . . . . . . . . . . . . . . . . . . . . . . . . . . . . . . . . . . . . . . . . . . .
. . . . . . . . . . . . . . . . . . . . . . . . . . . . . . . . . . . . . . . . . . . .
. . . . . . . Aujourd'hui, nous n'avons que la ressource de tâcher de tirer des vivres et des fourrages de la rive droite du

Rhin et du Palatinat, et nous parviendrions à en tirer si nous avions des écus, et on nous laisse manquer d'argent ; tout le monde nous en demande, et nous ne pouvons en faire fournir à personne, parce qu'il n'y a rien de trop pour le prêt des troupes, de sorte qu'il paraît que nous ne sommes venus dans ce pays que pour montrer notre impuissance de venir au secours de nos frères ; outre qu'il n'y a pas de fonds pour les fourrages et pour les vivres, il n'y en a pas davantage pour les hôpitaux qu'on laisse manquer entièrement ; il n'y en a pas non plus pour les habillements et les équipements. Il fait un si grand froid que le Rhin charrie des glaçons énormes, ce qui a fait rompre le pont de Cassel ; cependant, nos troupes sont toutes nues et ces redingotes tant promises ne sont pas encore arrivées (1).

Ce n'est pas ainsi, Citoyens Ministres, qu'on peut faire la guerre en pays étranger ; c'est le moment de faire un grand effort et d'expédier de grands fonds en espèces, sans quoi, nous voyons le salut de la République entièrement compromis.

Nous sentons parfaitement qu'il serait à désirer que les assignats devinssent monnaie courante dans cette contrée ; mais, quant à présent, cela n'est pas encore possible ; et d'ailleurs, ce n'est pas dans cette contrée totalement épuisée que vous pourriez trouver à placer des assignats et dans les pays d'où seuls vous pouvez tirer quant à présent ce qu'il vous faut pour les besoins de l'armée. Il ne dépend pas de nous de les forcer à prendre cette monnoye ; ils sont presque totalement occupés par l'ennemi, et ce n'est que par l'appât de l'argent que nous pouvons en tirer des subsistances, comme à la dérobée. Il viendra un moment où nous pourrons parler

---

(1) Le 17 janvier, Pache invitait Custine à seconder les personnes chargées de pourvoir à l'approvisionnement de l'armée. Il lui annonçait par une 2º lettre l'envoi de 200,000 francs en numéraire pour les fortifications de Mayence et de Cassel, plus 700,000 pour les dépenses diverses de l'armée.

plus haut et ne plus ménager le pays de gens neutres en paroles, et perfides en réalité ; mais pour y parvenir, il faut se soutenir dans le poste de Mayence. . . . . . . . . . . . . .
. . . . . . . . . . . . . . . . . . . . . . . . . . . . . . . . . . . . . . . . . . .
. . . . . . . Nos ennemis, maîtres du Rhin, de Mayence, de Trèves, de Luxembourg, sûrs de leurs subsistances par le Palatinat, marcheraient sans obstacle sur Namur ; nous perdrions tout le fruit des victoires de Dumouriez et le danger de la patrie deviendrait plus grand qu'il n'a jamais été ; aussi sentons-nous tellement la délicatesse de notre position, que nous ne ferons aucune opération politique sans être assurés par vous de deux choses, et cela par le même courrier qui vous apportera ces dépêches : l'une que nous ne manquerons plus d'argent, et l'autre que les armées de Dumouriez et de Valence viendront au secours de Custine, dans le même moment que Beurnonville aura l'air de faire un mouvement sur Trèves. Il faut mettre l'armée ennemie entre nos quatre armées et en finir avec elle et ne pas la laisser échapper, comme on a fait jusqu'à présent, et surtout ne pas lui donner le loisir de passer le Rhin à Worms pour couper l'armée de Custine, le séparer de l'armée du Rhin et le forcer dans Mayence.

Nous vous prévenons, Citoyens Ministres, qu'à moins d'avoir des assurances positives de votre part sur ces deux objets, nous demanderons notre *rappel* ; notre présence devenant inutile ici ; car nous n'avilirons pas le caractère de Représentants de la nation, au point d'avoir l'air d'organiser des administrations dans une contrée qui doit être abandonnée.

*Les Commissaires de la Convention nationale,*
Signé : N. HAUSSMANN, REWBELL, MERLIN DE THIONVILLE.

L'armée du Rhin a eu cette rare fortune d'avoir eu pour historien Gouvion Saint-Cyr lui-même. C'est donc à ses *Mémoires*, l'œuvre la plus originale de notre littérature militaire, que nous renvoyons pour lire l'exposé critique du plan de Custine en 1793. Il dit ce qu'il faut penser des « opérations de Dumouriez en Belgique, » du maintien de Kellermann « des frontières de France où il est resté ; » il atteste « qu'il y a eu une complication de fautes graves, » mais imputables surtout au « conseil exécutif » qui ne prescrivit pas « les mesures d'ensemble. » Libres de leurs mouvements, les Prussiens purent abandonner Coblentz et, « comme ils l'ont fait plus tard, se rejeter sur Custine. » Cet aperçu sommaire nous permet de rechercher avec intelligence de cause la part de Desaix dans les faits de cette période, origine de son élévation aux grades les plus considérables de l'armée.

Custine écrivit le 29 janvier au ministre de la guerre que les mouvements des armées du Rhin et de la Moselle devaient être combinés, d'autant qu'il importait de se maintenir à Mayence. Quatre jours auparavant il avait déclaré que quatre armées autrichiennes devaient agir dans la campagne prochaine, qu'elles comprendraient 180,000 hommes, et plus probablement 140, sur lesquels la cavalerie entrait pour 23 à 25,000. L'Alsace et le Palatinat allaient donc rester le champ de bataille prédestiné, attestation nouvelle des prétentions traditionnelles de la France à ses frontières naturelles, d'Henri II à Louis XIV, de Schomberg à Villars.

La ville de Worms, ville impériale libre, était célèbre par ses Diètes et par le rôle qu'elle avait joué dans les guerres dont les rives du Rhin étaient le théâtre depuis plus de deux siècles. Prise par nous dans la campagne de 1792, elle n'avait offert qu'une résistance faible et le vainqueur n'avait pas songé à l'avenir. Aussi le chef qui lui avait été donné, Aubert-Dubayet, celui-là même qui devait honorer son nom au siége de Mayence, demandait-il, le 26 janvier, un renfort d'artillerie ; quoique de rang inférieur, la place ne pouvait songer à se défendre avec « quatre pièces de canon. » Custine ne se borna pas à la mieux pourvoir ; il délégua pour l'y représenter le jeune Desaix.

Des feux allumés dans la nuit du 13 janvier obtinrent une partie du résultat cherché : porter l'alarme dans le pays de Hesse-Darmstadt ; on rompit le pont en se promettant d'évacuer les magasins, et on se prépara à tenir tête aux « Impériaux. » Des troupes furent envoyées de Frankenthal et deux pièces de 12 promises, si le général en chef autorisait à les livrer sur celles de Mayence. Celui-ci protestait de Worms contre la nouvelle administration des subsistances qui n'avait rien fait pour approvisionner les troupes et la déclarait au ministre de la guerre plus inapte que celle qui l'avait précédée. La garnison luttait avec une égale énergie contre les privations et contre les ennemis. Un convoi de bateaux destiné à réparer les fautes dont se plaignait le généralissime était en vue lorsqu'il fut criblé de balles parties de la rive droite. Abandonné par les bateliers, Desaix s'élança dans le Rhin à la tête de dix volontaires de Rhône-et-Loire et le sauva. Quelques jours plus tard, il opéra de nuit sur le canal du Vieux-Rhin et fit un abattis à l'île de Malbereau. Le général Aubert-Dubayet se loua de ses services en ces termes :

Hier au soir à neuf heures je fis passer sur la rive opposée à Worms 150 hommes armés et pourvus de toutes les haches que je pus me procurer par la voie de la municipalité. Le capitaine *Desaix*, adjoint à l'état-major, était principalement chargé de diriger les travaux, et j'observe que c'est à son intelligence que je dois la réussite telle quelle du projet ; le rivage opposé à Worms forme une presqu'île dont la pointe, qui tient au territoire, est située en remontant le Rhin à peu près une demi lieue et l'autre pointe est vis-à-vis les Capucins en un lieu nommé Rosingarten ou maison de chasse du prince, et c'est là que le canal du Vieux-Rhin tombe dans le fleuve. C'est là aussi qu'était un très-long pont qui menait à la grande chaussée Darmestat que nous avons détruit. Nous avons abbattu toutes les broussailles qui le cachaient et la chaussée maintenant, à droite et à gauche de la maison de chasse, est parfaitement à découvert. Comme nos instruments étaient détestables, nous ne sommes rentrés que ce matin à neuf heures. Je me propose demain dans la matinée de faire repasser le Rhin à 150 hommes pour perfectionner notre ouvrage.

Le 31, le colonel Laubadère dressait un projet détaillé des fortifications à établir sur « la chaussée qui conduit de Worms au passage du Rhin, » plus deux redoutes ; mais tout était soumis à la destruction finale des hautes futaies qu'avait commencée Desaix. Les troupes, enhardies par son expédition, ne devaient plus craindre ces excursions. Désigné pour servir à l'intérieur comme adjudant-général, le brillant officier déclara au général Custine « qu'il voulait rester à son état-major. Si j'étais, dit-il, avec le général Meunier, je ne verrais peut-être jamais l'ennemi ; je ferais alors la guerre d'une manière bien différente de celle qui me plaît. » Ce fut ainsi que maintenu à Worms, Desaix présida aux sorties de la place jusqu'au jour où la retraite de l'armée livra Mayence à ses propres forces et à un isolement complet. On sentit alors combien Aubert-Dubayet avait été prévoyant lorsqu'il avait protesté contre la création de magasins d'entrepôt à Worms par les munitionnaires, trop faciles à éviter leur garnison de versement : Mayence !

L'armée du Rhin se retira derrière les lignes de la Lauter. Toujours hardi (1), Custine ordonna auparavant au général Houchard de prendre Limbach avec trois brigades et toute sa cavalerie le 15 mai, et le lendemain au général Ferrière de se rendre à Rhinzabern avec neuf bataillons d'infanterie et deux régiments de cavalerie. Houchard ayant différé son attaque d'un jour, de l'aveu du rapport de Custine, réussit ; mais l'entrée en ligne tardive de Ferrière fit échouer le projet : enlever 7 à 8,000 hommes que les Autrichiens avaient mis en l'air de Rixheim à Rhinzabern. Les intrigues des émigrés s'étaient fait sentir jusque dans l'action. Le 11e bataillon du Doubs ayant crié sans motif : *Sauve qui peut, nous sommes perdus*, son lieutenant-colonel fut arrêté et préféra le suicide à un aveu déshonorant. Mais le général en chef fut dénoncé par un officier comme n'ayant pas secondé Ferrière, ce que le plaignant qualifiait de trahison, avec une facilité d'appréciation que l'équité condamne. C'est par des paroles amères que s'amassaient déjà les colères qui devaient obtenir la tête de l'honorable Custine. Ce procès-là est un de ceux que l'histoire devra réviser.

Promu au commandement de l'armée dont il était chef d'état-major général, Beauharnais avait été le témoin des

---

(1) Cette tentative eut lieu avant son départ pour l'armée du Nord, dont il devint général en chef.

qualités militaires de Desaix. On avait vu des bataillons fuir le 17 mai en tirant sur l'état-major de leur propre général. Le 46°, maintenu en ligne par le brillant aide-de-camp, avait résisté à la panique. Se mettant à sa tête moins par le droit de son grade que par le sentiment de sa responsabilité, Desaix avait arrêté les fuyards et les ralliant autour de lui mis un terme à l'offensive des Impériaux. Il n'y eut qu'une voix à l'état-major général pour reconnaître qu'on devait une bonne retraite à son initiative; aussi était-il nommé, le 20 mai, « adjudant-général chef de bataillon » par les Représentants du peuple.

Ce fut à cette époque de sa carrière que Gouvion Saint-Cyr et Desaix se lièrent l'un à l'autre pour ne s'oublier jamais. Adjudants-généraux tous deux dans la même armée, dans le même état-major, ils s'étudièrent malgré leur jeunesse à réparer les fautes militaires et les erreurs qui s'accumulèrent sur l'Armée du Rhin depuis sa formation jusqu'à la campagne de Moreau leur maître. Comme lui alors, ils avaient en horreur l'émigration; détournant leurs regards du triste spectacle que leur donnait une assemblée qui se décimait elle-même, ils n'avaient qu'un but : être l'âme des mouvements et des opérations par leur science précoce et leur bravoure reconnue. Leur génie se prêtait au seul genre de guerre qui fût possible à ce moment : *la guerre défensive*. Les troupes s'y formaient, décourageaient par leurs qualités un ennemi vaniteux, et le corps des officiers y acquérait de l'expérience. Ce fut dans des escarmouches, des surprises et de petits combats que se passèrent les mois de juin et de juillet. Ce que fit Desaix, son ami va nous l'apprendre :

Notre aile gauche (sur la Lauter) était fort tranquille dans les gorges de Lembach; mais à notre droite dans les environs de Lauterbourg, depuis le départ de Ferrière, nos troupes furent plus actives; le général Gillot y eut quelques affaires qui contribuèrent à les aguerrir, on s'y aperçut surtout de la présence de Desaix. C'est à cette époque qu'il prit un goût si vif pour la petite guerre, celle des avant-gardes, etc. Ces affaires furent, on pourrait dire, les préliminaires de celles qui lui valurent depuis une si belle réputation. C'est à la suite d'une d'entre elles, où il fut blessé, qu'il acquit le grade de général de brigade.

Les représentants du peuple Ruamps et Meilhaud adressèrent le 23 août un rapport au Comité de Salut public sur cette affaire. Depuis trois jours, dirent-ils, l'armée est aux prises avec les Autrichiens, les succès sont balancés. L'ennemi a perdu deux lieues de terrain. Notre artillerie s'est distinguée et a fait éprouver à nos adversaires des pertes considérables. Nous ne connaissons pas les résultats de l'attaque de Lauterbourg, mais le tocsin sonne partout; huit mille habitants et toute la garde nationale de Weissembourg viennent au secours du général d'Arlande qui défend les gorges de Lembach. Ce fut dans ces combats que Desaix eut les deux joues traversées par une balle; l'héroïque officier refusa tout pansement jusqu'à la nuit, c'est-à-dire après la victoire. Sa promotion eut lieu de la part des représentants sur le champ de bataille. Pressé de reparaître au milieu de ses troupes, il ne sut pas attendre sa guérison et prit le commandement de ses demi-brigades la tête enveloppée d'un bandeau, salué par d'unanimes acclamations (1).

(1) Jung, un 2e Rapport rédigé à Nancy par les mêmes, le 31 août.

Au même moment (21 août) un secrétaire du général en chef trahissant son général écrivait à Robespierre. Le futur dictateur oubliait volontiers qu'il avait protesté à la tribune contre la déclaration de guerre de 1792 (1), mais il n'en accueillait pas moins, par une contradiction singulière, les délations qu'il provoquait aux armées. La lettre du nommé Dergaix est un acte rédigé avec perfidie. Accumulant la prise de Jockgrimm, l'abandon de Landau à ses propres forces, l'avenir qui menaçait Bitche, les risques de Strasbourg, son auteur observait la coïncidence qui régnait entre ces faits, la maladie du général Beauharnais et les attaques de l'ennemi. Il en appelait au Comité de Salut public, il l'adjurait de rassurer les républicains et, se déjugeant tout à coup, demandait que l'on ne changeât pas aussi souvent les généraux en chef...

La trahison livrait alors Toulon aux Anglais (2). Lyon s'insurgeait et la disparition de d'Arlande du camp de Northweiler portait aux nobles de l'armée « le dernier coup. » Gouvion Saint-Cyr qui a vécu ces suspicions les a jugées ainsi : « La plupart en furent renvoyés ; quelques-uns purent cependant s'y maintenir ; mais combien il leur fallut déployer de talents et d'adresse pour s'y conserver ! Desaix fut du petit nombre de ces derniers. » Nous allons voir de Northweiler à Lauterbourg quels avantages en résultèrent pour le pays.

(1) Mai 1790 et avril 1792. Ignorant la politique étrangère, il accusait le pouvoir exécutif d'y trouver « un moyen de renverser la constitution. » Les faits prouvent exactement le contraire.

(2) Ces mêmes représentants rendirent, à Lauterbourg, un arrêté par lequel les autorités civiles et militaires y furent sommées de traiter les rebelles du district de Barr comme les contre-révolutionnaires de la Vendée. — Dossier du 24 août.

Le 12 septembre le camp retranché de Northweiler, qui dominait les gorges de la Lauter, avait été enlevé par surprise ; deux jours plus tard il fut repris et sa position confiée au général Desaix. Sous le coup d'accusations injustes (1) ce poste fut enlevé à ses soins après un mois de direction. Les murmures de ses troupes et la sollicitude éclairée de ses collègues furent assez puissants pour le faire rappeler. Le camp était de nouveau attaqué ainsi que toutes les lignes lorsqu'il regagna l'armée. Il a laissé un récit personnel de cette affaire, le voici en son entier :

Le 13 octobre, jour où les ennemis attaquèrent les lignes, la division de gauche de l'armée qui était dans les montagnes, était commandée par le général de brigade Ferrey ; elle tenait toutes les montagnes depuis Bobenthal jusqu'au-delà de Bitche. Le général de brigade Desaix commandait deux bataillons, le 7e d'infanterie légère et le 1er de la Haute-Saône au camp de Bobenthal. Le 1er bataillon du 27e régiment, le 1er du 13e, le 1er du 103e, le 1er du Haut-Rhin, le 4e du Jura et un autre bataillon du Rhin, tous campés à Notweiler ; le 10e des Vosges était en avant-garde à Bobenthal et à Rombach éclairant bien tout le front du camp. La chaîne de postes était bien formée par la droite jusqu'à Bobenthal, Schettembac étant occupé par des troupes avec des avant-postes très-avancés dans toute la vallée. La gauche de la position du général Desaix était éclairée par des troupes légères ; à Fischbach, quelques compagnies y étaient sous les ordres de Cunio, capitaine du 27e régiment d'infanterie, très-brave, très-bon et très-actif officier. Il avait pour le soutenir en cas d'événement un bataillon derrière lui à Schénau, c'était le

---

(1) Le général en chef l'envoya à Haguenau, pour y commander le dépôt, comme suspect aux Représentants. — Gouvion Saint-Cyr, *Mémoires*, t. 1, ch. 7.

4ᵉ de Saône-et-Loire. Pour appui et retraite dans toutes ces positions et en même temps lui servir de réserve, le général Desaix avait placé le 1ᵉʳ bataillon du 33ᵉ régiment à la ferme de Lichsthal, un autre était à la Dolmbruch. Quelques jours avant le 13 octobre, le général Desaix poussa des reconnaissances par tout son front ; il fut jusqu'à la ferme de Lindbronn sans y trouver d'ennemis, il parcourut toute la montagne sans en voir : à Deidenthal seul étaient des postes prusiens dont on fit quelques prisonniers. D'après cela, ce général écrivit au général Carlenc pour l'en prévenir et lui proposer d'en profiter pour tomber sur le flanc de l'ennemi placé sur les hauteurs en arrière de Bergzabern en débouchant par les vallées de Silz et de Waldenbach.

Le 12 octobre le général Colle fut destitué par les représentants du peuple Ruamps et Borri qui ne savaient que désorganiser l'armée ; ils lui ôtèrent ses meilleurs officiers et croyaient par là s'assurer de la victoire ; l'estimable général Colle commandait à Haguenau lorsqu'il fut si injustement destitué de son emploi. Le général Desaix eut l'ordre de le remplacer et de céder son commandement à Trintignan, lieutenant-colonel commandant le 7ᵉ bataillon d'infanterie légère. Au moment où il se préparait à partir, arriva à cet officier l'ordre de se porter le lendemain 13 en avant dans les gorges pour faciliter la sortie de Landau du général Delmas, nommé général en chef de l'armée, qui, déguisé, devait par les gorges arriver sur Notweiler ; l'exécution de ces ordres devait avoir lieu le 13.

Le général Desaix rendu à Haguenau le soir à dix heures y reçut, à deux heures du matin, l'ordre de revenir sur-le-champ reprendre son commandement ; ce général se remit en route à cinq heures du matin avec ses chevaux extrêmement fatigués. Le canon se faisait entendre de toutes parts, les ennemis attaquaient à la fois l'armée sur tous les points depuis le Rhin jusqu'à Bitche. Quelque diligence que pût faire le général Desaix, il ne put arriver à son poste qu'à midi; il apprit à la Dolmbruch du général Saint-Cyr que les Autrichiens s'étaient présentés en fausse attaque sur le camp de Notweiler, avaient canonné des hauteurs de la rive gauche de la Lauter nos retranchements en avant de ce camp et s'en étaient tenus là, que le camp de Bobenthal n'avait pas vu d'ennemis et que sur la gauche ils avaient attaqué la veille Fischbach et nous avaient chassés jusqu'à Schenau, et que le 2° bataillon du 13° régiment avait été forcé de se retirer de sa position dans la vallée de Steinbach, mais qu'il défendait vaillamment son terrain et ne le perdait que très-lentement. Alors le général vit bien que l'attaque réelle des ennemis était dans la plaine; que l'on masquait les troupes de la montagne par de fausses attaques; que cependant les ennemis avaient réuni leurs efforts principaux dans la vallée de Steinbach et sur le point de Stilbronn. Il a décidé de suite à y envoyer des renforts pour y reprendre le terrain perdu; le 1er bataillon du 33° et le 1er du Haut-Rhin y furent portés pour soutenir le 2° du 13° régiment et l'ennemi ne gagna que très-peu de terrain de ce côté-là. Quant au camp de Notweiler, le citoyen Trintignan, suivant les ordres qu'il avait reçus, fut à quatre heures du matin avec 800 hommes, placés par échelons, se porter sur Lindenbronn; suivant la route de la vallée qui va à Vallombach, il fut jusqu'à vers ces points. Pendant ce temps une colonne ennemie suivait le plateau d'Oltenbach pour venir se placer vis-à-vis le camp de Notweiler; ainsi ces deux troupes passèrent à cent pas l'une de l'autre sans s'en douter et furent se placer faisant face chacune au derrière de l'autre, le brouillard épais permettant cet événement singulier. Le colonel Trintignan cependant s'aperçut de ce qui se passait par le bruit de l'artillerie ennemie et voulut profiter de cette occasion pour faire une action vive et glorieuse : surprendre l'ennemi en l'attaquant par derrière. En vieux militaire, il savait bien qu'un ennemi surpris et attaqué à l'improviste est toujours battu par des troupes bien inférieures. Il consulta le moral de ses soldats avant que d'entreprendre. Son détachement était de tous postes de corps qui ne le connaissant point, ne lui parurent pas avoir de confiance et tremblait d'être coupé; il ne vit pas dans ces hommes cet élan courageux qui se plait dans les obstacles difficiles et les surmonte; il renonça à son projet et fit sa retraite sous le canon ennemi et sans en être déconcerté. Si les Autrichiens eussent pu se douter de sa position, lui et aucun des siens n'eussent échappé. Il rentra par Schellentenbach et revint au camp; au jour, une canonnade s'établit et tout en resta là, peu d'hommes furent tués.

Les choses en étaient dans cet état lorsque le général Desaix arriva à Notweiler; il forma de suite le projet d'attaquer le peu de troupes que les ennemis avaient devant lui et de se porter sur leur flanc par la vallée de la Lauter et en tombant sur Ober-Otterbach lorsqu'il saurait les ennemis arrêtés solidement dans les gorges de Bitche. Il rendit compte au général en chef de ses intentions et se prépara à exécuter son projet. Bientôt arrive une ordonnance de Bourcier, de l'état-major, qui annonce que les lignes sont forcées et qu'il faut se tenir prêts pour la retraite. En effet, alors les lignes avaient été forcées entre le fort Saint-Reines et le moulin de Bienwald, au point défendu par le 1er bataillon du 3e régiment et le 12e du Jura, après avoir été vigoureusement défendues au moulin de Bienwald par le 3e régiment, et la grande redoute de Steinfels défendue par le 4e bataillon d'Eure-et-Loire avait été surprise par un bataillon d'Olivier Wallis, qui s'était présenté comme déserteur et avait pu en approcher autant qu'il avait voulu. Le 7e bataillon d'infanterie légère, qui était dans les montagnes à Ober-Otterbach, avait été forcé par les Vallaques et mis en déroute avec perte de son canon. Le brave Gramont, commandant dans la forêt de Bienwald le 1er bataillon du 93e régiment et les chasseurs du Rhin, avait été blessé cruellement; ses troupes mises en déroute après une défense prodigieuse; toute la gauche de l'armée, en désordre, avait repassé les lignes consternée et abattue, et sans courage et vigueur ne pensait plus qu'à la retraite. Ce qui inquiétait le plus les esprits, était le passage du Rhin dans l'île de Sels, où le prince de Waldeck Aslo très maltraita le 1er bataillon des Pyrénées-Orientales et le 3e de la Haute-Saône. D'après tous ces revers, l'armée, accablée, pleine de terreur, voyant ses généraux changés à tout instant, présentés à ses yeux comme des traîtres et des scélérats, était inquiète et sans vigueur. La retraite eut lieu et fut encore heureuse. Après quelques efforts pour reprendre les lignes, le général se mit à la tête de l'infanterie, mit d'abord en déroute toute l'infanterie autrichienne qui avait passé les lignes, lui prit son canon et son drapeau; mais n'étant point soutenu par de la cavalerie, il fut bientôt repoussé et mis en déroute par le régiment de Valdeck. L'ordre de retraite n'arriva dans les montagnes au camp de Notweiler que très-tard, à minuit. On partit de Notweiler en ordre et silence pour aller prendre position vers Wœrth, y appuyer la position de Surbourg que prenait le gros de l'armée; des troupes légères servaient à garnir la vallée de Lembach jusqu'au village et s'y soutenaient par échelons. Deux bataillons traversèrent la montagne pour se porter sur Münichof, appuyer la gauche de l'armée. Au moment où toutes les dispositions se préparaient, un ordre vint de continuer la retraite en se portant sur Niderbronn et Nioffen; la droite appuyant à Metzweiler et la gauche vers Ygerthal; on se mit de suite en route à la pointe du jour faisant reformer les troupes par échelons pour protéger la retraite de celles qui étaient les plus avancées. Toutes les précautions furent prises pour faire retirer à temps les bataillons du Jura et du 102e régiment qui s'étaient portés dans la plaine et s'y trouvaient seuls, toute l'armée étant partie avant le jour. Ces bataillons n'arrivèrent à la position qu'à sept heures et reçurent de suite l'ordre de retraite qu'ils firent très-heureusement. Un lièvre qui passa à la vue de quelques troupes reçut une vingtaine de coups de fusils et seul il mit quelques troupes dans le plus grand désordre. Elles s'enfuirent, mais le 1er bataillon du 33e régiment s'étant mis en bataille aux avenues, les troupes, rassurées par la bonne contenance de ce corps et ne se voyant pas attaquées, rirent de leur terreur et se formèrent en bataille dans la plaine à la gauche et à la droite de Wœrth. Elles se remirent en marche vers les dix heures, éclairées au loin par soixante chasseurs à cheval du 7e et soixante cavaliers du 18e, toute la cavalerie de la division. On plaça quelques troupes dans la forêt de Frœhwiller et les autres vinrent camper à la position qui leur était désignée : Deux bataillons à Nœwiller, le 1er du Haut-Rhin et le 1er du 102e ; à Utenhoffen, le 1er du 27e régiment, le 4e du Jura, le 4e de Saône-et-Loire ; en avant-garde à Gondershoffen, le 1er de la Haute-Saône et dans les bois de Mitswiller les compagnies détachées avec le citoyen Cunio qui fesait l'arrière-garde. Le 1er bataillon de Loir était aussi du camp de Uttenhoffen ; il nous avait joint venant d'Obersteinbach ; le 2e du 13e régiment était avec lui. A notre gauche était la brigade du général Faulter qui occupait Reishoffen, les gorges de Gegerthal et prolongeait sa gauche dans les montagnes. On y fit passer le 1er des Vosges.

La journée du 14 s'est passée très-tranquillement ; le 15 les découvertes ennemies vinrent tâter nos avant-postes et troupes légères, une fusillade s'engagea sans être de longue durée. L'ennemi s'était retiré après avoir fait deux ou trois prisonniers ; le 15 du reste se passa tranquillement. Le 16 au soir, nous reçûmes l'ordre de nous retirer et de prendre position derrière la Zorn, la droite à Momerin, la gauche vers Delwiller, la brigade du général Faulter occupant Saverne. Les troupes partirent très-tard et vinrent camper : la division de Ferrey la droite vers Bitesviller, la gauche à Bouxviller. La division de Faulter se plaça : la droite à Bouxviller, la gauche vers les montagnes. Cette position n'était que provisoire ; dès le matin, on se remit en marche et l'armée se plaça ainsi : le 1ᵉʳ du 13ᵉ à Momenheim, le 1ᵉʳ des Vosges à Colwintralzeim, à Hocfeld, le (incomplet) à Mesheim, les compagnies de Cunio à Vilvisheim, le 7ᵉ d'infanterie légère et le 1ᵉʳ de la Haute-Saône à Valtenheim, le 1ᵉʳ du 27ᵉ, le 1ᵉʳ et 2ᵉ du Haut-Rhin à Multenhausen, le 1ᵉʳ de la Moselle, qui était venu nous renforcer de l'armée de la Moselle à Schaffahausen, le 10ᵉ des Vosges à Ingenheim, le 1ᵉʳ de l'Ain à Entstein, un autre bataillon..... (sic dans la minute).

Le 18 au matin les ennemis se présentèrent sur toute notre ligne ; à la droite, ils poussèrent cinq gros escadrons sur Momenheim pour appuyer leur attaque sur Brumpt et sur l'avant-garde placée à Geidertheim et Veyersheim. Cette cavalerie chassa le 13ᵉ de Momenheim ; mais ce village fut bientôt repris à l'aide de cent vingt chevaux, qui étaient toute la cavalerie de la division, et du 13ᵉ régiment qui repoussa l'ennemi, le poursuivit jusqu'à Potolsheim sans oser s'avancer plus loin ; le pays étant très-découvert, nous ne pouvions pas y manœuvrer sans artillerie légère et cavalerie sans le plus grand danger. L'ennemi fut repoussé à Brumpt sur la hauteur de Geidelheim après un combat opiniâtre de cavalerie. Le général Dubois, qui commandait la droite, s'étant retiré sans être battu jusqu'à Hœnheim près Strasbourg, abandonnant la position de Rotwiller, Offendorf et Bettenhoffen, l'armée fut forcée à la retraite, se voyant menacée par son flanc droit. Alors la division de Ferrey vint se placer sur le Kochsberg, très-magnifique position entre Saverne et Strasbourg.

Le 19 elle avait à Frankenheim les compagnies de Cunio et toute sa cavalerie ; à Dusningen et à Venheim, le 1ᵉʳ bataillon de la Haute-Saône et le 7ᵉ d'infanterie légère ; à Vallenheim le 1ᵉʳ du Jura ; à Landersheim et Monolsheim, le 13ᵉ régiment ;

à Viltenheim était le 4° de Saône-et-Loire ; le quartier-général à Illenheim et le reste de la division campé sur la hauteur de Kochsberg : le 27° régiment, le 1er de l'Ain, les deux du Haut-Rhin y étaient placés.

Là, le général Ferino vint commander la division et le général Desaix passa général de division à l'avant-garde placée à Reschtett.

Certifié par le général de division.

Signé : Desaix.

La perte des lignes de Weissembourg et la retraite de Notweiler rejetèrent l'armée près de Strasbourg. Contraint de la laisser à elle-même, l'ennemi ne put s'opposer à une réorganisation que son historien a reconnue nécessaire. Desaix reçut le commandement de la droite et s'appuya sur le Rhin près de la Wantzenau, Michaud celui du centre, Ferrey celui de la gauche ; commandant en chef, Carlenc ; commissaires de la Convention, Saint-Just et Lebas. Le 26 octobre, dépêche du commandant en chef aux généraux Diettmann et Ravel de recevoir leurs ordres de combat du général Desaix, et à ce dernier information qu'il sera attaqué le 27 de grand matin. Le prince de Waldeck se jeta sur ses lignes avant le jour, à la tête de 10,000 hommes.

Il surprit le poste de la Wantzenau qu'il attaqua avec six cents grenadiers et deux bataillons hongrois qui s'étaient approchés de nos troupes à la faveur de la nuit : nos avant-postes furent surpris. Dans cette première affaire l'ennemi nous tua beaucoup de monde et prit plusieurs pièces d'artillerie. Le général Combès, qui commandait sur ce point, rallia ses troupes en arrière de la Suffel qui offrait une bonne position ; il occupa le *jardin d'Angleterre* où il parvint à se maintenir. Le prince de Waldeck était appuyé par les divisions des généraux autrichiens Kospoth et Messuros, ce qui lui permit d'attaquer en même temps la brigade de gauche de Desaix, campée en arrière d'une ligne d'abatis, dans le bois de Reichstett; les troupes qui les défendaient furent obligées de se replier un peu en désordre ; Desaix parvint à les rallier et les ramena sur l'ennemi. Un nouveau combat s'engagea, il fut vif et sanglant. Il fallut le répéter, et ce ne fut qu'à la troisième charge que la victoire se décida pour nos troupes qui reprirent leur première position.

Les membres du Comité de Salut public écrivirent le 29 aux représentants du peuple près l'armée du Rhin qu'ils attendaient d'elle de grands succès ; qu'elle ne devait pas attaquer l'ennemi de front, mais sur les flancs et sur les derrières ; que Landau étant bloqué, il faut le secourir ; qu'ainsi maître de cette extrême frontière, Strasbourg sera dégagé du coup, car l'ennemi serait bloqué lui-même et perdrait ses communications avec son pays. L'intention d'assiéger Strasbourg ressortait des dispositions générales de Wurmser, et les aveux de ses déserteurs signalaient à notre quartier-général une armée autrichienne forte de 50,000 hommes, du Rhin à Saverne. Des officiers français qui pactisaient avec les émigrés informaient ceux-ci de nos mouvements. C'est dans ces violences réitérées qu'il faut chercher les causes des proscriptions aux armées ; Desaix est un de ceux qui y ont été constamment surveillés.

A la fin de novembre, Pichegru résolut, sur les instances de Carnot, de rejeter Wurmser sur la position qu'il s'était préparée près de la Moder et que défendaient trente redoutes. Desaix se porta sur Offendorf, en chassa l'ennemi et le poursuivit jusqu'à Drussenheim. Pichegru en rendit compte au ministre de la guerre en ces termes :

C'est la division de Desaix qui a le mieux fait en deux jours. Je m'y suis attaché de préférence pour le suivre et l'examiner, et je dois te dire qu'il s'est fort bien comporté ; à moins que tu n'aies de fortes préventions contre lui, je t'engage à retirer sa suspension.

... Hoche n'a pas eu le succès qu'il attendait de son attaque sur Kayserlautern. Je t'envoie ci-joint copie de sa dernière lettre : j'espère que réunis nous irons mieux.

D'après Jomini, Desaix sauva l'armée par cet avantage. L'effet en fut considérable, il protégea son auteur contre la proscription et conserva une intelligence militaire de premier ordre. Après quinze jours de combats acharnés, mêlés de revers et de succès, l'armée autrichienne se mit en retraite. La vigueur dont fit preuve le corps du prince de Condé fut aussi inutile qu'elle avait été coupable, et le souvenir de l'affaire de Barstheim ne vivra dans l'histoire que pour subir le jugement implacable de Gouvion Saint-Cyr.

La victoire de Wœrth (1), l'affaire du Geisberg, le déblocus de Landau, le respect de la discipline renouvelant nos forces, la retraite des Prussiens, le combat de la Pfrimm, la marche de l'armée de la Moselle sur Trèves, la contre-marche pour les cantonnements d'hiver signalèrent

---

(1) Les Représentants du peuple écrivirent le 29 décembre au Comité de Salut public pour spécifier qu'ils avaient tiré le canon à Reishoffen, Freschweiler et Wœrth et qu'ils étaient restés « toute la journée sur le champ de bataille, » prenant part au combat.

la fin de la campagne (1). La coalition était accablée !

Le dossier du 29 décembre nous donne sur le rôle de Desaix au Fort-Vauban un récit qu'il est utile de connaître :

Sur la droite, la division aux ordres du général Desaix a bivouaqué près de Guermsheim et la gauche dans les gorges vers Auweiler.

Aujourd'hui 9, l'armée a de nouveau marché sur l'ennemi. On a beaucoup canonné la hauteur de la chapelle Sainte-Anne, on en sera bientôt maître. Les troupes de la République du centre de l'armée ont continué leur marche. *La division de droite s'est emparée de Guersmheim*, où on a pris 80,000 rations de fourrages et mille sacs d'avoine et légumes secs, ils en ont brûlé beaucoup plus. On les poursuit toujours, et ce soir *la droite est à une lieue de Spire*. La gauche avance toujours en proportion ; la division aux ordres du général Lefèvre s'est portée aujourd'hui sur le Fort-Vauban et se joint au corps tiré de *la division Desaix qui y était déjà*... L'ennemi n'a que le temps de courir (2).

Nous n'avons rien à constater sur Lauterbourg autre que la narration de Gouvion Saint-Cyr ; mais nous signalons, à la date du 31, un rapport de Hoche dans lequel le vainqueur de Wœrth protestait contre la conduite de Pichegru qu'il nommait avec dédain : « *tel homme qui était à Hagueneau.* » Il l'y accusait de n'avoir pas paru devant l'ennemi. Or, les Autrichiens ne comprenaient pas seuls ce qu'il faut entendre par l'armée de Wurmser, le

---

(1) Atlas des Cartes et Plans adjoint aux *Mémoires* de Gouvion Saint-Cyr, pl. IV.

(2) Rapport de Duvigneau, adjudant-général, chef de brigade à Landau.

corps des émigrés y figurait aux ordres du prince de Condé... Pichegru préparait déjà ses trahisons en désertant le champ de bataille et maintenait son quartier-général sur les derrières de Hoche et de Desaix !

La fin de la campagne de 1793 avait été aussi heureuse pour la France qu'elle avait été malheureuse à son début. Les généraux ennemis rejetaient les uns sur les autres les causes de leurs défaites et l'apprenaient à l'Europe surprise dans des écrits pleins de haine. Si la coalition se maintenait au nord, l'armée du Rhin l'avait chassée de l'Alsace et, pleine de promesses pour l'avenir, avait révélé deux hommes de premier ordre : Gouvion Saint-Cyr et Desaix.

# CHAPITRE IV

## DESAIX A L'ARMÉE DU RHIN

SOMMAIRE. — Appréciation de Carnot sur la future Campagne. — Désirs de Hoche sur le même objet. — Plan des Coalisés. — *Plan de Carnot.* — Desaix dénoncé est défendu par les agents du Conseil exécutif de Strasbourg. — *Plan de Carnot commenté par lui-même au général Michaud.* — Desaix vainqueur sur la Reebach. — Procès-verbal du Conseil de guerre tenu à Kurweiller. — Desaix : *Dissentiment entre Desaix et Gouvion Saint-Cyr au conseil de guerre de Landau.* — Desaix à Zaiskheim et à Schweigenheim. — Rapport des Représentants du Peuple et du Général en chef sur les affaires des 12 et 17 juillet, rôle particulier de Desaix. — Sa lettre de Schifferstadt. — *L'Armée du Rhin apprend par des Ordres du jour la fin de la Terreur.* — Opinion de Gouvion Saint-Cyr sur la cavalerie et l'infanterie de l'armée du Rhin. — Correspondance de Bourcier avec Desaix. — *Conseil de guerre tenu à Neustadt.* — Desaix refuse de commander l'armée. — *Saint-Cyr et Desaix désignent Kléber.* — Hiver rigoureux devant Mayence. — *Héroïsme de l'armée.* — Jugement de Gouvion Saint-Cyr sur la Campagne et sur la valeur des troupes. — Son mérite.

### 1794

*Il faut que dans quelque mois*, s'écriait Carnot le 18 mars, *nous ayons remporté de grands et incontestables avantages ; une victoire médiocre serait la ruine de la République.*

Carnot avait raison et l'année 1794 devait causer à la coalition des catastrophes européennes. Mais cette guerre faite en haine des transformations politiques intérieures de la France, avait vu, l'année précédente, susciter des hommes qui entrevoyaient dans la victoire la répression des partis comme des passions qui divisaient alors notre patrie. Le triomphe de Hoche sur le Rhin avait correspondu au premier fait d'armes de Bonaparte. Robespierre, toujours clairvoyant, avait deviné dans le premier « un homme dangereux. » En revanche, il n'avait ni compris ni soupçonné le second, Barras devait se montrer plus éclairé dans sa corruption.

La fuite de Wurmser le faisait accuser de trahison par ses propres troupes, et le désordre était tel, qu'impressionnée par les imprécations des vaincus, une grande partie de la population s'empressait de le suivre ; le peu qui restait était en proie à une terreur inexplicable. Les agents du Conseil exécutif près l'armée le constataient dans leur rapport et promettaient de s'interposer. Irrité par les dévastations systématiques de son adversaire, Hoche arrêtait que ses soldats seraient nourris par l'ennemi et s'emparait d'otages « notables » pour assurer l'exécution de cette mesure. Il imposait au grand bailliage de Neustadt une réquisition de 6 millions de numéraire à verser en six jours à Landau, exigeait des subsistances fixes et des effets en nature pour abriter ou nourrir cette armée si sacrifiée. La Convention déclarait par décret que les armées de la Moselle et du Rhin, la garnison et les citoyens de Landau avaient bien mérité de la patrie. L'Alsace était redevenue libre. Hoche entendait cantonner le long des places fortes du Rhin, mais il prévoyait deux cas où l'ennemi tenterait le passage du fleuve et proposait des mesures en conséquence. Son but était de marcher en avant. Pichegru, en butte aux colères des représentants Lacoste et Baudot, qui pressentaient un intrigant à ses réticences calculées, reçut le 3 janvier le plan du Comité de Salut public. Son auteur, Carnot, y déterminait les positions à occuper et les opérations ultérieures des armées de la Moselle et du Rhin. Comme corollaire, nos émissaires fournissaient d'utiles données sur les alliés et sur leurs positions. Ils nous conseillaient la défensive, indiquaient les points qu'il importait de fortifier, désignaient les lieux de concentration, signalaient leur ralliement sur la rive droite et leurs levées en masse. Ils croyaient à un double passage du Rhin, l'un en face de Fort-Vauban, l'autre à Frusemheim, et louaient la perspicacité de Hoche à leur insu.

Les ordres de Paris modifièrent l'organisation de ces armées et changèrent, avec le but à atteindre, jusqu'à leurs généraux en chef.

Un vieux militaire, le général Michaud, remplaça Pichegru à celle du Rhin, et ce dernier eut le commandement de celle du nord. Hoche fut envoyé en prison après avoir été abreuvé de dégoût, suite des calomnies de Saint-Just et de Pichegru auprès de Robespierre, Jourdan lui succéda à l'armée de la Moselle. Un repos nécessaire prépara la prochaine campagne, Desaix l'appelait de tous ses vœux.

La coalition, d'après les conseils du colonel Mack, avait résolu de concentrer ses attaques au nord, en portant le gros de ses forces sur la Sambre ou la Meuse et de marcher sur Paris pour vaincre tout à la fois ses résistances et ses principes politiques. Un démembrement général, au nord, à l'est et au sud devait en être la suite. Carnot le comprit et substitua, à la défense de la France par le Rhin, sa défense par le nord. Constatons-le, la conquête de la Hollande, but avoué par le Comité de Salut public dans les états-majors, avait suscité parmi les agents du gouvernement français de vastes ambitions. Un de nos ministres diplomatiques proposait, le 19 février, une expédition sur Brême et Hambourg. Plus modeste, Hoche cherchait à créer une Ecole du Génie à Metz, ce qui prouve combien cet homme de guerre comprenait les lacunes qui résultent d'une éducation incomplète ou d'une instruction élémentaire. Le temps devait confirmer ses desseins.

Ce fut à ce moment de sa carrière que Desaix fut le plus sérieusement menacé. Déclaré suspect, suspendu par suite de suspicions que la conduite de sa famille explique, il dut agir avec prudence pour ne pas favoriser ses adversaires. Le bon sens d'un homme droit lui rendit sa tranquillité avec une finesse qu'appréciera le lecteur et que Bouchotte ne pénétra guère. Renkin, agent du Conseil exécutif, lui écrivit de Strasbourg :

Tu m'as dit de te faire part aussitôt que je découvrirais quelque ci-devant noble employé dans notre armée. J'apprends que le général Deizé est de ce nombre. *C'est la seule chose que j'aie apprise dans l'armée qui ne soit pas en sa faveur.* Il a souvent donné des preuves de sang-froid et de courage dans des affaires difficiles ; mais, je te le répète, j'ai appris qu'il était ci-devant noble.

Un des Représentants du peuple les plus redoutables qu'ait eu la Convention aux armées, Rougemont, donna en pleine assemblée un brevet de civisme à Desaix. Le langage emphatique de Rougemont, qui reproduit un des côtés pittoresques de ce temps, ne peut faire oublier ni son autorité ni son courage personnel. D'après des rapports du commandant de l'armée du Rhin (1), ce commissaire ne s'en tenait pas aux inspections patriotiques ou militaires, il assistait aux actions sur le champ de bataille, pointait les pièces de canon et chargeait avec la cavalerie dans la retraite comme pendant le combat. Voici le jugement qu'il formulait sur notre héros, le 22 mars :

Je viens, dit-il, de passer en revue tous les corps qui composent l'avant-garde de l'armée du Rhin, commandée par le général de division Desaix. Je me suis attaché à en connaître l'esprit, et c'est avec une vraie satisfaction que je rends compte à la Convention nationale de l'union fraternelle qui y règne. On remarque partout que l'esprit républicain y est porté au plus haut période ; le soldat, l'officier et le général, confondus ensemble dans les plus courts intervalles de repos, se rassemblent et vivent dans la plus étroite intimité. *La confiance la plus grande et la plus réciproque unit le soldat et l'officier aux généraux et nous présage des succès.* Les uns et les autres brûlent d'envie d'attaquer l'ennemi et d'anéantir les vils satellites des despotes coalisés contre notre sainte liberté..... Mais, citoyen président, les faits généreux et tels qu'il n'y a que des républicains qui puissent les sentir, sont ceux auxquels l'âme sensible de nos braves défenseurs s'abandonne tous les jours. On les voit, alliant le courage et l'humanité, secourir les pauvres et malheureux paysans de cette contrée en partageant avec eux leurs vivres.....

Tout l'hiver se passa en combats d'avant-postes, en embuscades et en faits propres à la petite guerre. Les rapports du général en chef et ses ordres du jour l'attes-

---

(1) Rapports de Michaud à la Convention du 5 prairial an II, 24 mai 1794 et 1er messidor, 19 juin.

tent avec soin, ils sont d'un esprit pratique et prouvent chez Michaud un homme du métier. Dévoué à ses jeunes coopérateurs dans le commandement, nous le verrons s'efforcer de le transmettre à Desaix comme au plus digne. La grande guerre avec ses opérations multiples ne put reprendre qu'au printemps. Le 17 mai, le général Desaix écrivit de Schifferstatt à son chef d'état-major Bourcier, qu'un caporal du 88ᵉ régiment était passé à l'ennemi avec le mot d'ordre, et constatant les inconvénients qui pourraient résulter de cette désertion, il l'informait des nouveaux mots d'ordre. Le 18, Dorsner, commandant à Kirveiller, annonça au Comité de Salut public l'entrée en ligne des Prussiens sans en exagérer l'importance; nos émissaires ne s'étaient pas trompés : la campagne commença le 23 mai. Les Autrichiens levant leur camp jetaient un pont le 22 sur le Rhin, et tandis que Mollendorf attaquait notre gauche dans la vallée du Speyerbach, le prince Hohenlohe-Kirberg se porta contre notre droite que commandait Desaix sur la Reebach.

Le maréchal Gouvion Saint-Cyr a publié le rapport de Carnot sur l'ensemble des opérations qui incombaient aux armées en 1794 (30 janvier), où il est dit : « Le point où tout le monde a senti que nous désirons porter les grands coups est *le nord*, parce que c'est là que l'ennemi, déjà maître d'une portion de notre territoire, dirige lui-même la majeure partie de ses forces » et menace Paris. Nous allons donner le commentaire de ce Mémoire, par la dépêche que fit parvenir Carnot au général Michaud dès le début des hostilités (21 mai). Cet acte est en entier de sa main :

Nous avons reçu, citoyen général, tes observations sur

l'affaiblissement qu'a souffert l'armée du Rhin par l'extraction en divers temps d'une partie considérable de ses forces. Cette extraction a été nécessitée par l'importance des opérations que les autres armées de la République ont eu à exécuter. L'armée du Rhin devant se borner à une *défense active* a dû être réduite à ce qui lui étoit *strictement nécessaire*. Cependant le dernier état de situation fait monter cette armée à plus de 130 mille hommes, sur quoi 20 mille ont pu être extraits, 30 mille sont supposés hors de service soit par maladie, soit par deffaut d'armes. Il doit par conséquent en rester 80 mille tant pour les garnisons que pour l'armée active. Quand tu aurois 30 mille hommes de moins encore, couvert comme tu l'es par le Rhin, par des montagnes et par les meilleures forteresses de la République, *il nous paroit que tu pourrois plutôt songer à un plan offensif* qu'à la crainte d'un ennemi qui ne peut sûrement pas rassembler la moitié de tes forces sur cette partie de la frontière.

Si tu as soin, comme nous te l'avons recommandé, de *ne point disséminer tes forces*, mais d'en former seulement deux ou trois bons corps toujours prêts à s'entr'aider et à tomber en masse sur le point attaqué ; que pour grossir ces corps tu réduises les garnisons à ce qui est rigoureusement nécessaire ; que tu maintiennes partout une exacte discipline ; nous croyons pouvoir regarder les départemens du Rhin comme parfaitement à l'abri de toute insulte.

Cependant, pour augmenter encore la sécurité à cet égard, des ordres ont été donnés pour que huit bataillons partent du département de la Charente pour se rendre à Colmar. Ces bataillons sont parfaitement organisés, armés et équipés au complet. Tu pourras par conséquent tirer du Haut-Rhin des forces qui seront remplacées par ces bataillons.

Le Comité pense aussi (*sic*) qu'il n'y a plus lieu à tirer des troupes à cheval de l'armée du Rhin. En conséquence, il t'autorise à conserver toutes celles qui sont actuellement à tes ordres.

Le jour même où Carnot expédiait cette instruction, Michaud faisait connaître que les Prussiens lui étaient supérieurs. L'ennemi pouvait « nous attaquer en même temps qu'il tenterait un passage. » Il priait les membres du « Comité de Salut public de la Convention » de ne pas confondre « la force active avec la force effective, » et sollicitant une augmentation de « forces, » déclarait que c'était « d'un intérêt majeur pour la République. » On en venait aux mains pendant que s'échangeaient ces communications. Vaincus par Mollendorf à Kaiserslautern, nous étions vainqueurs sur la Reebach par Desaix, et le prince de Hohenlohe-Kirberg s'enfuyait du champ de bataille *avant même la fin de la journée*, s'écrie Saint-Cyr ! Mais les conséquences de la défaite de l'armée de la Moselle pesaient sur celle du Rhin et l'obligeaient, malgré son succès, à se replier sur la ligne de Lingenfeld à Franckweiler. Le procès-verbal du conseil de guerre tenu le 24 mai et dont Desaix signa la délibération, nous apprendra les raisons techniques de cette retraite. En l'annonçant au Comité de Salut public, Michaud ne prononçait pas le mot de *retraite*, il disait : *cette mesure*; puis il ajoutait quant à la coalition : « Toute la journée je
» conserverai la position de la bataille d'hier afin de
» prouver à l'ennemi que je ne cède point à sa force,
» mais que j'agis militairement en prenant la même ligne
» que l'armée de la Moselle. » Ces nobles paroles commentaient l'acte de Kurweiler (1) dont voici la teneur :

Ce jourd'hui 5 prairial, an II$^{me}$ de la République fran-

(1) Le représentant du peuple Hentz rédigea de son côté un procès-verbal de ce conseil de guerre qu'il envoya au Comité de Salut public.

çaise une et indivisible, les généraux de division de l'armée du bas Rhin, assemblés à Kurwiller par ordre du général en chef, en présence du citoyen Rougemont, représentant du peuple, ayant été provoqués d'émettre leur opinion sur les dispositions à faire prendre à la dite armée ; après avoir discuté et balancé les avantages avec les inconvénients de lui faire prendre une position rétrograde, ont unanimement décidé que l'aile droite de la Moselle ayant été obligée de céder à la supériorité des forces ennemies et de se replier sur Pirmasens sans promettre même d'y pouvoir tenir, l'armée du Rhin se trouvait entièrement isolée et laissait son flanc gauche sans appui ; que l'armée du Rhin restant dans la position qu'elle occupe aujourd'hui ne pouvait sans doute espérer, dans le cas d'une nouvelle attaque de la part de l'ennemi, s'y ménager les mêmes avantages qu'elle s'est procurés hier d'une manière si brillante contre lui ; que la division de La Boissière se trouvait sans appui par son flanc gauche au moyen de la retraite de la division de la Moselle sur Pirmasens ; que la division de La Boissière risquerait même d'être enveloppée de manière à être séparée du corps d'armée du Rhin ; que d'ailleurs, l'ennemi venant à avoir des succès ultérieurs vers le flanc droit de l'armée de la Moselle, il se trouvait en mesure de tenter avec succès une invasion dans les gorges d'Annweiler et par là se ménager le moyen de pénétrer dans le département du Rhin, de manière à couper les communications des convois indispensables à faire arriver sur Landau, tant pour alimenter l'armée que pour approvisionner cette forteresse si importante ; qu'en outre, si l'ennemi parvenait à nous attaquer avec avantage dans la position que nous tenons, un échec dans l'état d'affaiblissement où se trouve l'armée du Rhin pourrait avoir des résultats funestes ; qu'étant en position défensive et obligée d'attendre la bataille, elle acquerrait par une position rétrograde, avec l'avantage d'y être mieux préparée, celui de pouvoir au besoin offrir le combat elle-même ; que d'ailleurs l'esprit politique des habitants du département du Rhin se ressentirait avantageusement pour la chose publique d'un rapprochement de la force armée ; que l'armée du Rhin ne pourrait plus se promettre autant de tenir dans la position actuelle par les forces indispensables à jeter dans les gorges d'Annweiler, que la garde du Rhin vers l'extrémité du département exigerait un renfort.

Toutes ces considérations bien pesées, les dits généraux ont arrêté que les intérêts de la chose publique nécessitaient de porter l'armée du Rhin sur la ligne de Lingenfeld à Franckweiler en occupant fortement la gorge d'Annweiler.

Signé : DORSNER, DESAIX, FERINO, LAUBADÈRE, DELMAS, LA BOISSIÈRE, BOURCIER et MICHAUD.

Pour copie conforme :

*Le général en chef,*
Signé : MICHAUD.

Le 27 mai le chef de l'armée du Rhin constatait que la droite de l'armée de la Moselle était derrière la Sarre, que le général Ambert ne pouvait occuper fortement Pirmasens, que les gorges d'Annweiler étaient au pouvoir de l'ennemi, Bitche à découvert et qu'il serait attaqué par lui de toute part. Il sollicitait le Comité de faire marcher ses troupes contre les Prussiens afin de reprendre les gorges, de façon à ce que la droite de l'armée de la Moselle pût s'avancer à la hauteur de l'armée du Rhin. Cette entente des deux armées, leurs deux généraux en chef la déclaraient nécessaire et leurs lieutenants l'appuyaient de leur crédit.

Le 29, le général Michaud informait les membres du Comité de Salut public qu'il avait atteint l'ennemi après l'avoir recherché avec de forts détachements de recon-

naissance, que la cavalerie prussienne avait fait essuyer à la nôtre « un désavantage marqué » et la gauche avait été battue. Mais, ajoutait-il : « Les divisions de droite, sous
» le commandement des généraux Desaix et Delmas, ont
» été beaucoup plus heureuses, elles ont eu tous les
» succès : l'artillerie, parfaitement servie, a fait éprouver
» aux Autrichiens une grande perte. » Nous constaterons encore la supériorité de Desaix dans l'emploi de son artillerie, car il tint à pratiquer et à tenir en main chacun des corps de ses troupes, et ce fait nous l'observons dès le début de sa carrière (1).

Nous ne nous arrêterons pas sur les paroles sévères que prononça Carnot sur la défaite de Kaiserslautern et sur les modifications qu'elle entraîna, ce serait sortir de notre cadre ; nous nous bornons à les signaler. Le maréchal Gouvion Saint-Cyr ne les a pas connues; c'est pourquoi son récit si instructif du dissentiment qui a éclaté entre Desaix et lui au conseil de guerre du 17 juin est incomplet. Desaix l'emporta contre lui parce qu'il exerçait une influence supérieure sur Michaud. Le 27 mai, ce dernier écrivant à Carnot avait formulé ses projets par cette appréciation : « un mouvement offensif sur les Prussiens. » Il voulut lui être fidèle le 17 juin. On peut même dire qu'en cette circonstance s'est divulguée la personnalité militaire de ces deux généraux : Desaix prompt aux attaques audacieuses, moyen que son adversaire appelait en ce cas-ci un « projet plus spécieux que solide, » Gouvion Saint-Cyr inclinant par goût à l'action « dans les montagnes. » Dans la délibération de Landau, le nouveau divi-

(1) Rapport des Commissaires de la Convention sur les mêmes faits qui citent Desaix avec éloges, dossier du 29 mai.

sionnaire voulait « éviter une affaire générale » et obtenir le succès par des « actions secondaires. » Son avis fut repoussé et l'appel que fit son rival aux revers de la campagne de 1793 ne put convaincre ses collègues « Desaix, dit-il lui-même, soutint son opinion avec chaleur et il l'emporta. » Nous verrons lequel des deux émules avait raison, au jugement final que portait Saint-Cyr trente ans plus tard sur la valeur stratégique et tactique de la campagne de 1794. Nous en appelons du général d'alors à l'homme de guerre consommé qui eut le bonheur de faire sa carrière à l'armée du Rhin.

Le 19 juin, les Autrichiens attaquèrent Desaix avant le lever du jour et furent battus.

Une dépêche de Desaix, écrite de Zaiskheim, son quartier-général, à la même date, priait son collègue Saint-Cyr de lui confier le plus possible de sa cavalerie, au début de l'action. « Ce sont les Autrichiens qui bougent, » disait-il. Nous savons quel en fut le résultat, mais ce n'était qu'un prélude et Desaix devait surprendre son adversaire, au moment choisi par Michaud, le 2 juillet à Schweigenheim. Il eut l'honneur de l'*attaque principale* et sa division, renforcée en conséquence, comprit « vingt-quatre bataillons d'infanterie et vingt-quatre escadrons de cavalerie avec de l'artillerie en proportion. » Le rapport du commandant de l'armée du Rhin est diffus et l'on ne pourrait se rendre compte de cette affaire sans le récit de Saint-Cyr (1). Notre héros surprit l'avant-garde autrichienne et « aussitôt ce poste retranché et l'ennemi tourné et emporté, dit Michaud, toute l'armée marchait à la même hauteur et

---

(1) *Mémoires*, t. II, ch. III, p. 53 à 63, et *Rapport* du général Michaud, en date du 2 juillet (14 messidor an II).

avec rapidité. Ce premier avantage devait décider une victoire complète, » car les Autrichiens épouvantés avaient abandonné leur artillerie. Le défaut d'expérience de la cavalerie, qui n'était point manœuvrière, la fit mal attaquer, elle se troubla, se mit en désordre et s'enfuit qui vers Germersheim, qui vers Spire, c'est-à-dire à gauche et à droite. L'artillerie ennemie fut reprise par ses canonniers et nos troupes se replièrent sur leur première position. Il avait été interdit de s'engager à fond ; mais après cet échec provoqué par la cavalerie, on dut « se concerter de nouveau avec l'armée de la Moselle. » Dix jours plus tard, on devait se remettre en mouvement.

Pour l'attaque du 12, les Représentants du peuple décidèrent, et ce fut accepté par le Comité de Salut public, que le général en chef de l'armée de la Moselle, Moreau, serait subordonné à celui de l'armée du Rhin. On avait ainsi pour but de mettre plus d'ensemble dans les attaques dirigées contre l'ennemi dans la position de Kaiserslautern au revers des Vosges et sur le Speyerbach.

Le conseil de guerre qui adopta ce système se rallia au plan d'attaque proposé par Saint-Cyr « au premier conseil tenu le 17 juin » sur l'avis de Desaix, qui « donna son avis le premier » et ne craignit pas de se déjuger. Les opérations furent ajournées au 13 juillet pour donner à l'armée de la Moselle le temps d'entrer en ligne, car elle était « en arrière » de celle du Rhin. Desaix eut pour mission de protéger le flanc droit de la 2$^{me}$ division qui marcha sur les Prussiens et de contenir les Autrichiens. Il agit en conséquence pendant la journée du 13 où il fit occuper le village de Freimersheim « à la pointe du jour, » comme il l'avait promis à son ami la veille : «Je me saignerai en cavalerie pour toi, ajoutait-il, si on ne t'en envoie pas, » et il lui confia le 2ᵉ chasseurs « fort d'environ 500 chevaux. » Le 13, il écrivit au chef d'état-major général : « Je te préviens que mes troupes ont repris leur position, d'après l'avis que m'a donné Saint-Cyr par un maréchal-des-logis et un adjoint à l'état-major qu'il faisait sa retraite et que je devais faire la mienne. » Nous reprenions l'offensive le 14 et les commissaires de la Convention en constataient les résultats brillants en ces termes :

Les armées du Rhin et de la Moselle réunies sont triomphantes ; elles sont aux prises avec l'ennemi depuis trois jours ; hier, elles l'ont fait fuir devant elles sur tous les points, comme un vil troupeau, sur un espace de plus de vingt lieues.

L'armée de la Moselle s'est divisée en deux parties, dont l'une a chassé l'ennemi sur toute la gauche, en le rejetant derrière les marais de Landstulh...

L'armée du Rhin se battoit dans le même tems avec la même valeur...

En même tems les troupes aux ordres des généraux de division de Desaix et Vachot occupoient les Autrichiens dans la pleine et sur les bords du Rhin, leur tuoient beaucoup de monde et éclaircissoient leur nombreuse cavalerie en les acculant au-delà de Spire. Ainsi, depuis les bords du Rhin jusqu'à Landstulh, on s'est battu avec héroïsme et avec le succès dû à la bravoure républicaine.

Une mention spéciale était accordée *à l'intelligence qui règne entre les généraux en chef des deux armées* (1). Les

(1) Desaix écrivait de son côté à Saint-Cyr : « Fais-moi le plaisir de m'instruire de ta position, de tes projets, de ce que tu comptes faire, afin que je puisse agir de manière à me lier à toi et à me seconder. »

deux représentants signalaient leur présence *sur le champ de bataille* afin d'honorer les troupes et leur propre responsabilité. Les pertes de l'ennemi étaient évaluées à 2,400 hommes (1).

Quel était le langage du généralissime ?

Citoyens Représentants,

Les armées du Rhin et de la Moselle proclament aussi la victoire.

Hier 25 (messidor), nous attaquâmes sur tous les points. La division de droite (2), commandée par Desaix et chargée d'une fausse attaque, fit un feu d'artillerie terrible et s'empara vivement de Freichbach et Freimersheim; il chercha par tous ses mouvements à tenir l'ennemi en échec, à fixer son attention et à lui inspirer des craintes... Aujourd'hui, Tripstatt a été emporté. Les divisions Saint-Cir et Desaix marchent à grand pas; l'ennemi est en pleine retraite, nous sommes à Kirweiller et nous entrons ce matin à Spire et à Neustadt. Je continuerai, j'espère, citoyens Représentants, à vous donner l'annonce agréable de nouveaux avantages. C'était hier le 14 juillet, nous l'avons célébré dignement. Nos feux de réjouissance tonnaient sur plus de vingt lieues d'étendue; nous ne les cesserons qu'après avoir complètement battu et dispersé les barbares.

... Les chants de victoire de nos frères du nord et de la Sambre ont été entendus au Rhin et à la Moselle (3), et ces armées sont d'accord pour y répondre.

Le 17, Kaiserslautern retombait en nos mains. C'est en narrant ces succès dus à l'infanterie française, dont l'action

(1). Ce chiffre fut confirmé par Michaud dans son rapport du 16.
(2). Desaix eut dans ces affaires « la première division » sous ses ordres.
(3). Le général en chef de cette armée rédigeait sur ses opérations personnelles un rapport, en date du 17 juillet.

avait trouvé un champ de bataille approprié à son caractère, que l'on s'associe au cri prophétique de Gouvion Saint-Cyr : *L'obstination que l'on met à en faire de l'infanterie allemande doit-elle encore durer longtemps?* Et l'on était en 1829 ! Dans leur défaite les Autrichiens repassèrent sur la rive droite du Rhin et les Prussiens se rapprochèrent de Mayence ; ils eussent été au-delà encore, si nos généraux du nord n'eussent tout subordonné à l'occupation de Trèves, sacrifiant ainsi l'ensemble des opérations victorieuses du Rhin, sans rechercher si les coalisés abandonnaient cette place à leurs coups.

Desaix écrivit alors au général Michaud :

J'occupe mon ancienne position de Schifferstatt. Je vais m'y établir comme auparavant. Mes reconnaissances ont été jusqu'auprès de Momenheim et Ogyersheym. L'ennemi n'y a que quelques postes de hussards. D'après quelques rapports, il paraît que les Autrichiens ont passé le Rhin. Je laisserai reposer les troupes aujourd'hui et j'attendrai tes ordres. J'ai envoyé deux bataillons à Ingelsheim en attendant que Saint-Cyr le fasse occuper comme auparavant.

La surprise des magasins de Lamsheim après l'abandon de Frankenthal par l'ennemi, qu'occupait un fort parti de cavalerie, ne produisit pas les résultats attendus, le 23 juillet. Nos opérations ne reprirent pour lui que le 29 août dans l'attaque combinée des Prussiens et des Autrichiens contre Kaiserslautern. Le duc de Cobourg adressa dans cet intervalle une proclamation aux habitants du Rhin pour les engager à déserter l'armée. Réponse inattendue : des proclamations et des ordres du jour apprirent à l'armée la fin du règne de la Terreur. *Cette nouvelle*, a écrit un témoin, *fut reçue avec allégresse*. Les généraux ne cachèrent pas leur joie et Desaix y trouva la fin des calomnies qui l'avaient poursuivi. Merlin de Thionville apporta bientôt dans les états-majors un autre esprit que Saint-Just; aux frontières comme à la Convention on ne devait plus connaître qu'un seul ennemi : l'étranger.

La surprise du 29 août sur Epstein et Frankenthal fut connue par trahison, mais la fermeté de Desaix en imposa à la cavalerie prussienne et il regagna son camp sans être suivi. C'est ce qui a fait dire à un maître dans l'art de la guerre, que les deux mois passés par l'armée du Rhin dans sa position accrurent « l'instruction » de sa cavalerie et l'aguerrirent « par la petite guerre. » L'embrigadement terminé, notre infanterie « laissait bien peu à désirer pour l'instruction et la discipline (1). » L'offensive de nos ennemis sur Kaiserslautern devait justifier ces appréciations malgré les difficultés de la lutte, car nous verrons nos adversaires abandonner d'eux-mêmes le terrain.

Le 19 septembre le chef d'état-major général Bourcier, rentré en grâce après la Terreur, envoya une circulaire aux généraux de division pour les appeler à Neustadt afin d'y concerter un plan d'opérations. Des modifications étaient apportées à la position des corps comme à leur commandement. Le 20, Bourcier en informa Desaix en ces termes :

Je te préviens que le général Vachot vient prendre le commandement des troupes des gorges, afin de tâcher de rétablir la communication avec Kaiserslautern.

Le général Schaal se retirera cette nuit à Saint-Lambrecht,

(1) *Mémoires de Gouvion Saint-Cyr*, t. II, ch. V, p. 115.

d'où il se portera en avant demain matin pour seconder le mouvement du général Vachot.

Le général Saint-Cyr prendra cette nuit une position derrière Deidesheim et Rupersberg, ne conservant que des avant-postes en avant du ruisseau. Il a ordre d'envoyer au général Vachot un détachement de 50 hommes à cheval.

Le général Frühinsholz, commandant la 4° division, a ordre d'envoyer cette nuit un bataillon pour occuper la gorge qui va de Saint-Lambrecht à Wackenheim. Il s'étendra jusqu'à Lindenberg en laissant quelques compagnies sur la route de Saint-Lambrecht.

L'artillerie de la division Saint-Cyr, masquée par son général dans le village de Musbach, ayant couvert de mitraille la cavalerie de Wartensleben et ses quatre régiments lui ayant donné la chasse pendant deux lieues, les divisions Desaix et Vachot ne furent pas attaquées. Desaix et Gouvion, qui dirigeaient la tactique du quartier-général, s'étant entendus provoquèrent des modifications que le commissaire Féraud n'accepta pas. Michaud n'osait agir sans son autorisation, et il faut le regretter (4). Voici les dispositions qui furent adoptées au conseil de guerre de Neustadt et que signèrent chacun des intéressés.

### SÉANCE DU CONSEIL DE GUERRE.

Malgré les circonstances impérieuses qui ont forcé les troupes de Kaiserslautern à se retirer en arrière, il a été décidé que l'on pouvait encore tenir la position du Spirbach; les gé-

---

(\*) Carnot, s'inspirant de la victoire de l'armée de Sambre-et-Meuse à Liége, présentait au Comité de Salut public un *Mémoire* pour continuer l'offensive sur le Rhin, de préférence à tout autre point.

néraux sont convenus qu'ils ne doivent épargner aucun effort pour assurer le triomphe des armes de la République et l'anéantissement des ennemis de la liberté.

En conséquence, ils arrêtent :

1° Si l'ennemi se présente, le général Saint-Cyr ira prendre sur-le-champ la position du Spirbach et recevra la bataille si elle lui est présentée ;

2° Le général Desaix gardera sa position sur la Reebach et recevra également la bataille ;

3° Une partie des troupes qui défendent les gorges se portera dans la gorge d'Annweiller en supposant que le général Meynier n'ait pas pu prendre position à Trippstatt.

Arrêté à dix heures du soir, le cinquième jour des sans-culotides de l'an II.

Signé : Neveu, Féraud, représentants, Gouvion Saint-Cyr, Doasner, Bourcier, généraux de division, et Michaud, général en chef.

Notre armée était disposée à en venir aux mains, lorsque nos ennemis arrêtèrent leur mouvement et se retirèrent dans leurs positions antérieures (1). Nous comptions les rejeter au-delà du Rhin, ce devait être l'œuvre commune des armées de la Moselle et du Rhin combinées.

Le 2 octobre, les Représentants du peuple envoyés auprès d'elles, les généraux en chef et le général Desaix — fait digne de remarque — se réunirent à Bitche pour élaborer à nouveau et avec détail les opérations militaires qui avaient en vue la fin de la guerre. Desaix, dont le

---

(1) Notre agent secret sur les bords du Danube, Bacher, secrétaire d'ambassade, informait le Conseil exécutif à cette époque des intentions de l'Empereur d'Allemagne sur l'Italie.

génie s'était tant de fois révélé, obtenait devant tous la réparation des colères et des suspicions auxquelles il avait été en proie. Les commissaires de la Convention, subjugués par la vivacité de sa parole et la loyauté de son caractère, tinrent en cette circonstance à le mettre hors de pair parmi ses collègues. Il put ne pas être convoqué à Neustadt, sa signature ne figure point parmi les tenants de la délibération, il fut l'égal de ses chefs à Bitche : le temps a confirmé les raisons de ce choix.

Voici le texte de la conférence du 11 vendémiaire an III :

Les Représentants du peuple, Bourbotte et Féraud, près les armées de la Moselle et du Rhin et dans les départements en dépendant, se sont réunis à Bitche avec les deux généraux en chef des armées du Rhin et de la Moselle, Michaud et Moreau, ainsi que le général de division Desaix, à l'effet de concerter ensemble les mesures à prendre pour terminer la campagne d'une manière glorieuse, d'utiliser les deux armées, de régler et d'arrêter leur marche respective. En conséquence, il a été arrêté pour principe qu'il fallait chercher l'ennemi partout où il sera pour l'attaquer, le battre, le détruire s'il était possible et le forcer à tel prix que ce soit à se jeter derrière le Rhin.

Le mode d'exécution a été convenu ainsi qu'il suit :

. . . . . . . . . . . . . . . . . . . . . . . . . . . . . . . . . .

Pendant tous ces mouvements, le restant de l'armée du Rhin poussera de fortes reconnaissances devant elle, inquiétera l'ennemi autant qu'il sera possible et le tiendra dans un échec continuel, jusqu'à ce que dans la conférence qui aura lieu, ainsi qu'il a été dit ci-dessus, ses mouvements ultérieurs aient été déterminés.

Délibéré en conseil.

Signé : J. Féraud, Bourbotte, Michaud, Moreau et Desaix.

Pour copie conforme :
*Le général commandant l'armée du Rhin*,
Michaud.

Le 4 octobre leur généralissime prit ses mesures en conséquence. Par une nouvelle mutation, Desaix remplaça son illustre ami à Deidesheim et y prit le commandement de ses troupes; celui-ci eut la division de Kaiserslautern et celle des gorges de Saint-Lambrecht, en tout 10,211 hommes; la division Schaal, forte de 8,000 combattants, opéra sous ses ordres. Nous prîmes l'offensive, nos préparatifs terminés, et le 24 octobre Desaix était à Oppenheim. De son côté, la Prusse abandonnait presque la coalition (1).

Ce fut alors qu'éclata dans l'armée un spectacle inattendu. Les opérations contre Mayence venaient de commencer avec des divisions des deux armées et formaient par leur objectif un corps séparé auquel chacun des généraux en chef se refusait à donner des ordres. « On ne put trouver personne qui voulût accepter cette place, » a dit l'un de ceux qui l'eussent occupée avec talent. Il faut reporter à cette phase des opérations l'anecdote sur Desaix. Michaud le proposa pour commander au représentant de

(1) La Prusse se précipitant sur la Pologne pour y accomplir le 3e partage, ralentissait son attaque sur nos frontières et touchait les subsides anglais comme si elle fût restée fidèle aux plans de la coalition.

la Convention. *Comment, s'écria Desaix, c'est pour cela que tu m'as amené ? A moi le commandement de l'armée ? à moi qui suis le plus jeune des officiers ! Représentant, tu n'écouteras point une semblable proposition, tu ne commettras pas d'injustice à l'égard de vieux militaires qui ont beaucoup mieux mérité de la patrie,* et il sortit. Michaud tint à constater la justesse de sa proposition par cette appréciation écrite : « Le génie militaire du général Desaix, les preuves fréquentes de courage qu'il a données pendant cette guerre, me le font juger très en état de commander une armée avec le plus grand succès. » Ceux qui refusaient la position suprême trouvèrent dans leur simplicité rare l'homme qui devait illustrer son nom et l'Alsace du Rhin au Nil. « Nous nous étions empressés de désigner au représentant Merlin de Thionville, Kléber, qui avait fait ce siége, comme celui qui nous paraissait avoir le plus de droits d'entreprendre celui de Mayence si les circonstances devenaient opportunes. » Le 2 décembre Kléber prenait le commandement sous ce titre : *Armée devant Mayence*; après cinq semaines de tâtonnements, ce corps avait enfin un chef.

L'hiver vint paralyser les effets de ce choix, car on l'a appelé le plus rigoureux du siècle. Saint-Cyr a pu écrire que dans le courant d'une aussi longue guerre qui a duré un quart de siècle, jamais privations plus pénibles n'avaient été imposées à des troupes, jamais leur durée n'avait égalé celle du blocus de Mayence en 1794. Il n'en exceptait pas la campagne de Russie et déclarait d'autant plus glorieuse l'armée du Rhin, qu'elle combattit sans espérer des récompenses ou des honneurs, qu'elle maintint sa discipline intacte et qu'elle supporta tous les maux que lui infligea la température pendant huit mois (1).

Honorons cette armée comme il convient.

La Patrie est en danger, avait dit la Convention, et aussitôt étaient accourus, s'ignorant eux-mêmes, de jeunes hommes qui avaient dans leur cœur et leur intelligence la foi en la destinée de leur pays. Des officiers honorables ou réputés avaient refusé les tentations de l'émigration et certains d'entre eux avaient affirmé jusque sur l'échafaud le respect des lois, même lorsqu'un parti taxé de « scélératesse » par les auteurs du 9 thermidor les avait criminellement condamnés. Carnot dans les opérations militaires, Prieur de la Côte-d'Or, dans la partie administrative, officiers du génie tous deux, inspiraient les membres du Comité de Salut public à cette époque ; l'histoire leur doit cette constatation.

Le maréchal Gouvion Saint-Cyr a vu dans la campagne de 1794 la source des fortunes militaires qui ont signalé les années ultérieures, et dans les armées de cette époque des qualités de premier ordre. Voici son appréciation :

Observons qu'à cette époque les armées françaises avaient atteint un degré de supériorité qu'elles n'ont jamais dépassé et qu'on pouvait tenter avec elles les opérations les plus difficiles : ce qu'elles ont prouvé dans les campagnes suivantes mieux encore que dans celle de 1794 qui venait de se terminer par la conquête des provinces situées sur la rive gauche du Rhin. Ainsi, trois années de guerre ont suffi pour élever nos armées au niveau des meilleures de l'Europe. Les soldats ne laissaient rien à désirer pour l'instruction, la bravoure et la

---

(1) Nous renvoyons pour cette partie *incidente* de notre travail, au livre sur Kléber publié par M. le général Pajol : les rapports qui émanent de Desaix portent sur une coopération de second ordre.

discipline; la classe des sous-officiers, si importante dans toutes les armées et plus particulièrement dans les nôtres, était excellente ; celle des officiers inférieurs ne lui cédait en rien ; la majeure partie des officiers supérieurs était véritablement très-distinguée et donnait les plus belles espérances. *Les généraux de brigade et de division comptaient dans leurs rangs un bon nombre de sujets capables de commander des corps d'armée.* Aussi est-ce depuis cette époque que l'on peut sans injustice juger les généraux français avec quelque sévérité et qu'ils ne peuvent plus défendre leurs opérations en alléguant la faiblesse ou la mauvaise qualité de leurs troupes (1).

Ce qui a droit de nous surprendre en ceci, c'est qu'un jugement porté par un militaire de cette autorité soit resté inconnu dans les assemblées parlementaires, dans les écrits réputés et jusque chez ceux de nos historiens qui formulaient leur propre compétence. C'est pourquoi nous le reproduisons, en observant que depuis 1829 chacun a pu le lire dans un ouvrage imprimé. Et on se demandera peut-être si cette sentence n'a point été passée sous silence avec intention par les intéressés, parce qu'elle aurait dérangé bien des calculs, démasqué bien des fautes et aggravé devant l'histoire les culpabilités voulues de certaines phases du premier Empire.

(1) *Mémoires*, t. II, p. 158.

# CHAPITRE V

## DESAIX EN ALSACE

SOMMAIRE. — La France et la Coalition d'après le *Rapport de Boissy-d'Anglas*. — Décrets de la Convention sur les négociations diplomatiques. — La Prusse rompt avec la Coalition. — *Paix de Bâle*. — Éloges du représentant Féraud sur la conduite de l'armée du Rhin pendant l'hiver. — L'armée de Sambre-et-Meuse. — Jugement de *Jomini* sur l'organisation de la campagne. — Desaix quitte les *lignes de Mayence* après une divergence de vues. — La Coalition d'après la diplomatie militaire. — Les commissaires de la Convention défendent énergiquement les droits de l'armée de Rhin-et-Moselle. — L'Émigration et Pichegru. — *Desaix protège l'Alsace contre Wurmser* : Rapport de Rewbell. — Jourdan entre à Dusseldorf. — Manheim capitule. — Retraite de l'armée de Sambre-et-Meuse. — Bulletins de Bacher à Desaix. — Pichegru. — Merlin de Thionville offre au gouvernement le concours de l'armée du Rhin pour réduire le parti Jacobin. — Affaire du 13 octobre — *Le Comité de Salut public désigne Desaix pour sauver Manheim.* — Conduite contradictoire de Pichegru. — Récits de Gouvion Saint-Cyr et de Pichegru sur le talent déployé par Desaix en novembre. — Desaix sur la Queich, Landau et Franckenthal en décembre. — *Rapport de Rivaud sur l'influence de Desaix dans l'armée.* — Armistice. — Jugement de Gouvion Saint-Cyr et de Jomini sur la Campagne.

## 1795

L'état de l'Europe à l'ouverture de la quatrième campagne était modifié par la force de nos armes. Jomini le constate en ces termes : « Par la série non interrompue de succès obtenus dans celle de 1794, la République avait tranché de son épée redoutable le nœud de la coalition et la Politique toujours soumise à la victoire ne cherchait plus qu'à garantir ceux qui se croyaient exposés à sa vengeance. » La France acceptait la guerre avec contrainte.

Elle déclarait par un *Rapport* de Boissy-d'Anglas à la Convention qu'elle la détestait sans la craindre, et avertissait l'Europe du haut de la tribune que nous étions prêts à en faire cesser les horreurs lorsqu'on nous présenterait une paix conforme à notre dignité. Mais si la Convention s'avouait prête à négocier avec franchise, elle n'entendait pas que l'on paralysât ses armes ni que l'on suspendît ses triomphes par des négociations fausses ou insignifiantes. Ses armées se chargeaient de prouver à ses ennemis que, loin d'être épuisés par trois années de lutte, nous avions accru nos ressources, nos chefs avaient acquis de l'expérience, nos soldats appris la discipline. L'orateur signalait, en développant les preuves historiques à l'appui, l'ambition maritime du gouvernement anglais qui sacrifiait l'intérêt de la paix et l'équilibre à son désir de conquêtes coloniales; la politique du cabinet de Vienne était dévoilée dans ses intrigues; l'agrandissement de la Russie, de l'Europe centrale aux côtes d'Amérique, de la Crimée à la Chine, était exposé avec pénétration. Un appel chaleureux était adressé à l'Italie et à l'Espagne. La Prusse, enfin, recevait l'offre d'une *amitié utile*.

En appelant aux principes de justice et de loyauté sur lesquels reposait son gouvernement, elle attestait les frontières naturelles, la provocation de 1792 par une *ligue menaçante*, la nécessité d'une paix solide et durable. La garantie à ses yeux consistait en de *grands fleuves, des montagnes et l'Océan pour limites*. Puis, adressant aux hommes d'État, aux publicistes et à la presse européenne une interpellation directe, le représentant officiel de la Convention proclamait la légalité du gouvernement français par cette apostrophe : *Notre gouvernement est le Plénipotentiaire nommé par la totalité du Peuple français pour terminer en son nom la Révolution et la guerre !*

Deux mois plus tard les représentants du pays édictaient les bases des négociations diplomatiques par traités publics et secrets. Les ouvertures de la Prusse nécessitaient des stipulations spéciales que Cambacérès prévoyait dans l'intérêt de la France. Le temps devait lui donner raison.

L'heure était arrivée où, séparant sa cause de la coalition, la Prusse avait rappelé ses troupes et par des ordres secrets à ses généraux intimé de ne plus prendre part à la guerre. La majorité des États de l'Empire avait proposé à Ratisbonne de négocier la paix avec la France. La Prusse s'emparant du vœu des princes y trouva une occasion favorable de poursuivre ouvertement les négociations secrètes qu'elle avait entamées après les affaires de Zahlbach à Mayence. Le comte de Goltz s'était rendu à Bâle comme plénipotentiaire, et Barthélemy l'avait rejoint au même titre de la part du Comité de Salut public. Des historiens allemands n'ont pas craint de rendre justice à ceux « qui gouvernaient alors la France. » Ils les ont reconnus « modérés » et nourrissant « si peu de haine contre la Prusse, » que ni leurs victoires ni la mort de Goltz ne purent entraver l'œuvre cherchée : la paix. Le traité fut conclu le 5 avril.

L'Autriche devait continuer la guerre avec des fortunes diverses.

La nature accumula devant Mayence les difficultés, et l'hiver qui devait nous donner la Hollande porta l'héroïsme de l'armée du Rhin aux extrêmes limites. Les généraux eux-mêmes étaient réduits à la pauvreté, et s'il se multiplia pour maintenir la discipline et subvenir aux besoins des troupes, Desaix put écrire un jour aux siens : *Ne vous inquiétez pas de moi. Je suis habillé pour l'année prochaine encore du drap que j'avais de reste.* Ce fut ce spectacle d'abnégation auquel il assista qui fit dire à l'un des commissaires devant la Convention :

J'arrive de l'armée de Rhin-et-Moselle ; je n'abuserai pas des moments précieux que vous devez à la chose publique pour vous faire un récit fidèle de tout ce qu'a fait cette armée de grand en vainquant ses ennemis, en conquérant un des plus beaux pays de l'univers, de tout ce qu'elle a souffert pendant cet hiver affreux. Car elle est restée campée au milieu des neiges, des glaces et des frimas, souvent sans bois, à cause de l'éloignement des forêts ; sans eau par le gel de toutes les fontaines ; sans pain par l'impossibilité d'arrivages à cause des glaces. Mais je vous dirai que jamais je n'ai entendu un seul murmure dans le camp français. Je me contenterai de payer par un témoignage public le zèle et le dévouement des généraux et des officiers supérieurs qui la commandent, en vous disant qu'elle est aussi courageuse que disciplinée, et qu'elle a imposé non moins au pays vaincu et aux armées ennemies par son intrépidité que par sa conduite militaire qui a procuré dans le Palatinat de sincères amis à la République (1).

Sous la conduite de Jourdan, l'armée de Sambre-et-

(1) *Moniteur* du 1ᵉʳ mai 1795. Discours de Féraud.

Meuse, digne héritière de l'esprit de Dumouriez en 92, venait de conquérir pour la seconde fois la Belgique, agrandissant nos frontières naturelles au nord ; un décret l'avait réunie à la France et consacré de ce côté la politique de Coligny et de Louis XIV. Le prince de Cobourg avait été rejeté en Allemagne, la Hollande conquise au pas de course grâce à un hiver exceptionnel, la Prusse et l'Espagne détachées de la coalition. La France avait alors onze cent mille hommes sous les armes, commandés au Nord par Moreau, sur Sambre-et-Meuse par Jourdan, sur la Moselle et le Rhin par Pichegru auquel l'aveuglement du nouveau Comité de Salut public confiait par anticipation, contre l'Allemagne, le titre de généralissime ! On allait apprendre bientôt ce qu'il fallait penser du patriotisme du rival de Hoche, du traître de Woerdt et Reishoffen en décembre 1793 ! L'exclusion de Carnot de la direction des opérations militaires devait se faire sentir dans cette campagne. Jomini l'a dit : *L'armée manquait de tout, les vainqueurs de la Belgique et de la Hollande n'avaient pas même un équipage de pont.* Cette constatation expliquerait à elle seule les crises de la campagne de 1795 sur toutes nos frontières, si nous n'avions à préciser aussi le chiffre de l'effectif des troupes. Les onze cent mille hommes se réduisaient à neuf cent soixante mille. En les décomposant on avait : malades, prisonniers ou détachés, 388,850 ; garnisons, 120,850, ce qui portait la force active à 449,930. Ainsi, les dix armées de la République comptaient en élément de combat 450 mille hommes ! Pour s'en tenir à un exemple, l'armée de Rhin-et-Moselle, qui dénombrait 193,670 soldats, n'en présenta sur le champ de bataille, durant l'année 1795, que 56,820. Son étendue comprenait depuis Mayence jusqu'à Bâle (1).

L'*incapacité* d'Aubry et l'*étude de plans offensifs* consumèrent un temps précieux (2).

La Convention aurait pu apprendre aux dépens du pays le danger des ostracismes militaires et des engouements, de Carnot à Pichegru, si le cabinet de Vienne n'était resté atterré de la campagne de 1794. Il temporisa sans se rendre compte de ses forces, attendit tout de la haine du cabinet de Londres comme des intrigues d'une agence royaliste. La coalition allait, au contraire, se démembrer et l'épée de Desaix sauver l'indépendance de l'Alsace; nous savons comment pour la partie diplomatique, étudions le rôle de l'adversaire de Wurmser pour la partie militaire. Quelque effacée que puisse paraître cette lutte eu égard à ses proportions générales, il en faut voir le résultat et le succès.

L'hiver de 1794 à 1795 n'avait donné lieu devant Mayence à aucune affaire sérieuse. Les attaques des 6 et 30 avril avaient signalé le retour de la belle saison, mais sans arrêter les lignes d'investissement. Formée par « une ligne continue, » leur droite ne s'appuyait pas au Rhin, sur le désir formel de Desaix. L'officier du génie chargé d'exécuter le tracé s'y étant opposé, notre général l'emporta en déclarant que l'ennemi n'attaquerait jamais cette partie; s'il avait cette audace, il déclarait qu'il l'en ferait repentir. Saint-Cyr voit dans la persistance à laisser la droite inachevée, après le départ de Desaix qui eut lieu en juin, une faute; son jugement est irréfutable

---

(1) *Histoire des guerres de la Révolution*, par Jomini, t. VII, liv. VIII, ch. 46, et les tableaux.

(2) Double opinion de Gouvion Saint-Cyr et de Jomini.

lorsqu'il soutient qu'un homme apte à faire réussir une disposition vicieuse peut être remplacé par un successeur qui ferait échouer la meilleure. Les événements ultérieurs l'ont prouvé à Mayence même, de Kléber à Desaix.

L'été laissa les armées françaises et allemandes dans l'inaction pendant les mois de juin, juillet et août. On opéra des reconnaissances réciproques et selon les circonstances on s'engagea pour se tâter (1). De l'offensive absurde d'Aubry le comité militaire était passé à la défensive sans renoncer entièrement aux premières visées : passer le Rhin et porter la guerre au centre de l'Allemagne, c'est-à-dire recommencer la faute de Custine. L'Autriche n'était pas moins légère dans ses plans. Un de nos agents avait informé le Comité de Salut public, le 15 juillet, que le cabinet de Vienne entendait reconquérir le comté de Nice et fomenter des troubles en Provence. Les négociations des États de l'Empire avec la République troublaient la raison des politiciens impériaux : ses chefs d'armée, Clairfayt et Wurmser, se montreront plus clairvoyants.

Les commissaires de la Convention Rivaud et Merlin prévoyant une campagne d'hiver représentèrent, le 21 août, la nécessité de compléter les effets d'habillement; ils appuyèrent en outre les plaintes de l'ordonnateur en chef sur le service des vivres, réclamèrent des fonds et demandèrent au Comité d'assurer le service de l'artillerie qui manquait de chevaux. Leurs appels étaient pressants; Merlin, nous le savons, ne se payait pas de mots. Aussi, dix jours plus tard, exprimaient-ils en leur

(1) Le Comité de Salut public envoya, le 19 juillet, 20,000 francs en numéraire à Pichegru pour les dépenses secrètes de l'armée. L'expérience devait apprendre quel usage en faisait l'ami de Saint-Just et de Robespierre.

nom collectif le mécontentement général de l'armée sur les retranchements qu'imposait l'agence des vivres. La misère des officiers, disaient-ils, est extrême et nous ne pouvons supporter qu'on les laisse manquer d'objets de première nécessité. Etroitement unis avec les généraux, les représentants désapprouvèrent l'ordre d'envoyer 40,000 hommes de l'armée du Rhin aux armées des Alpes et d'Italie, et il fallut des ordres réitérés de Paris pour leur faire lever l'embargo qu'ils avaient mis sur ladite colonne. Les événements ultérieurs devaient attester la sagesse de leur opposition.

Un renseignement diplomatique avait prévenu Desaix, le 20 août, qu'une colonne ennemie de 40,000 hommes se trouvait entre Kehl et Offembourg et que des ordres y étaient donnés pour préparer des logements dans le Brisgaw. Il apprenait le 26 que l'armée de Clairfayt était en route pour se joindre à Wurmser. Le Comité de Salut public apprenait le 28 que l'armée autrichienne réunie à Fribourg comptait 64,000 combattants et que son généralissime se disposait à passer le Rhin sur les ordres du cabinet de Vienne. Un bulletin ultérieur désignait le point fixé pour le passage : Rheinweiller et peut-être aussi entre Ottmarsheim et Kembs. Les *émigrés* cantonnés en Westphalie n'entendaient pas perdre une aussi belle occasion de guider l'étranger dans leur patrie et quittant l'Allemagne accouraient rejoindre le corps de Condé. Notre émissaire à Francfort l'annonçait le 29, la Suisse en était accablée. Pichegru recevant de Moreau l'offre de mettre sa bourse à sa disposition, lui répondait avec hauteur qu'il irait encore quelque temps avec les cinquante louis que ce dernier lui avait remboursés... Sa lettre déclarait qu'il se tiendrait sur une mince défensive contre un ennemi qui avait des forces trop considérables. L'heure de la trahison s'avançait, Desaix allait du moins en conjurer les effets en Alsace.

Le comte d'Artois et le duc d'Angoulême quittaient au même moment leurs quartiers dans les armées de la coalition pour organiser une *Expédition en Vendée* et livrer ce malheureux pays aux horreurs de la guerre civile. Tout autre était le langage des contrées envahies par l'étranger, toute autre était la conduite de l'armée de Rhin-et-Moselle. La nouvelle Constitution que venait de se donner la France y était reconnue et acclamée. Le patriotisme de l'Alsace protestait avec éclat contre les intrigues et les culpabilités de l'Emigration toujours aux aguets pour déshonorer l'armée et organiser la Contre-révolution. Nos agents diplomatiques informaient, de leur côté, nos généraux que le plan des cabinets coalisés était de traîner la guerre en longueur, confiants dans les divisions intérieures plus que dans le succès de leurs armes. L'un d'eux annonçait enfin l'entrée en scène de l'archiduc Charles sous la conduite de Clairfayt.

Quels que fussent les projets de Desaix, son corps d'armée était trop faible pour rien entreprendre en offensive. Rewbell en informait le gouvernement le 16 septembre en d'excellents termes :

Pichegru vous aura fait connaître qu'en ce moment des démonstrations offensives dans le haut Rhin sont presque impossibles ; le pont est à Colmar, il ne pourroit être transporté vers Huningue que par terre et nous manquons de chevaux, de voitures, de fonds et de vivres. Il en couteroit immensément pour une simple démonstration que l'ennemi auroit bien vite éventée et qui par conséquent deviendroit ridicule. Dès que nous apprendrons qu'il s'est dégarni de ce côté-là, nous ferons plus qu'une démonstration. Alors on ne regretera ny dépense ny peines ny soins, mais j'en reviens toujours à mes moutons, *des fonds* pour assurer les différents services.

Au moment où à la tête de l'armée de Sambre-et-Meuse Jourdan s'emparait de Dusseldorf et menaçait Wurtzbourg, Pichegru voyait Manheim réduit par ses troupes à capituler. Le Comité de Salut public, qui ignorait ce succès, l'engageait à passer le Rhin le 21 septembre afin de lier ses opérations avec celles de son collègue et surtout de l'empêcher d'écraser Jourdan. Affhiblissant les troupes qui assiégeaient Mayence de deux divisions, Pichegru se porta sur Heidelberg et livré à son incapacité se fit battre au point de troubler son émule victorieux. Eloigné et isolé, Jourdan se mit en retraite ; lorsqu'il eut été tourné sur sa gauche par Clairfayt, il se rabattit sur Dusseldorf et l'armée du Rhin resta seule, du 12 octobre au 12 novembre, pour tenir tête aux efforts combinés de Clairfayt et de Wurmser. Gouvion Saint-Cyr a dit de cette retraite si bien étudiée par lui comme intéressant l'histoire et l'art de la guerre : « Je n'en conteste pas la nécessité, car je la pressentais avant l'événement. » Passer le Rhin en octobre était une faute et il fallait reccurir à cette offensive pour entreprendre le siége de Mayence; donc, on eût dû opérer le passage en été, garantie d'une bonne campagne d'automne. La vraie faute en ceci, c'est Aubry qui la commit : Carnot l'eût assurément évitée, son plan de 1796 en est la preuve.

Si nos opérations manquaient d'unité, celles des Impériaux, au contraire, réparaient les erreurs de 1792. Un rapport de Bacher donnait de Fribourg les nouvelles suivantes, en date du 20 septembre :

Dès que la nouvelle du passage du Rhin par l'armée du général Jourdan parvint à Fribourg, le général Wurmser reçut ordre du général Clairfayt de détacher de son armée un corps d'environ 15,000 hommes pour voler au secours du bas Rhin menacé. En conséquence, il fit partir les trois régiments de cavalerie : Hohenzollern-cuirassiers, Szeckler-hussards et l'Empereur-dragons avec sept bataillons d'infanterie, deux de Murray, deux Giulay, un de Devins et deux d'Alton. Le feld-maréchal lieutenant de Znosdanowich et le général major de Sporck sont partis à la tête de ce corps ainsi qu'on en a rendu compte dans le temps.

Depuis que Manheim est occupé par les troupes françaises, le général Wurmser s'est vu forcé de faire partir de nouveaux renforts et de se transporter lui-même sur les lieux qui allaient devenir le théâtre de la guerre. Il partit donc de Fribourg avec le général Lauer, le général de Magdebourg (chef des pontonniers), Klinglin et Hotz, et emmena avec lui quelques divisions d'Erdody-hussards, les cuirassiers de Lobkowitz et cinq bataillons de grenadiers ; ainsi le camp de Saint-Georges est levé ; celui de Biengen, commandé par M. de Staray, n'est plus composé que de quelques bataillons de grenadiers, des cuirassiers de Kavanagt et des hussards de l'archiduc Joseph et d'un bataillon de Blankenstein et de Szeckler-infanterie, dont il n'y a proprement que l'état-major et quelques détachements au camp, le reste étant cantonné entre Fribourg et Krotzingen. Ainsi, le total des forces campées ou cantonnées entre Fribourg, Brisach et Krotzingen peut monter à 6,000 hommes.

Toujours en éveil, Bacher signalait au Comité de Salut public les projets des Autrichiens. « On dispose les choses, écrivait-il à la même date, de manière à pouvoir effectuer la retraite vers les bords du Danube du moment où l'armée française remontera le haut Rhin. » Nos ennemis annoncent que la jonction de nos armées leur livrerait Mayence « dans huit jours au plus tard » et sans en faire le siége. Ces appréciations, que l'automne prouva exactes, Pichegru les connut, sa culpabilité en est aggravée. Il est vrai qu'il commençait à se dévoiler par la connivence que voici avec l'émigration. Ses troupes étaient inondées de libelles contre la Constitution de l'an III. On y exaltait les avantages de l'*Ancien Régime* et on montrait aux généraux combien il leur serait facile de renverser le gouvernement. L'histoire de Fauche-Borel et les papiers du fourgon de Klinglin sont le commentaire audacieux de ces pièces (1).

Desaix commandait, le 2 octobre, l'avant-garde de l'armée. En le félicitant de ce « poste d'honneur, » Bacher l'informait qu'il lui communiquerait « les papiers allemands » afin qu'il pût se rendre un compte plus exact de la situation. Merlin déclarait au Comité de Salut public, le 12, qu'il jugeait imprudent de porter l'armée en avant et de lui faire passer le Mein, les facilités du passage devaient cacher un piége. Un rapport d'Heidelberg faisait

---

(1) S'ils défendaient leur patrie, les généraux et les représentants en mission aux armées ne se désintéressaient pas de l'ordre public à l'intérieur. Rapprochement singulier : Au moment où Bonaparte écrasait les derniers restes des sections le 13 vendémiaire, Merlin de Thionville écrivait des bords du Rhin au Comité de Salut public une lettre où débordait l'indignation contre les mouvements insurrectionnels de Paris.

pressentir nos désastres le 17; son auteur annonçait que Wurmser cherchait à passer le Rhin près de Lampertsheim, à peu près en face de Worms, pour se placer entre l'armée de Pichegru et celle de Mayence.

Nous étions attaqués, en effet, le lendemain sur les deux rives du Necker que le mouvement rétrograde de Jourdan avait laissées à découvert. Après un combat opiniâtre, nous avions cédé aux forces supérieures des Autrichiens pour nous replier sur Manheim. Pichegru se plaignait dans son Rapport du manque de chevaux pour l'artillerie, du transport des munitions, de la désertion à l'intérieur et de la mauvaise qualité des vivres. Il proposait en terminant de diminuer l'armée de Sambre-et-Meuse pour relever les divisions de Schaal qui se porterait au secours de Manheim. Une lettre du général Chasseloup au représentant Gillet à Paris, prévoyait, commentaire inattendu et instructif, la prochaine retraite des troupes devant Mayence. Et l'on n'était qu'au 19 octobre. L'illustre officier craignait que le théâtre de la guerre ne fût reporté sur la Meuse si les armées de Jourdan et de Pichegru n'étaient renforcées chacune de 30,000 hommes. Il concluait en adjurant de modifier les errements adoptés depuis peu, justification nouvelle du génie de Carnot. Le représentant Garreau était non moins précis avec le Comité. Il lui écrivait, le 24, que la désorganisation était la principale cause des revers. Les troupes ne taisaient plus leurs souffrances et une partie quittait les drapeaux. Que faisait le comité des opérations militaires par l'initiative de Letourneur? Confiant des instructions écrites et orales au commandant du génie Du Falga, il écrivait à Pichegru :

..... Il est inutile d'ajouter que les 12,000 hommes ou environ que vous avez à Manheim, ainsi que le général de division Desaix qui les commande, doivent, munis de leurs moyens de transport, passer sous les ordres du général de division Kléber.

Deux jours plus tard Desaix était désigné par le Comité de Salut public pour organiser la résistance à Manheim et sauver en partie les résultats de la campagne.

Tâchez surtout, prescrivait-il au général en chef, de tenir la position de Worms pour que l'ennemi ne coupe pas la garnison de Manheim de votre armée.
Si votre armée, malgré la résistance que vous devez faire à Worms, étoit forcée de reculer, il ne faudroit point pour cela abandonner Manheim; il faudroit y tenir avec la dernière opiniâtreté, au risque même d'avoir la garnison prisonnière. Mettez dans cette place un commandant intrépide qui soit résolu de défendre la brèche et de ne point se rendre. *Le général Desaix nous paroît convenir.* Qu'on jette des subsistances dans la place. Qu'on en fasse sortir s'il est nécessaire toutes les bouches inutiles, car si l'ennemi vient à reprendre cette ville, voilà tout le fruit de la campagne perdu.

Rivaud représentait avec raison que l'armée était trop faible pour défendre tout ce qu'elle occupait le 24 octobre, et le chef de l'état-major général, Liébert, accusait sur le tableau des forces de l'armée 62,698 hommes aux hôpitaux. S'inspirant de cette situation, en opposition à Merlin de Thionville, Pichegru préparait ses trahisons avec une apparence de raison. Il désirait la neutralité des Autrichiens pour Mayence et Manheim. L'intrépide et clairvoyant Merlin protesta et l'emporta; les conséquences funestes de la campagne deux mois plus tard ne le concernent pas et les fautes, en ceci, c'est à Aubry et Letourneur qu'on doit les imputer. Injuste pour l'armée de Rhin-et-Moselle, le Comité de Salut public reçut le 20 octobre une réplique de son général en chef. On y lisait :

> Je viens de recevoir votre lettre du 1er en réponse à la mienne du 26 vendémiaire. Je vois avec peine que vous imputiez nos succès de ce côté-ci à l'inexécution des mesures prescrites pour le haut Rhin où, selon le premier paragraphe de votre lettre, l'on n'aurait pas attiré l'ennemi; il y a été tellement attiré et retenu, que pendant toute la campagne il s'y est trouvé supérieur en nombre et qu'en ce moment même, où l'on prétend qu'il n'y a plus rien, il y est plus nombreux que nous sur tous les points correspondants, comme vous pourrez le voir par le tableau ci-joint donné tout récemment. J'avais chargé successivement d'une entreprise de diversion sur cette partie deux officiers-généraux très-actifs et entreprenants (LES GÉNÉRAUX DESAIX ET FÉRINO). Mais l'un et l'autre ont été empêchés, tantôt par défaut de moyens matériels, tantôt par la supériorité de l'ennemi qui y a pris lui-même des dispositions offensives que je regarde comme fort avantageux pour nous d'avoir rendu infructueuses.

Le 29 octobre, l'armée de Mayence avait été attaquée de nuit et, après une résistance honorable, forcée à la retraite derrière la Seltz puis derrière la Pfrimm. Effrayé de sa responsabilité, Pichegru informa aussitôt le Comité de Salut public et fit pressentir que, battue sur la Pfrimm, l'armée serait obligée « de se retirer derrière le Spirebach. » Il prévoyait la capitulation de la place comme conséquence et doutait que sa garnison pût rejoindre le gros de ses troupes. Partagé entre sa trahison et son devoir, il trompait la coalition à moitié et faisait la promesse d'en référer au représentant Rivaud et aux généraux. Nous verrons comment il tint parole. Desaix du moins allait sauver cette armée qu'un homme vain et incapable tentait de perdre en profitant, pour se couvrir, des fautes commises par l'organisation de la campagne. Gouvion Saint-Cyr a été trop généreux en ne voyant pas la trahison de Pichegru dans « ses actions militaires » et ne la trouvant que dans « son esprit. » Les divulgations postérieures à la publication des *Mémoires* du maréchal accablent le facile vainqueur de la Hollande. En 1795, dit-il, il y avait place pour un Cromwell et non pour un Monck. L'éminent homme de guerre oubliait qu'il y en a toujours pour les Dumouriez.

Clairfayt et Wurmser réunis attaquèrent avec 70 mille hommes et 150 pièces d'artillerie nos 35 mille et nos 40 pièces, le 6 novembre. En voulant tout garder, en ne sachant pas être faible quelque part, on oublia d'être fort sur le point principal dans l'armée de Rhin-et-Moselle, Jomini et Saint-Cyr l'ont prouvé, il est inutile d'insister. Ce fut dans la nuit du 7 au 10 novembre que la ville de Kirchheim-Poland fut attaquée par l'ennemi, car il la supposait à tort comme la clef de notre position sur la Pfrimm.

Les principales forces de Pichegru étaient à sa droite ; il avait sous sa main les 5e, 8e et 9e divisions renforcées des six bataillons ôtés à la 10me. De plus, la réserve de cavalerie du général Forest et la division de Desaix qu'on appelait l'avant-garde, placée effectivement en avant des trois autres divisions. Elle couvrait par une espèce de cordon bien mince toute l'étendue de leur front et ne pouvait offrir nulle part la moindre résistance contre une attaque un peu sérieuse : cependant, dans cette journée, elle s'est battue sur le front des trois divisions dont je viens de parler avec la réserve de cavalerie dont Pichegru la fit soutenir. Elle ne fut pas attaquée avant huit heures du matin, et pendant toute la matinée elle n'eut affaire qu'à l'avant-garde autrichienne, commandée par le général Kray. Le centre de cette division où se trouvait Desaix, eut d'abord quelques avantages ; les 6me et 10me de dragons exécutèrent des charges assez heureuses ; un régiment de carabiniers qui les soutenait, faillit enlever un bataillon autrichien quand une hésitation lui fit perdre les avantages qui ne pouvaient lui manquer ; mais dans l'après-midi l'armée autrichienne s'était avancée et l'on conçoit que Desaix ne pût tenir nulle part sur la position étendue qu'il avait prise. Il voulut en vain essayer de tenir quelques points, entre autres sur les hauteurs de Mörstadt ; l'ennemi déploya alors sa nombreuse artillerie à laquelle Desaix ne put opposer que trois pièces qui furent à l'instant démontées ; sa droite, commandée par Joba, se retira sur la 5me division, son centre sur la 8me, tandis que sa gauche chercha un appui sur la 9me (1).

Pichegru profita de ce désavantage pour battre partout en retraite et compléta ainsi le tort qu'il avait eu de répandre trois de ses divisions de Manheim à Bâle. Son rapport au Comité de Salut public invoquait la menace d'une nouvelle attaque de l'ennemi et, pour excuser ce parti, se retirer derrière la Queich, se rejeta sur le manque de subsistances. L'histoire, plus exacte que l'intéressé, l'expliquera par sa médiocrité, sa vanité et son penchant pour la débauche. Il n'osa cependant contester à ses collègues leur mérite et le témoigna sur eux comme sur Desaix,

(1) *Mémoires*, Gouvion Saint-Cyr, t. VII, ch. VII, p. 300, et au ch. VIII les appréciations concernant la retraite sur Kaiserslautern et Neustadt.

dans son rapport du 13 novembre. Les soins et la surveillance du commissaire de la Convention Rivaud l'obligeaient à de singulières contradictions dans sa conduite.

CITOYENS REPRÉSENTANS,

Depuis le 19 nous avons eu chaque jour quelques attaques particulières dans lesquelles les troupes se sont très-bien comportées et ont résisté avec succès aux efforts d'un nombre bien supérieur; l'ennemi s'est emparé de Frankenthal, mais il lui a coûté cher, soit au moment de sa prise, soit dans la tentative que firent hier pour le reprendre la 5ᵐᵉ division commandée par le général Beaupuy et l'avant-garde sous les ordres du général Desaix. *Il y eut à cette attaque des prodiges de valeur*, et presque tous les officiers-généraux et d'état-major en portent des marques honorables, soit par des blessures légères, soit dans leurs vêtements ; l'adjudant-général Decaen a été fait prisonnier dans Frankenthal où il avait pénétré à la tête d'une colonne.

La gauche de l'armée reprenant l'offensive le 5 décembre se porta sur Deux-Ponts. Gouvion Saint-Cyr, chargé de l'opération principale, réussit : Homburg et Landstuhl tombèrent en son pouvoir; Desaix le secondait à l'avant-garde. Le Bulletin de l'armée apprécia sa conduite en termes élogieux. La série des combats amena du découragement chez les Autrichiens qui proposèrent un armistice. Desaix conseilla à Pichegru de ne plus laisser ses troupes s'épuiser de froid et de faim dans les lignes de la Queich. Un confident de ces démarches, Saint-Cyr, va nous apprendre l'accueil que fit le général en chef à son collègue :

On ne savait que penser de la conduite si extraordinaire de Pichegru. Un jour Desaix fut le trouver pour le solliciter de faire cesser les souffrances de son armée, en profitant de l'armistice pour cantonner ses troupes qui commençaient à murmurer sur la situation dans laquelle on les laissait, sans aucune nécessité. Il me raconta à Deux-Ponts, où il vint me voir quelque temps après, qu'il avait eu beaucoup de peine à parvenir auprès de Pichegru et que, pressé par l'importance des communications qu'il voulait lui faire, il avait enfin réussi à pénétrer jusqu'à lui. Il le trouva dans un état tel, qu'il fut honteux d'être entré dans cette maison ; Pichegru le fut encore plus, au point qu'il se mit en colère contre Desaix pour qui il avait cependant une grande estime et de la reconnaissance..... Celui-ci sortit aussitôt, en se promettant de ne plus remettre les pieds chez Pichegru.

Les commissaires près les armées attestaient l'intrépidité et le talent de Desaix avec enthousiasme. Rivaud en informait le Directoire le 12 décembre dans la dépêche suivante, originale dans sa forme, mais exacte quant au fond ; le lecteur appréciera :

*Au citoyen Rewbell, président du Directoire exécutif.*

Je t'ai dit, mon cher patron, avant-hier, qu'il y avait eu un mouvement de l'avant-garde. Son effet avait été de porter le général Desaix à Edicof et le général La Boissière dans la gorge de Saint-Martin. Hier le général Renaud avec sa division avait suivi ce mouvement et pris sur l'ennemi deux pièces de canon et plusieurs prisonniers. Mais l'ennemi fit venir six bataillons et un régiment de cavalerie de Manheim, Frankenthal, etc., et après un combat fort vif dans lequel nos volontaires ont montré la plus grande opiniâtreté, il a fallu reprendre notre première position. Il n'est très-vraisemblable que nous n'aurons de succès important sur ce point qu'autant qu'il y aurait une attaque générale ou à peu près. Mais il faudrait un temps plus sec, de la gelée ou un plus grand nombre de chevaux. Il faut doubler les attelages partout, et tu sens combien cela nous est difficile ; ce sont toujours les chevaux qui nous manquent. Ce défaut se fait sentir dans les états-majors autant que dans l'artillerie, je te l'ai déjà dit. *Si Desaix, qui a habitué les troupes à le voir partout, avait des chevaux assez pour pouvoir aller, les troupes iraient avec lui au diable.* Hier, il a fallu tirer une partie de nos tirailleurs de devant l'ennemi à coups de sabre. Nous avons eu plus de deux cents blessés dans ces deux jours ; mais l'ennemi doit avoir beaucoup perdu entre les prisonniers. Voilà ce que je recueille des rapports particuliers.

Dès le 19 décembre, les opérations du 27 étaient contremandées. Pichegru refusa d'accepter l'armistice qui lui fut offert, l'acceptation de Jourdan lui rendit service, politiquement. Indépendamment de l'armistice conclu entre Pichegru et Wurmser, les généraux des deux armées qui y commandaient l'avant-garde passèrent la convention suivante. Desaix eut l'honneur d'y représenter son pays :

*Armistice convenu par M. le lieutenant général comte de Latour, commandant l'avant-garde de l'armée autrichienne sur le haut Rhin, et le général de division Desaix, commandant l'avant-garde de l'armée française de Rhin-et-Moselle, l'un et l'autre chargés des pouvoirs des commandants généraux respectifs.*

En conséquence de l'armistice déjà convenu entre l'armée du bas Rhin, commandée par M. le maréchal comte de Clairfayt, et l'armée de Sambre-et-Meuse par le général Jourdan ; les contractans conviennent de ce qui suit :

A compter de ce jour 25 décembre 1795, toutes hostilités cesseront entre les deux armées et ne pourront être recommencées que dix jours après s'en être prévenu ;

Celui qui voudra rompre l'armistice devra en prévenir par une dépêche portée par un officier qui restera en otage jusqu'à l'expiration du temps des dix jours qui commenceront à courir de l'instant de son arrivée aux avant-postes de l'armée, ce qui sera constaté par l'avis qu'en donnera cet officier à son commandant ;

Les deux armées resteront dans l'exact *statu quo* de leurs positions respectives, et sous aucun rapport l'une ne pourra occuper les postes ou villages que l'autre serait dans le cas d'évacuer pour la diminution du service et le soulagement des troupes : s'il s'élevait quelques questions ou difficultés à ce sujet, elles seraient terminées de gré à gré par les généraux commandant les avant-postes ;

Pour éviter toute occasion qui pourrait porter atteinte à la présente convention, il ne pourra de part et d'autre n'être fait de patrouilles que dans la ligne actuelle des postes et jamais au-delà.

La présente, faite double, sera revêtue des signatures des contractans et échangée sous le terme de trois jours par l'entremise des généraux Hotze et Desaix, commandant les avant-postes respectifs ;

Signé : Le comte DE BAILLET DE LATOUR, lieutenant-général, et DESAIX.

Pour copie conforme :
*Le général de division,*
Signé : DESAIX.

L'histoire a le devoir de le dire, le gouvernement laissa dans le « dénûment » ses armées victorieuses après 1794 ; il constitua la guerre « sur une ligne d'une immense étendue, » il ne sut pas appuyer les armées de Rhin et de Moselle par l'armée du Nord, ce qui eût refoulé son adversaire sur le Danube et contraint l'Autriche « à faire la paix. » Nos généraux en chef, de leur côté, n'ont pas assez résisté « aux risques d'un rappel ou d'une destitution » sur le refus « d'entrer en campagne » avec de telles armées et de tels plans, œuvre de deux incapables : Aubry et Letourneur. Depuis « la bataille de la Pfrimm » Pichegru est indéfendable sur sa « trahison » et c'est à elle qu'on doit attribuer « la pensée qu'eut Clairfayt de demander un armistice et d'arrêter sa marche. » Nos troupes sortirent des lignes de la Queich trois mois plus tard, lorsque Desaix fut nommé commandant en chef par intérim ; cette mesure sauva les débris de ce qui restait valide.

La proposition d'armistice fut due, nous dit Jomini, aux fatigues des troupes autrichiennes, au « besoin de prendre des quartiers d'hiver. » Il reproche au Directoire, et avec raison, d'avoir refusé sa ratification à l'acceptation de Jourdan, puisqu'il « en fit conclure une à peu près pareille » par ses commissaires. Cet acte prévint en Belgique « une explosion générale » née des intrigues de la noblesse et du clergé qui s'était manifestée jusque dans Bruxelles. Jomini traite les projets de Pichegru de « beau rêve, » son tempérament de « manque d'audace, » et déclare que son mérite politique a égalé celui de « l'homme de guerre. » Le mépris est complet.

Deux hommes dont la campagne de 1794 a montré le génie allaient enfin reprendre la direction des affaires militaires et se signaler en appelant Moreau à la tête des armées, Gouvion Saint-Cyr et Desaix.

# CHAPITRE VI

### DESAIX ET L'ARCHIDUC CHARLES

SOMMAIRE. — État de l'Armée de Rhin-et-Moselle. — *Instructions de Carnot à Moreau.* — Guerre offensive. — Succès de Bonaparte en Italie. — Tentatives de médiation du duc de Saxe-Meiningen. — Rapport de Moreau sur l'attaque du camp retranché de Manheim par Desaix. — *Lettre de Marceau à Desaix sur la défaite de l'armée de Sambre-et-Meuse.* — *Rapport de Desaix sur le combat de Renchen.* — Desaix et l'archiduc Charles à Ettlingen et Pforzheim. — *Lettre de Desaix sur Gouvion Saint-Cyr.* — Poursuite des Autrichiens du Neckar à la Wernitz. — Desaix à la bataille de Neresheim. — *Passage du Danube.* — Marche sur Augsbourg. — Desaix franchit le Lech. — Desaix à Ingolstadt. — Moreau fait passer l'armée sur la rive gauche du Danube. — Desaix en tête de l'armée. — Instructions du chef de l'état-major général Reynier contre l'Archiduc. — Affaire d'Eichstadt. — *Entente voulue par Carnot entre les armées françaises d'Italie et d'Allemagne.* — Fautes de Moreau. — L'armée bat en retraite et repasse le Lech. — *Desaix à la bataille de Biberach.* — Retraite vers les Montagnes Noires. — Conseil de guerre. — Desaix et l'armée repassent le Rhin à Huningue. — Vues de Moreau. — Siège de Kehl. — L'Armée d'Italie. — Jugement sur la Campagne.

### 1796

Quelle était la situation de l'armée au début de 1796 et que prétendait le Directoire ?

Jomini et Gouvion Saint-Cyr nous apprennent que les pays des bords du Rhin étaient épuisés, que l'armée était sans magasins d'approvisionnements, que nous manquions de chevaux pour nos transports, que notre cavalerie était affaiblie et notre infanterie réduite par les privations. Un rapport du commissaire ordonnateur en chef à Desaix (12 mars) trace un tableau de cette situation tel que nous lui en empruntons un fragment :

Le salut de l'armée dont le commandement vient de vous être confié, dit-il, m'impose le devoir de vous faire un rapport général sur la situation de tous les services ; j'aurai donc à mettre sous vos yeux tout ce que ce tableau présente d'alarmant ; c'est une tâche pénible, mais je vous dois la vérité et je ne me permettrai point de vous la dissimuler ; je m'étendrai le moins possible dans ce rapport qui, sans exagération, pourrait être réduit à ces mots : *Tous les services de l'armée sont anéantis, si le gouvernement ne prend des moyens prompts pour les relever.* Je ne vous présenterai que des résultats dont je puise les bases dans une infinité d'états et de renseignements que j'ai pu recueillir sur la situation des services...

L'administration des subsistances, ajoutait le Préposé en chef des vivres, est le plus grand des ressorts de toutes les opérations des généraux, et si malheureusement ils ont succombé, c'est par l'impéritie des chefs qui en ont été chargés. Cette armée a éprouvé un échec considérable. Il faut donc tout faire pour le réparer. L'esprit qui règne parmi les soldats est tout pour la République ; on cherche à l'égarer, il circule des imprimés incendiaires répandus avec profusion, ces écrits nous sont tous envoyés soi-disant de Strasbourg, le Corps législatif est avili, on y provoque l'armée à la révolte...

Pour que notre malheur fût complet, la trahison faisait son œuvre, car Pichegru informait les Autrichiens de notre situation pour assurer notre défaite. Cette préparation dura du 25 mars au 20 mai.

Le Directoire détermina les conditions de la nouvelle

Campagne dans la lettre de nomination de Moreau, le 25 mars (Reg. Corresp. 60).

Il a pensé qu'il ne pouvait jeter les yeux, pour un poste de cette importance, que sur un des généraux qui ont rendu les services les plus signalés à la République.

Le Directoire est déterminé à reprendre les hostilités le plus tôt possible, et son intention est de ne pas se laisser prévenir à cet égard par les ennemis de la France. C'est à vous, Général, à activer par tous les moyens qui sont en votre pouvoir les préparatifs de la campagne qui va s'ouvrir...

Les événements de la campagne prochaine pourront exiger que les Français tentent un *passage du Rhin*, soit vers Huningue, soit vers Brisach. Attachez-vous à fixer le lieu où ce passage pourra être exécuté avec l'espoir du succès, et ordonnez, dès à présent, qu'un des équipages de pont qui est à Strasbourg, et tout l'attirail nécessaire, soit chargé sur des haquets et prêt à marcher si les événements militaires le demandent...

Pichegru tenta d'influencer Moreau à ses débuts ; mais celui-ci, placé entre des conseils dont il ignorait alors les visées et les ordres du Directoire, songea à obéir. Il parcourut les cantonnements de son armée, s'entendit avec Jourdan, à Trèves, sur l'exécution du plan de Carnot et partagea ses troupes en trois corps plus une réserve. Desaix, qui eût désiré s'en tenir à son avant-garde, reçut le commandement du centre. Il dut occuper les lignes de la Queich, de Germersheim à Landau, soutenu à droite par Ferino et à gauche par Saint-Cyr. Le corps de ce dernier était en contact avec la droite de l'armée de Sambre-et-Meuse. Nous n'avons pas à reproduire les critiques de stratégie encourues par le plan des opérations ; nous aurons à y revenir lorsque nous exposerons les séances des conseils de guerre et les dissentiments entre les commandants des ailes. On se prépara à combattre avec une lenteur qu'imposait la réfection de l'armée, lorsque l'archiduc Charles, qui était devenu généralissime de la coalition, prévint, le 20 mai, qu'il rompait l'armistice et que les hostilités recommenceraient le 1er juin (1). Les pièces de la correspondance du général Klinglin ont appris là-dessus tout ce qu'il faut savoir. Sur la communication de l'Archiduc, nos troupes abandonnèrent leurs cantonnements et se préparèrent à trouver le soulagement de leur misère dans une guerre offensive, c'est-à-dire en la portant sur la rive droite du Rhin.

Les succès de Bonaparte en Italie (2) rendirent possible par leur prestige, nécessaire par leur hardiesse en avant de nos frontières, le passage du fleuve. L'or des conquêtes italiennes donna à notre gouvernement des ressources et du crédit ; aussi s'excita-t-il à « une guerre d'invasion, » que Gouvion Saint-Cyr appelait « ce plan audacieux, » même en 1829. Les défaites des Autrichiens dans la péninsule lui avaient fait supposer qu'ils différeraient l'ouverture de la campagne sur le Rhin, c'était le contraire qu'il eût dû supposer, afin de ne pas être surpris

---

(1) L'Archiduc commit par la rupture une faute grave, car il ignorait l'état des affaires en Italie : passage du Pô, bataille de Lodi et traité de paix avec la Sardaigne.

Carnot l'observa à Moreau, dans sa dépêche du 26 mai. (Correspondance du Directoire reg. 50.)

(2) Bacher avait annoncé à Desaix, le 24 avril, l'influence probable de nos victoires de la Péninsule sur la campagne d'Allemagne. Le 4 juin, il constatait que la Cour d'Autriche modifiait son plan.

par les événements. La dénonciation des hostilités ne nous trouva pas prêts suffisamment. Toutefois, Desaix eut ordre d'attaquer le camp de Manheim, conséquence d'une entrée en ligne qui avait été immédiate sur la Queich, le 1ᵉʳ juin.

Le duc de Saxe-Meiningen avait offert sa médiation, le 24 mai, pour traiter de la paix entre la France et l'Empire, même de la paix générale; à sa demande d'une déclaration du Directoire renfermant les conditions principales de sa proposition, le plénipotentiaire français lui avait répondu que le *statu quo ante bellum* serait refusé. La France n'admettait que le Rhin pour limites. Le sujet de cette médiation devait rendre plus vives les hostilités.

Moreau annonçait au Directoire, le 11 juin, que l'attaque de Manheim avait pour but de détourner l'attention de l'ennemi des préparatifs que nous faisions pour opérer, avant peu, le passage du Rhin. Desaix avait connu le but final par les dépêches personnelles de son chef et de son co-lieutenant. Jourdan et Marceau, surtout, étaient tenus au courant, car la réussite devait faire passer l'aile droite de l'armée de Sambre-et-Meuse sous les ordres de Moreau (1). Ce dernier écrivait, le 13, que le bruit de l'insurrection du Brisgaw par les partisans de la France, avait porté l'ennemi à concentrer des forces sur ce point, ce qui nuisait à son projet du passage du Rhin ; aussi soumit-il un autre plan, dans le cas de non réussite du premier, et demanda-t-il à être autorisé d'avance à l'exécuter pour ne pas perdre de temps.

Le chef de l'état-major général, Reynier, écrivit à

---

(1) Dépêche autographe de Moreau à Jourdan, 13 juin. Ce fait a été ignoré de Gouvion Saint-Cyr en ses *Mémoires*.

Desaix, le 13, pour lui apprendre que Gouvion Saint-Cyr appuierait son mouvement en faisant de fausses attaques sur deux points, et que les généraux Xaintrailles et Forest étaient mis à sa disposition avec leurs troupes. L'attaque de Manheim eut lieu le 14 et les troupes y montrèrent une bravoure qui était de bon augure. Le rapport de Moreau en donna le récit en ces termes :

 Citoyens directeurs,

Par ma lettre du 25 de ce mois, je vous faisais part de mon projet d'attaquer *l'armée du général Wurmser* placée entre Frankenthal et la Rehut; son front était couvert par un canal très-marécageux qui prend de la Rebach à Frankenthal et sa gauche par la Rebach. L'ennemi avait augmenté la force de cette excellente position par des barrages sur toute cette rivière qui l'avaient inondé à environ 150 ou 200 toises.

La bravoure de l'armée et la bonne conduite des chefs et des officiers-généraux a vaincu en peu de temps tous ces obstacles, presque insurmontables. La troupe, dans l'eau jusqu'aux aisselles et sous le feu de l'artillerie et de la mousqueterie le plus vif, a chargé avec un grand courage et a emporté de vive force et de front tous les ouvrages qui défendaient ces inondations. Tout ce qui n'a pas été tué dans les retranchements s'est sauvé dans le plus grand désordre.

La nombreuse cavalerie de l'ennemi n'a pas permis à notre infanterie de se compromettre à sa poursuite dans la plaine immense qui nous séparait de Manheim, et il a fallu faire construire une grande quantité de ponts pour y porter notre cavalerie et achever de jeter l'ennemi dans son *camp retranché*.

L'affaire est devenue alors une très-belle manœuvre de cavalerie et d'artillerie légère et nous l'avons chassé, de positions en positions, jusque sous le feu de Manheim.

L'armée a occupé le soir la position que l'ennemi venait de perdre.

La perte de l'ennemi est très-considérable en tués et blessés; je l'estime au moins à 6 ou 700 hommes. Le temps nécessaire à la construction des ponts pour le passage de la cavalerie ne nous a pas permis de faire un très-grand nombre de prisonniers.

Le centre de l'armée, aux ordres du général Desaix, a attaqué la Rehut et Neuhofen, Kolhof, Darmstadt et les bois de Schifferstadt et Mutterstadt. Ces attaques étaient dirigées par les généraux Delmas et Beaupuis. L'aile gauche, aux ordres du général Saint-Cyr, a attaqué Holtzhof et devait menacer Frankenthal. Elle était dirigée par le général de division Duhem.

Je ne puis donner trop d'éloges à la bravoure de toutes les armes et aux talents des chefs qui ont dirigé toutes ces attaques. Le plus grand ordre et la précision la plus exacte ont assuré leurs succès; pas une seule n'a éprouvé le moindre échec.

Le chef d'état-major vous en fera passer le plan et l'état des prisonniers quand il sera parvenu au quartier-général. Je l'estime à 150 ou 200.

Salut et respect,

MOREAU.

Nous étions moins heureux à l'armée de Sambre-et-Meuse.

L'ennemi tournait sa gauche, battait la division Lefebvre dans sa marche sur Vatzlar. Une partie de l'armée repassait le Rhin à Neuwied et l'autre partie, sous les ordres de Kléber, retournait à Dusseldorf. Marceau relatait ces événements dans une lettre écrite par lui le 17 juin à Desaix. Ses réflexions sur la situation de l'armée sont instructives; on y lit entre autres :

Le même événement de l'année passée est arrivé. Jourdan se retire, l'ennemi l'ayant manœuvré sur sa gauche... Voilà donc la même manœuvre de notre part. Sera-t-elle suivie par l'ennemi? les circonstances sont les mêmes que l'année dernière. Devons-nous nous attendre aux mêmes événements? c'est ce qui échappe à mon esprit depuis que je suis instruit de cette nouvelle... Subalterne zélé, je laisse aux *puissances* à décider ce qu'il conviendra de faire.

Marceau appréhendait la défaite si on ne modifiait « le système, » et la « dislocation de l'armée. » Il comptait sans la faute que commit l'archiduc Charles de remonter la rive droite du Rhin assez haut pour se priver de l'appui que lui donnaient les places fortes de Manheim et de Mayence. Cette manœuvre dégagea Jourdan sur sa droite et lui permit de reprendre l'offensive.

Le passage du Rhin s'effectua par nos premières troupes le 24 juin à 3 heures du matin (1). Le succès fut complet. Desaix y coopéra à nouveau dans l'après-midi du 25, en chassant l'ennemi de Neumühl; voici le récit qu'il a lui-même rédigé sur l'affaire du 28 à Renchen. Tout en conservant le commandement du centre de l'armée, il en forma l'aile gauche, car « on avait fait changer les dispositions de Moreau » malgré Saint-Cyr, qui opéra en protestant un « chassé-croisé » inutile.

(1) Ce passage est une des plus belles opérations de ce genre qui ait été faite, et elle est citée comme un modèle à raison de sa préparation, qui fut l'œuvre personnelle de Desaix, et pour la précision de son exécution.

Les ennemis ayant abandonné la position d'Offembourg, les troupes destinées à l'attaquer par son front et à le déborder par sa gauche, se trouvèrent alors inutiles ; tout de suite elles changèrent de marche et vinrent faire face à l'armée autrichienne venant du bas Rhin et placée à la superbe position de Renchen. Au moment où elles y allaient, le combat était déjà engagé avec les tirailleurs de la brigade du général Sainte-Suzanne resté à Urlaffen pour les contenir. La position fut bientôt prise et établie de manière à résister à l'ennemi qui cherchait à nous attaquer et surtout à déborder les flancs de la division. Le général Deroi qui la commandait profitait d'un bois qu'il avait derrière lui pour cacher ses mouvements et nous attaquer vivement et rapidement sur le point qui se trouvait dégarni, mais toutes ses tentatives furent vaines ; dans un instant nos réserves arrivaient sur lui, le repoussaient jusque dans le bois et toujours avec perte. Dans une de ces attaques, les cuirassiers de Kavagnac se glissant vers notre droite crurent pouvoir la déborder et la renverser, mais deux bataillons de la 97$^{me}$ demi-brigade qui y étaient placés, soutenus par les carabiniers et de l'artillerie, les culbutèrent par leur feu. Quoiqu'enveloppée de toutes parts, cette brave troupe ne se déconcerta pas, fit demi-tour et laissa la terre couverte de chevaux sans avoir perdu un seul homme. Malgré tous ces succès, les Autrichiens tentèrent encore une fois de nous repousser ; cette fois ce fut sur la gauche : ils voulaient la déborder et l'attaquer de front, mais on avait prévu leur dessein ; déjà le 6$^{me}$ dragons et le 15$^{me}$ cavalerie y étaient ainsi que le 4$^{me}$ chasseurs ; l'infanterie était en avant et tourmentait l'ennemi par son feu vif et son ardeur ; elle allait entrer dans le bois et bientôt l'ennemi était poussé loin ; alors les hussards de Seckler chargent vivement dessus ; mais au moment où ils en approchaient, le général Sainte-Suzanne les fait charger en flanc par l'adjudant-général Levasseur et le 4$^e$ chasseurs, et en front par le 6$^{me}$ dragons et le 15$^{me}$ cavalerie ; l'ennemi étonné est mis en déroute dans un instant, poursuivi jusques au-delà de Renchen. Cette charge est si rapide et impétueuse que rien ne peut l'arrêter ; l'infanterie est entièrement dispersée, sabrée ou faite prisonnière. Neuf pièces d'artillerie sont tombées en notre pouvoir. La 84ᵐᵉ demi-brigade d'infanterie poursuit vivement aussi l'ennemi dans les bois, lui enlève toutes ses positions et le met en fuite. Les grenadiers de la 10ᵐᵉ d'infanterie ont pris deux pièces de canon ; après avoir passé les défilés de la Wachen et les avoir appuyés par des troupes de manière à y être soutenus, nous avons envoyé très-promptement une partie de la cavalerie à la poursuite de l'ennemi : l'aide-de-camp du général Sainte-Suzanne, Rapatel, l'a eu bientôt atteint à Œhnsbach : dans un instant il a été culbuté et mis en déroute. Les troupes ne se sont arrêtées qu'à la nuit et que lorsque, embarrassées de chevaux et de prisonniers, elles se sont trouvées hors d'état d'aller plus loin. On doit les plus grands éloges à toutes les troupes, tant infanterie que cavalerie ; l'artillerie légère a fait aussi des merveilles. On doit aussi les plus grands éloges aux généraux qui ont commandé dans cette affaire, Lecourbe, Foret ; le général Sainte-Suzanne a montré infiniment de précision dans ses manœuvres, et les adjudants-généraux Decaen et Levasseur beaucoup de bravoure et d'intelligence. On doit le succès en très-grande partie à ce dernier. Parmi la quantité d'officiers qui se sont distingués, je citerai le capitaine Vigneron, du 17ᵐᵉ dragons : à la poursuite de l'arrière-garde ennemie, il la culbute, s'attache surtout à l'officier qui la commandait, le joint, le sabre, est blessé même et le fait enfin prisonnier. Son premier soin est de faire soigner son prisonnier, de le faire panser et de le protéger. Ce n'est que lorsqu'il est hors de tout danger qu'il fait panser ses blessures. Le régiment Dalton, le corps franc de Giulay, les hussards de Seckler, l'archiduc Ferdinand, les cuirassiers de Kavagnac, ont été très-maltraités dans cette affaire.

Un conseil de guerre fut tenu à Renchen avec Desaix et Saint-Cyr sur les mouvements à exécuter après le 30 juin. L'aile gauche dut, avec la réserve, occuper l'ennemi « dans la vallée du Rhin par des démonstrations ou de fausses attaques. » Le 3 juillet son chef promettait à Moreau de tenter le passage de la Murg entre Guerspach et Küppenheim pour son début. Il tint parole le 5 et dut se mesurer le 9 avec l'archiduc Charles qui revenait triomphant des bords de la Lahn. L'unanimité d'efforts de la cavalerie et de l'artillerie légère de l'armée secondant Desaix, qui appuyait lui-même l'attaque de la gauche autrichienne par Saint-Cyr, l'Archiduc dut battre en retraite. Culbuté sur tous les points, écrivait Moreau au Directoire, il abandonne les bords du Rhin et se retire sur le Neckar. Marchant sur Pforzheim, le vainqueur entendait attaquer de nouveau son illustre adversaire à Emelding et Vittindingen en le rejetant sur le corps de Saint-Cyr. Il confiait au commandant du centre le soin de prendre Stuttgardt secondé par son collègue de l'aile gauche, en date du 17 juillet. Un armistice était conclu avec le duc de Wurtemberg. Desaix annonça la victoire à son général en chef, le 18, en termes émus :

Je suis dans la joie, mon général, du succès de Saint-Cyr. Nous sommes sur les dents. Les ennemis nous ont rattaqué hier au soir sur tous les points. Ils avaient ordre à tout prix, m'ont dit les officiers prisonniers, de défendre leur position jusqu'au dernier moment et de la reprendre s'ils la perdaient; c'est aussi ce qu'ils ont fait. Le soir, le combat le plus vif s'est engagé. Nous avons peu reculé, mais nous avons perdu bien du monde. Nos troupes sont sur les dents, sans vivres et sans cartouches..... J'espère que Saint-Cyr nous tirera de peine par son succès. J'en suis dans le comble de la joie. Vos projets réussiront donc jusqu'au bout. Je vais monter à cheval et voir ce qu'on pense faire.

Le 27, Desaix priait Moreau de lui rendre les corps qui devaient rejoindre son aile gauche et de changer quelques généraux; il entendait être renforcé parce qu'il formait le point de contact et de liaison entre l'armée de Rhin-et-Moselle et celle de Sambre-et-Meuse. Les événements lui donnaient raison; le 3 août il débouchait de Gmündt, prenait position le 8 à Bopfingen, puis lui-même en avant et à gauche de Neresheim où il donnait le 12 août. Son influence sur le général en chef était telle que son ami affirme que celui-ci ne décidait rien sans l'avoir entretenu et surtout n'ordonnait rien. Nous ne résumerons pas les critiques nombreuses faites à la lenteur et à l'indécision de Moreau; les vrais juges, Jomini et Saint-Cyr, les ont produites en contradiction avec les dires de l'archiduc Charles. L'attaque réservée à Desaix fut brillante et sa bravoure unie à son coup d'œil militaire aida à la défaite du prince. L'immobilité de la gauche et de la réserve, voulue par Moreau, sauva le général autrichien d'un désastre qui lui eût imposé la paix.

Ce fut alors que Moreau et Desaix se rendirent au quartier de Saint-Cyr pour concerter un nouveau plan de bataille. Le départ de nos ennemis en arrêta l'exécution et prédisposa les généraux à effectuer le passage du Danube. Wurmser avait abandonné le lac de Garde, et le Tyrol avait revu en fuyards les dompteurs de la Révolution française.

Desaix reçut, le 28, l'ordre de prendre « position à

l'entrée de la plaine entre Openhoffen ou Munster et Schœneback. » Toute l'armée effectua le passage le 19 et marcha sur Augsbourg. L'archiduc Charles avait passé de la rive droite sur la rive gauche pour agir contre l'armée de Sambre-et-Meuse. Moreau, qui en avait informé Jourdan, se rendait compte tardivement « de la faute qu'il venait de commettre par sa marche sur Augsbourg, » nous dit Saint-Cyr; mais après avoir entendu en conseil de guerre, le 23 août, ses commandants de corps d'armée, il résolut malgré Desaix de porter 25,000 hommes contre l'Archiduc pour secourir Jourdan. Desaix passa le Lech à Langweid et les ailes combinées battirent les Autrichiens à Friedberg; vainqueur contre Jourdan (1), le prince Charles n'en était pas moins battu sur sa gauche. L'armée de Latour se retira derrière l'Isar, l'armée de Rhin-et-Moselle l'y suivit, ce fut Desaix qui subit l'effort principal de la première attaque du vaincu de la veille. Renforcé par le prince d'un nouveau corps, Latour s'engagea témérairement, en osant combattre, « dans l'angle formé par le Danube et l'Isar » dès l'arrivée du général Nauendorf. Desaix commençait son mouvement sur Ingolstadt lorsque un de ses divisionnaires, Delmas, le prévint le 31 août de l'offensive autrichienne. L'affaire s'engagea le 1ᵉʳ septembre avec l'aube.

L'ennemi était surtout supérieur en cavalerie. Il voulut en profiter, et la fit marcher par des prairies entre Langenbrück et Reichertshofen pour tourner la gauche de Desaix et l'atta-

---

(1) Du 23 août au 10 septembre, Jourdan n'eut que 44,000 hommes à opposer aux 68,000 de Wartensleben et de l'Archiduc. Mais il devint supérieur à eux lorsque Marceau l'eut rejoint sur la Lahn.

quer près de Bach, en s'emparant de la grande route. Ces prairies étaient marécageuses, mais la cavalerie les traversa ainsi qu'un petit ruisseau qui coupe la grande route entre Bach et Langenbrück, et se déploya pour se préparer à charger. La gauche avait été dégarnie pour soutenir le combat vers la chapelle Saint-Cast et Langenbrück. Aussitôt que Desaix et Beaupuis s'aperçurent du mouvement de la cavalerie autrichienne, ils y firent marcher un bataillon de la 62ᵉ de ligne, le 8ᵉ de chasseurs, le 6ᵉ de dragons, le 1ᵉʳ des carabiniers et une compagnie d'artillerie légère. Ce mouvement se fit derrière la hauteur, hors de la vue de la cavalerie ennemie qui, se déployant dans les prairies, n'apercevait que quelques pelotons et de l'artillerie, sur lesquels elle s'avança bientôt avec impétuosité. Le feu de 4 pièces qui tiraient à mitraille ne l'arrêta point. Lorsqu'elle en fut à vingt-cinq pas, le 1ᵉʳ régiment de carabiniers, qui s'était avancé sur la crête de la hauteur, se montra et la chargea avec tant de vigueur, que toute cette cavalerie, qui était double en nombre de celle des Français, fut jetée dans les endroits les plus marécageux de la prairie. Les 8ᵉ de chasseurs et 8ᵉ de dragons, qui la prirent en flanc, en empêchèrent une partie de se retirer par les chemins qu'elle avait suivis en venant et la forcèrent de passer devant le front du bataillon de la 62ᵉ de ligne. La perte qu'éprouva cette cavalerie fut très-considérable. L'ennemi tenta encore une attaque par Langenbrück, mais il fut repoussé comme dans les précédentes.

Aussi acharné que son adversaire, Desaix reprit l'offensive seul et n'informa pas son général en chef qui, de son côté, eut le tort de ne pas expédier d'officier vers un bruit qui paraissait d'autant plus incertain que le vent contraire emportait le bruit du canon dans une direction opposée. Si Moreau eût secondé son lieutenant, l'armée de Latour était détruite !

Le 7 septembre Desaix recevait de son chef d'état-major général Reynier l'ordre d'attaquer la tête de pont d'Ingolstadt appuyé par ses collègues, car les tentatives des 3, 4 et 5 avaient été infructueuses faute d'une artillerie de gros calibre. Le 7 encore il faisait une forte reconnaissance sur Neustadt, battait l'ennemi au-delà de Geisenfeld et le repoussait par une forte canonnade jusqu'à Neustadt. Le but cherché était rompli.

L'archiduc Charles a porté sur ce combat le jugement que voici, dans ses *Principes de la Stratégie* :

Desaix prouve dans cette circonstance une grande énergie, un coup d'œil juste, une connaissance parfaite de l'emploi de chaque arme. Pris en flanc dans sa marche par l'ennemi qui s'avançait dans la forêt de Geiselfeld, il fit front sur son flanc gauche, le resserra, parce qu'il était le plus menacé, et forma, dans une position presque inexpugnable, son centre que les Autrichiens pouvaient le plus facilement aborder par le chemin de Geisenfeld.

Le 10 septembre, Moreau se décida par des considérations politiques à passer sur la rive gauche du Danube. Quoique ce mouvement s'opérât un peu tard, il était possible de dégager par lui Jourdan. Reynier exposait ainsi dans sa dépêche à Desaix le mouvement destiné à frapper l'Archiduc sur ses derrières et à occuper Ingolstadt:

Vous voudrez bien, général, rassembler le 24 à Neubourg les troupes qui forment l'avant-garde du général Decaen, plus une demi-brigade et un régiment de dragons, après avoir fait remplacer par d'autres troupes l'avant-garde qui est sur la route de Neustadt. Le 25, à 3 heures du matin, les troupes qui seront restées à votre corps de bataille vers Geizinfeld prendront la route d'Ingolstadt par Nemhing et Storm; elles suivront ensuite celle de Neubourg et se placeront entre cette ville et Zelh jusqu'à ce qu'on leur fasse passer le Danube; elles feront halte derrière Nemhing jusqu'à ce que l'avant-garde soit retirée à Geizinfeld ; il conviendra même de laisser quelques troupes à Geizinfeld jusqu'à l'arrivée de l'infanterie de l'avant-garde.

L'avant-garde recevra dès 3 heures du matin une partie de son infanterie pour garder les défilés qui sont sur les derrières et commencera sa retraite à 9 heures du matin sur Geizinfeld, où elle se placera derrière la rivière d'Ihn à gauche de la ville et y restera jusqu'à ce que l'avant-garde du général Saint-Cyr y soit arrivée, elle commencera alors à se retirer et se dirigera ensuite sur Nemhing, où elle se placera ainsi qu'à Püchs derrière la Save. Il sera nécessaire que vous déguisiez ce mouvement aux ennemis, les avant-postes de cavalerie restant dans leur position sur la route de Neustadt avec une partie de la cavalerie aussi longtemps qu'il sera possible si l'ennemi n'attaque pas et même jusqu'à la nuit.

Le général Dolmas restera, le 25, dans la même position devant Ingolstadt et continuera ses dispositions comme si l'on voulait attaquer la tête-de-pont ; il pourrait même jeter quelques obus dans la ville, dans la nuit du 24 au 25. Le 26, votre avant-garde devra rejoindre le corps d'armée par Neubourg, de l'autre côté du Danube, le général Dolmas pour garder les routes qui conduisent à Neubourg, jusqu'à ce que l'armée ait passé le Danube ; on déterminera, après, la marche qu'il devra suivre pour rejoindre, avec toutes ses troupes, la gauche de l'armée.

Vous passerez, général, le 25, vers midi, le Danube à Neubourg avec les troupes que vous y aurez rassemblées le 24, vous marcherez sur Aichstett pour en chasser le petit corps qui y est, le pousserez aussi loin qu'il sera possible et enverrez des partis pour chasser ceux des ennemis qui courent le pays, l'armée passant le Danube le lendemain; vous pousserez ensuite plus loin vers les routes de Nuremberg.

Les équipages et parc d'artillerie devront partir de Geizinfeld le 23, à 2 heures du matin, pour Neubourg, et marcheront par Reischershoffen sur Neubourg.

Il est nécessaire que vous fassiez connaître aux troupes que cette contre-marche n'est pas une retraite, mais qu'elle est nécessaire pour attaquer l'armée du prince Charles par ses derrières et pour s'emparer d'Ingolstadt.

Deux régiments de cavalerie et une compagnie d'artillerie de la réserve se rendront cette nuit vers Feldkisken, près Neubourg, vous pourrez en disposer et les placer sur la rive gauche du Danube pour courir votre flanc droit pendant votre marche.

Carnot avait conçu un magnifique projet d'ensemble : unité d'action entre les armées françaises qui opéraient en Italie et en Allemagne. Le 12 août, il avait écrit au nom du Directoire :

Le moment est venu de réunir les trois armées de Sambre-et-Meuse, Rhin et Moselle et d'Italie, et de les diriger de manière à conquérir une paix honorable et permanente; et c'est à vous qu'appartiendra la gloire de dégager la dernière...

Voici, citoyen général, ce que nous croyons devoir vous prescrire : C'est de battre d'abord complètement l'armée de l'archiduc Charles, de la poursuivre avec acharnement, de passer vivement le Danube et le Lech, de vous emparer de la grande route qui va d'Inspruck à Ratisbonne et qui passe par Munich...

Nous vous en faciliterons les moyens en prescrivant au général en chef de l'armée de Sambre-et-Meuse de passer la

Ingolstadt et de se diriger sur le Danube et vers Ratisbonne, et en invitant le général en chef de l'armée d'Italie à s'avancer lui-même dans le Tyrol...

Carnot les pressait tous d'agir « avec cette vivacité qui assure le succès, » et terminait en déclarant, assurance prophétique, qu'ils tenaient entre leurs mains *la paix future de l'Europe entière* (1). Mais Jourdan avait été battu par un général inférieur en forces, supérieur par le talent ; Moreau allait voir se retourner contre lui son indécision et sa temporisation ; seul Bonaparte devait remplir, après des victoires éclatantes et d'une continuité qui en augmentait l'effet, le programme de Carnot. L'exécution du plan conçu par Carnot mit Bonaparte hors de pair, et il faut ignorer la campagne de 1796 pour lui comparer Moreau ! Ce dernier n'avait à peu près commis que des fautes, et s'il n'avait eu avec lui des hommes supérieurs comme Desaix et Saint-Cyr, il eût été vaincu au moins autant que Jourdan ! Par eux sa retraite devint un fait militaire cité avec honneur.

Le 16 septembre Desaix et le corps de réserve repassèrent le Danube à Neubourg, ce qui replaça toute l'armée sur la rive droite. Desaix se battit encore à Pottmess le 17, une volée de coups de canon fit reculer l'ennemi, et on put occuper la position prescrite par Moreau. Pour regagner le Rhin, il fallut traverser Ulm le 25 ; Desaix avait donc pour objet d'intercepter les routes à l'armée du prince

(1) Le 15 août Carnot insistait en invoquant « les derniers événements de l'Italie » et ajoutait, le 29 : « Nous avons la confiance que vous unirez vos efforts pour reproduire en Allemagne les événements d'Italie. » Le lecteur peut voir par le récit des faits les fautes de Moreau.

Charles. Moreau informait le Directoire, le 11, que renonçant à se porter sur Ratisbonne, il se rapprochait de Jourdan pour donner à l'armée de Sambre-et-Meuse le moyen de reprendre l'offensive. Le 12, Desaix, qui partageait avec Gouvion Saint-Cyr l'honneur des affaires importantes de la campagne, avait dépassé Eichstädt. Une de ses divisions, commandée par Delmas, livra bataille entre Bruck et Zell ; son chef et Oudinot, qui l'avait remplacé, y furent sérieusement blessés. Moreau en prit le commandement et poursuivit l'ennemi jusqu'à Lichtenau. Efforts stériles, Jourdan avait perdu une bataille et, rejeté sur le bas Rhin, du coup contraignit Moreau à repasser sur la rive droite du Danube pour se replacer entre le Lech et l'Isar. L'Archiduc allait à son tour opérer sur ses derrières. Reynier envoya à Desaix l'ordre de se porter de la rive gauche du Danube sur la droite. Il s'établit alors sur celle de la Blau. Le 27, le quartier-général de l'armée se transportait à Biberach. La retraite devenait de plus en plus difficile ; elle s'accomplissait dans une contrée boisée, à travers un pays insurgé, infecté de partisans armés et audacieux au point d'inquiéter les parcs d'artillerie et les équipages, le tout sans vivres, sans fourrages, sans magasins et parfois sans discipline. La position était devenue inquiétante le 29, et les démonstrations de la journée du 30 obligèrent Moreau à tenir un nouveau conseil de guerre, le troisième depuis la campagne, dans la nuit. Nos généraux craignirent d'être acculés aux pieds des montagnes de la Forêt-Noire et, serrés de trop près, « d'être entourés de toutes parts. » On résolut de combattre.

Le 1er octobre au soir Reynier apprit à chacun des chefs de corps les instructions du général en chef pour la journée du lendemain. Desaix eut ordre d'attaquer les troupes de Kospoth par la chaussée de Riedlingen à Biberach, pour atteindre « le flanc droit » de son adversaire et, le gagnant de vitesse, lui interdire toute « retraite. » Se conformant à ces décisions il marcha avec trop de prudence, dit Saint-Cyr, en deux colonnes lorsqu'il eut connu le succès de son ami. Celle de gauche rejeta les Autrichiens sur Gutthartshofen et Burren, celle de droite sur Stafflangen. Saint-Cyr de son côté remportait des avantages signalés au centre de l'action ; l'intervention de Desaix « sur les derrières de Latour » assura le succès de la journée. La droite fut mise en déroute et le centre de l'armée ennemie ainsi que son avant-garde obligée de fuir, partie à travers les bois, partie à travers le corps de Desaix qui ramassa des prisonniers jusqu'à 10 heures du soir. D'une rive de la Riss à l'autre on se canonna pendant toute la nuit avec une division autrichienne qui tentait de seconder la fuite des siens. Nous prîmes 5,000 prisonniers, 20 pièces de canons et des drapeaux, succès considérable qui relevait l'honneur de nos armes et de notre retraite. Le général autrichien avait tenté de nous acculer deux jours auparavant au lac de Constance et de nous imposer la mort ou une capitulation cruelle : le 1er octobre, il cherchait son salut dans la fuite.

Renouvelant ses excès de temporisation, Moreau ne sut pas profiter de la victoire de Biberach. Il se contenta de lancer l'avant-garde de Desaix à la poursuite de Latour ; oubliant qu'il lui importait de battre l'un après l'autre les lieutenants de l'Archiduc pour se porter ensuite au-devant du prince, il s'exposa à être coupé du Rhin (1).

(1) But secret de l'Archiduc, avoué par lui en ses *Principes de la Stratégie* (t. III, p. 216).

L'armée de Rhin-et-Moselle reprit sa marche vers les Montagnes Noires sans cesse harcelée, son général avait hâte de regagner la France par Kehl. Jourdan lui-même en était informé par une dépêche de Moreau. Le 5, Desaix livrait un combat de cavalerie à Friedlingen. Au même moment, l'Archiduc se portait de sa personne sur Kehl, envoyait sur la rive gauche du Rhin, vers Philipsbourg, un corps de troupes légères qui marchait sur Landau et répandait le bruit par ses émissaires d'Alsace et du Brisgaw que les troupes impériales étaient à Weissembourg, qu'enfin ses généraux levaient des contributions sur le territoire de la République française. C'est ainsi que le généralissime autrichien prenait sa revanche de la défaite infligée à son lieutenant, à Biberach !

Le 10 octobre Bacher informait le ministre de la guerre que les communications de Moreau avec Huningue étaient rétablies par suite de la journée du 11. Si ces nouvelles calmaient les inquiétudes du Directoire sur ce point grave, il l'était peu du côté de Fribourg. Les Autrichiens, porte le bulletin, venaient d'y entrer ainsi qu'à Vieux-Brisach. On présumait qu'ils n'y séjourneraient pas longtemps. Le lendemain, 21 octobre, Moreau recevait du Directoire une dépêche qui l'instruisait de l'ordre donné à Beurnonville de se porter de suite en avant afin de le dégager. Carnot recommandait de conserver surtout la ligne de retraite par Huningue et de pourvoir à la sûreté de la frontière. Le même jour, une seconde dépêche lui prescrivait de tout tenter pour sortir de la situation critique où il se trouvait, de forcer les défilés occupés par l'ennemi, de sauver le matériel de l'armée ; on l'autorisait à le faire passer par la Suisse, en recourant au besoin à la force. Ruiné par la coalition, le gouvernement français combattait pour son indépendance et ce n'est pas là une mince explication.

Le 9 avait eu lieu le combat de Willingen et Rothweiler, entre Desaix et Petrasch. Moreau n'osa pas engager la bataille sans avoir pris conseil de Desaix et de Saint-Cyr, car il sentit que les fautes commises par lui pouvaient être réparées de même qu'une imprudence aurait pu les aggraver. Il avait son armée en main, et celle de son adversaire était disséminée, fortune bien rare pour un général en chef. Il ressort du récit du conseil de guerre tenu à Donaueschingen que l'ordre de bataille habituel y fut rétabli « de manière à ce que Desaix pût se trouver en tête de colonne et ouvrir la marche sur Kehl. » Mais Moreau abandonna, malgré la rupture du passage du Val d'Enfer et la possession de Fribourg, la vallée du Rhin ; puis, perdant six jours, laissait à l'Archiduc le temps de réunir ses troupes, c'est-à-dire de prendre l'offensive. C'est pourquoi les écrivains militaires qui se sont occupés de la campagne de 1796 ont pu dire que la vraie victoire avait été pour l'archiduc Charles qui rejeta, en hiver, son adversaire victorieux de la saison d'été sur la rive gauche du Rhin.

Desaix se signala de nouveau aux combats d'Emmendingen et de Waldkirch. Ce fut dans ce dernier engagement que la mort du général Beaupuis et la blessure du général Decaen, son chef d'avant-garde, lui dictèrent cette belle parole sur Beaupuis : *Sauvons la division, nous le pleurerons après.*

Vainqueur, le prince Charles passa l'Elz et contraignit Desaix de repasser le Rhin avec toute l'aile gauche, dans la nuit du 20 au 21 octobre. Le centre et la droite durent se retirer en arrière de Fribourg, ce qui donna lieu à l'affaire de Schliengen. Desaix marchait donc sur Strasbourg.

Le général Reynier lui écrivit, le 25, pour lui laisser le choix de se porter sur Manheim, ou de rester dans les environs de Strasbourg. Dans le second cas, il lui donnait le commandement supérieur et le chargeait des opérations défensives sur ce point. Il le prévenait que l'ennemi avait attaqué sans résultat l'armée dans sa position de Schliengen ; mais le général en chef ne voulant pas engager une affaire, s'était retiré à Friedlingen et entendait se porter encore sur la rive gauche du Rhin.

L'Archiduc nous suivit sans chercher à nous troubler et l'armée française effectua sans obstacle le passage du Rhin sur le pont d'Huningue, dans les journées du 25 et du 26, en profitant même de la nuit. Les deux armées redescendirent la vallée du Rhin pour se rapprocher de Kehl, lieu de repos pour nous, objet de victoire prochaine pour l'Archiduc. La retraite du Danube avait duré 47 jours, du 10 septembre au 26 octobre.

Quelles qu'eussent été les fautes de Moreau, le gouvernement français, qui ne perdait pas de vue le plan de Carnot, sentit l'intérêt qu'il avait à contenir l'Autriche et par elle l'Allemagne « sur les bords du Rhin. » Il en avait plus facilement raison là « que sur ceux du Danube, » comme l'a prouvé Gouvion Saint-Cyr, et l'immobilisation des forces devant Kehl l'empêchait de secourir ses généraux d'Italie.

Abandonnant ses opérations militaires de la rive droite du Rhin confiées à Desaix pour lui donner le soin de prendre l'Archiduc à revers, Moreau avait cru que la place de Kehl était « dans un état de défense formidable. » A l'arrivée de ce général, on perdit toutes les illusions conçues sur cette place forte délabrée et sur « les combinaisons qui avaient fait passer le Rhin à Desaix dans la nuit du 20 au 21. » Les préliminaires du siége apprirent à Moreau, par la ligne de contrevallation que construisirent les Autrichiens, la vigueur avec laquelle il serait poursuivi et le but final des succès des armées impériales sur le Rhin. Attaquées par nous, quelques redoutes furent prises après des combats où Desaix s'illustra encore (1); mais nous dûmes les évacuer, en avouant notre impossibilité de donner à ces braves troupes « les quartiers d'hiver tant désirés par elles. » Cet effort infructueux influença la résistance et Gouvion Saint-Cyr n'a pas craint d'écrire que la défense de Kehl en avait été abrégée « de plus d'un mois. » Notre héros partagea ce découragement. Il refusa la responsabilité unique du commandement et demanda à son général en chef l'adjonction de Saint-Cyr. Ce qu'ils ont fait, c'est dans les *Mémoires* de ce dernier qu'il faut en lire le récit savant et ému (2). Ce siége pourtant avait divisé d'opinion ces deux hommes de guerre. Saint-Cyr l'a constaté dans une page où il peint avec l'originalité qui lui est propre les plans de Desaix. La voici en son entier :

Ceux qui avaient embrassé l'autre opinion, à la tête desquels se trouvaient Desaix et Reynier, voulaient au contraire

(1) Desaix sortit de Kehl le 22 novembre à la tête de 19,000 hommes et força les lignes de contrevallation.

(2) Moreau tenait le Directoire au courant des opérations militaires tous les huit jours, par des Rapports que l'on peut consulter à la correspondance.

que, malgré la fatigue et le dénûment de l'armée, on défendît avec obstination le peu de terrain que l'on conservait encore sur la rive gauche et les retranchements qu'on avait commencé d'élever. Desaix répondait de mettre en peu de temps les ouvrages de Kehl en état et offrait de se charger de leur défense. Moreau ayant adopté ce projet et partagé la confiance de Desaix, ce dernier se mit en devoir de l'exécuter. Il fut d'abord favorisé par l'extrême timidité de l'Archiduc qui craignit d'attaquer de vive force des ouvrages de campagne, qui n'étaient pour ainsi dire encore que tracés et qui ne pouvaient lui résister une demi-heure. Il se mit, au contraire, à se retrancher lui-même et construisit une ligne de contrevallation formidable, en face des mauvais ouvrages des Français. Pendant ce temps, Desaix fit travailler avec ardeur à ses retranchements ébauchés; il ne pouvait en si peu de jours les rendre bons, mais enfin il les rendit moins mauvais. Il avait aussi eu le temps de s'apercevoir de la faiblesse des flancs de sa position et de commencer dans les îles d'Ehrlen-Rhein et de la Kintzig quelques ouvrages pour les mieux assurer.

Ces premiers avantages obtenus par la timidité des opérations des Autrichiens, persuadèrent à Moreau qu'il avait pris le meilleur parti. De là est résulté le siége de Kehl, opération qui n'était dans l'intérêt bien entendu ni de l'une ni de l'autre armée.

Dès le début de l'investissement, Desaix exposait à Moreau que les travaux des assiégés se ralentissaient journellement, vu le peu de fonds qui avait été donné au génie pour cet objet. Les Autrichiens, ajoutait-il, ont repris les leurs et l'abaissement des eaux amoindrira la défense de la place. L'administration départementale ne seconde pas la confection des ouvrages du fort à un assez haut degré. L'artillerie et la cavalerie manquent de fourrages; cet état de pénurie doit prendre fin si l'on ne veut démoraliser l'armée de Rhin-et-Moselle dont l'esprit est encore vigoureux. Craignons l'exemple de l'armée devant Mayence et obtenons pour ces troupes ce qu'elles attendent avec raison de leurs chefs : la fin de leurs souffrances. Elles l'obtinrent avec la capitulation qui termina le siège, le 9 janvier 1797. La discipline l'avait emporté; nous conservâmes le matériel de guerre de la place et nos troupes se retirèrent libres de Kehl qui ne formait qu'un amas de décombres. Desaix fermait la marche.

Un des faits les plus singuliers auxquels donna lieu en novembre la campagne de l'année 1796 ce fut, sur le Rhin et la Sambre, l'enthousiasme de nos généraux pour leurs collègues d'Italie. Le général Beurnonville, qui commandait l'armée du nord et par intérim celle de Sambre-et-Meuse, écrivait à Moreau le 9 pour lui conseiller l'envoi de 25,000 hommes détachés de l'armée de Rhin-et-Moselle pour secourir Bonaparte et l'aider à réduire Mantoue. De son côté, le général Dupont sollicitait Reynier d'occuper tellement les Autrichiens qu'ils ne pussent détacher des troupes en Italie pour dégager Wurmser. Le sort de la guerre paraissait attaché à l'armée comme à la personne de Bonaparte; le temps devait augmenter ce crédit dangereux, inconnu jusqu'alors aux généraux de la République française. Nous en verrons l'effet en 1797, ce fut dans ces circonstances que se lièrent Desaix et Bonaparte.

Le retour des troupes de Rhin-et-Moselle sur la rive gauche du Rhin paraît à un maître dans l'art de la guerre la fin logique de la campagne. Et comme il n'en fut pas ainsi, Saint-Cyr déclare que ce fut « une faute » et « un malheur. » Moreau et l'Archiduc commirent des fautes graves qu'il examine en maître et que nous ne devons que signaler à titre de critique d'ensemble. La Retraite de Bavière est la plus belle opération de ce genre. Nous savons la part qu'y prit Desaix, cela suffit à notre œuvre.

# CHAPITRE VII

### DESAIX SUR LE RHIN ET EN ITALIE

SOMMAIRE. — Cantonnements de l'armée de Rhin-et-Moselle. — *Dissentiment entre Moreau et Beurnonville* — *Lettre de Desaix à Gouvion Saint-Cyr sur la situation militaire* au moment où il prend le commandement en chef par intérim. — Influence des succès de l'armée d'Italie sur la coopération des autres armées. — Moreau à Paris. — Hoche dénonce l'armistice pour *l'armée de Sambre-et-Meuse* le 11 avril. — *Desaix refuse de l'imiter avec le général Latour.* — Lettre de Desaix à Saint-Cyr. — Préliminaires de Léoben. — Magnifique conduite de *Desaix au 2e passage du Rhin*, à Diersheim. — Éloges du général Mathieu Dumas. — *Lettre du Directoire à Desaix.* — Lettre de Desaix à Saint-Cyr. — Desaix va en Italie avec une mission de Moreau. — *1re Lettre de Desaix à Reynier.* — Il compare la tactique de Moreau et celle de Bonaparte. — 2e Lettre de Desaix sur l'objet de sa mission diplomatique. — Bonaparte, s'inspirant du 18 fructidor, prémédite un acte de violence. — Expédition d'Orient.

## 1797

Les cantonnements d'hiver furent pris par les troupes de Rhin-et-Moselle du 11 au 12 janvier. Desaix abandonna le commandement de l'aile gauche pour celui du centre, comme au début de la campagne précédente, et échelonna son corps le long de la rive gauche du Rhin et sur la rive droite de la Queich. Le Directoire vit le nœud de la situation politique et militaire en Italie, aussi imposa-t-il aux armées de Rhin-et-Moselle et de Sambre-et-Meuse d'envoyer à Bonaparte des détachements. L'armée de Moreau se réorganisa en Alsace et dans le Palatinat, se préparant à une campagne que le gouvernement voulait d'autant plus décisive qu'il imposa à ces deux masses du Rhin et de la Sambre le même généralissime : Moreau. Le 31 janvier, ce dernier se rendit à l'armée de Sambre-et-Meuse pour s'entendre avec son nouveau chef, Hoche, qui lui était donné à titre de co-lieutenant. Desaix eut le commandement par intérim de Rhin-et-Moselle pendant une absence qui dura du 31 janvier au 9 mars et quelques jours plus tard du 28 mars au 19 avril.

Il reçut du Directoire les témoignages de sa satisfaction pour la défense de la tête-de-pont d'Huningue, l'invitation à une prochaine entrée en campagne et le conseil de surveiller les mouvements de l'archiduc Charles. Le même jour, 11 février, Moreau écrivait de Cologne à Reynier, à titre confidentiel, que les généraux de Sambre-et-Meuse avaient voulu marcher précédemment sur le Mein, car leur armée était forte de 80 mille hommes; Beurnonville les en aurait empêchés « par peur, » et il ajoutait que Kléber avait « la preuve écrite » de ce fait. Moreau était-il aussi sincère qu'il le disait, puisque Beurnonville lui offrait le commandement de son armée au 9 novembre 1796 ? Ne faut-il pas voir là plutôt un de ces dissentiments en matière d'opérations militaires dont Gouvion Saint-Cyr et Desaix nous ont fourni tant d'exemples et qui se reproduisent dans toutes les mesures exceptionnelles à prendre ?

Le 12 février, Desaix écrivait à Saint-Cyr :

Je te préviens, mon cher Saint-Cyr, que le général Moreau vient de partir pour l'armée de Sambre-et-Meuse et m'a laissé le commandement de l'armée pendant son absence;

j'espère n'avoir pas longtemps cette charge; le général Hoche ayant le commandement de celle de Sambre-et-Meuse, le général Moreau viendra sûrement bientôt à celle-ci, et moi je reviendrai ton voisin, disputant à qui fera le plus de tapage et aura le plus de succès. Tu dois être un peu embarrassé pour faire vivre tes troupes; mais la pénurie existant partout, on ne peut pas se plaindre; il ne reste qu'à faire bien des efforts pour se tirer d'embarras : ainsi arrange-toi, mets ton esprit à la torture et tire au loin.

Le général Reynier a dû t'écrire pour te prier de voir si, dans tout le pays où tu es et principalement sur la Sarre, il n'y aurait pas moyen de construire des bateaux, dont nous avons grand besoin; tu ferais une bien belle action si tu savais nous organiser des constructions en quantité. Ce pays abonde en bois ainsi qu'en constructeurs, tu pourrais en tirer parti; je pense aussi qu'on pourrait employer l'administration des pays conquis à cet objet, en piquant d'amour-propre ceux qui la composent; en les poussant, on pourrait les engager à faire faire ces constructions sur la contribution des pays conquis; vois à faire l'impossible. Je crois qu'on pourrait avoir bien des ressources en les cherchant bien.

Je pense que nous resterons tranquilles, les ennemis paraissant vouloir l'être. Ils continuent avec lenteur leur siége de la tête-de-pont d'Huningue. La nuit du 9 au 10 (28 au 29 janvier), Cassagne a fait une sortie très-heureuse, culbuté tous les travaux des ennemis, encloué cinq pièces de canon, et en a emmené deux; c'est très-beau. Si on le tourmente là-bas, je suis sûr que l'on en fera bien davantage dans son beau théâtre.

Je te prierai, lorsque tu auras quelques événements, en même temps que tu m'en rendras compte, d'en instruire aussi le général Moreau; tu pourras lui adresser tes dépêches à Coblentz où je crois qu'il se tiendra d'abord; par ce moyen, s'il y a des mouvements à faire et des secours à porter, ils se feront avec plus de rapidité.

Desaix était tenu au courant des succès de l'armée d'Italie et Moreau l'engageait à se procurer les matériaux nécessaires pour le prochain passage du Rhin. Un grand coup devait être tenté pour contraindre l'Empire d'Allemagne à conclure la paix. La cour de Vienne, désolée des insuccès sanglants que lui infligeait Bonaparte, appelait la réserve hongroise pour la diriger sur le Rhin et annonçait, pour augmenter le moral de ses troupes, la coopération de Mack au plan de la campagne prochaine. De son côté, Moreau ne restait pas inactif et informait Desaix, le 1er mars, qu'il ne rejoindrait l'armée qu'après être passé par Maestricht, Liège et Luxembourg, afin d'être sûr de ses opérations par unité d'action. Le 5, Dupont mandait à Reynier de gagner des batailles importantes avant de s'enfoncer à nouveau en Allemagne, ce qui montre les jugements sévères de nos généraux sur l'excès de temporisation qu'avait montré Moreau avant la retraite de Bavière. Le général Dupont était, à cette époque, chef du bureau topographique du Directoire et était frappé de la volte-face accomplie le 5 février par l'archiduc Charles en Italie dans le Tyrol. On redoutait moins le général Latour qui lui avait succédé dans son commandement sur le Rhin, mais on entendait reprendre l'offensive sur les bases du plan du Carnot en 1796. A la mi-avril, Moreau, qui était rentré à son quartier-général pour entretenir Desaix de ses vues, partit pour Paris. Il tenait à consulter Carnot de vive voix et à conférer avec les directeurs sans intermédiaire.

Hoche, qui était à la tête des troupes de Sambre-et-Meuse fortes de 80,000 hommes reposés et abondamment pourvus, dénonça l'armistice le 12 avril. Affaibli par le départ des corps qu'il venait d'envoyer à l'Archiduc, Latour tenta de renouveler l'armistice avec le général Hoche et simultanément avec le général Desaix. Celui-ci a exposé les motifs de son refus dans une dépêche adressée par lui le 15 avril à Gouvion Saint-Cyr, de Strasbourg. Quel était son langage ?

Je t'annoncerai, mon cher Saint-Cyr, que je n'ai pas pu accepter la proposition que m'a faite M. de Latour, d'un armistice à terme un peu plus long, d'après celui qui a été, dit-il, conclu en Italie par le général Bonaparte. Tu sais que le gouvernement, après le siége de Kehl, a défendu expressément d'en conclure sans sa participation ; par conséquent, je ne le pouvais pas. D'ailleurs, il me semble que ce n'est pas le moment où l'armée de Sambre-et-Meuse vient de rompre celui qu'elle avait conclu, qu'il est possible d'en admettre un nouveau, surtout encore au moment où les Autrichiens viennent de faire partir de devant nous huit ou dix bataillons et vingt-deux escadrons, pour renforcer leur armée d'Italie.

Tu as dû recevoir une lettre que je t'ai écrite avant-hier pour te prescrire les dispositions que m'avait ordonnées le Directoire, d'après le mouvement sur la rive droite par l'armée de Sambre-et-Meuse. Je crois qu'il faut toujours s'en tenir à ces dispositions ; elles sont dans l'esprit du général Moreau qui vient de m'écrire de ne pas trop éloigner nos troupes du centre, afin de les faire agir où il sera nécessaire. Je t'ai annoncé que nous serons bientôt en mesure d'agir. Je n'attends plus que le général Moreau ; nous sommes prêts d'un moment à l'autre, on se prépare dans le plus grand secret.

J'attends avec impatience de savoir ce qu'aura fait le général Hoche, s'il a attaqué ou non; il devait agir le 27 (16 avril). S'il avait accepté l'armistice, il faudrait faire comme lui. Dans tous les cas, il n'est pas nécessaire de commettre d'hostilités, nous pouvons rester tranquilles en prenant nos précautions, puisque nous sommes sur la défensive.

Si l'armée de Sambre-et-Meuse nous cède du terrain dans le Hundsruck, il faudra en tirer des subsistances tant que cela sera possible, ainsi que des ressources dont nous avons si besoin.

Le général Hoche m'offre des vivres, je ne crois pas à la sincérité de ses offres; je lui ai mandé qu'il nous ferait grand plaisir de nous envoyer ce qu'il pourrait. Le général Hoche me mande aussi qu'il ordonne au général Collaud, qui commande à la droite de son armée, de se concerter avec toi pour faire relever le corps qu'il commande par tes troupes; il sent bien que cela ne sera pas faisable sur-le-champ, mais il espère que le corps du général Collaud pourra être disponible les premiers jours de floréal. Comme je te l'ai déjà dit, il faut faire éclairer cette partie : si l'ennemi y venait, on y marcherait très en force et on l'aurait bientôt fait rentrer dans ses places; d'ailleurs, il est à présumer qu'il ne s'y exposera pas, quand il verra l'armée de Sambre-et-Meuse s'approcher du Mayn.

Vainqueur sans limites, Bonaparte imposa les préliminaires de paix au prince Charles, le 17 avril, sans consulter le Directoire; mais son génie s'imposait déjà aux divisions des partis qui refusaient de comprendre son ambition. Hoche passa le Rhin après la signature des préliminaires le 18, et Moreau le 20. L'armée d'Italie avait donc abandonné ceux qui l'avaient secourue dans le péril.

Improvisé par Desaix, le passage s'effectua dans des conditions qui faillirent en compromettre le succès; on n'avait pu réunir qu'un mince convoi de bateaux et le matériel d'un seul pont. Le vent qui s'éleva déchaîna une tempête. La flottille qui descendait l'Ill s'engrava et compromit l'œuvre de l'hiver. Les généraux ne reculèrent pas devant une intervention décisive et se jetant dans le courant de la rivière engagèrent leurs troupes par cet acte de bravoure; les bâtiments furent dégagés, mais le passage, commencé à 3 heures du matin en face le village de Diersheim, dut avoir lieu en partie de jour. Un combat meurtrier s'engagea. Une batterie autrichienne balaya la plage où étaient massées nos troupes, en flanc. Desaix se rendant compte du péril s'élança de sa personne à la tête de plusieurs bataillons de son infanterie : fossés, tranchées, marécages, nul obstacle ne put l'arrêter, l'ennemi fut culbuté. Le vaillant général paya son audace, il fut blessé à la cuisse et mis hors de combat. Peu lui importait cependant, nous étions maîtres de la rive droite, quatre mille prisonniers, des canons et des drapeaux attestaient notre victoire. Aussi a-t-on dit de ce second passage, comparé à celui de l'année précédente, qu'il fut le fait *de l'audace et du génie* (1). Davout, brigadier de Desaix, se distingua en débordant l'aile gauche des Autrichiens, l'armée du Rhin allait donner à la France des hommes de guerre supérieurs. Latour démoralisé demanda un armistice que Moreau ne sut pas lui refuser, nous repassâmes en partie sur la rive gauche du Rhin. La

(1) Ce fut le 21 avril que les papiers du célèbre général Klinglin, émigré français, tombèrent en nos mains par la prise de son fourgon à bagages.

journée du 18 fructidor entraîna le rappel de Moreau à Paris. Au même moment Hoche succombait à un mal pernicieux et tombait foudroyé. Augereau devait lui succéder.

Le 27 avril, le général Mathieu Dumas s'écriait au Conseil des Anciens: « Desaix se désespère de ce que, dit-il, la fortune ait trahi son courage. Quels généraux, quels soldats méritèrent jamais plus de reconnaissance et quelles récompenses devons-nous leur préparer? » Noble langage qui ennoblissait celui qui en était l'objet et celui qui le décernait.

Le Directoire, qui avait appris par le rapport officiel de Moreau la part glorieuse du blessé dans le fait d'armes de Diersheim, lui adressa la lettre suivante le 4 mai, consolation méritée de ses craintes (1):

Le passage du Rhin que l'armée de Rhin-et-Moselle vient d'exécuter est l'une des plus éclatantes opérations de cette guerre. Après en avoir activé les préparatifs en l'absence du général en chef, vous avez été pendant l'action l'exemple du courage, et la République a remarqué avec un vif intérêt que les lauriers que vous y avez cueillis sont teints de votre sang. Au moment où les Préliminaires de paix se négociaient aux portes de Vienne, vous avez, citoyen général, jeune encore, couronné votre glorieuse carrière où brillent à la fois de grands talents militaires, et où l'amour de la liberté a encore ajouté à leur éclat.

(1) « Il n'y a de cruel, écrivait-il à Moreau le 23 avril, que le malheur de n'être pas avec vous... que ces messieurs soient battus deux fois par jour... »
Le 23 avril Moreau rendait compte de cette opération au Directoire dans un assez long rapport. On y lit, entre autres, cette phrase : « L'ennemi a fait des efforts inouïs pour nous culbuter dans le Rhin. »

Les généraux autrichiens rendirent à Desaix blessé un hommage public en lui faisant visite à Strasbourg après la suspension d'armes. Tout ce que l'Alsace comptait de personnages ou de distingué dans la société tint à honneur d'être reçu par lui; partagé entre ses devoirs d'homme en vue et de chef militaire, Desaix allégea son inaction en lisant les œuvres de Vauban et les *Mémoires* du maréchal de Saxe, les poésies de Gœthe et les récits historiques de Schiller sur la *Guerre de Trente Ans* et le *Soulèvement du Pays-Bas* contre Philippe II.

Le 26 mai, il écrivait à Gouvion Saint-Cyr :

Ma blessure se cicatrise assez rapidement et j'ai toujours l'espoir de pouvoir marcher sous peu de jours. J'attends ce moment avec impatience pour profiter de mes instants de loisir pour aller voir les champs de bataille sur lesquels ont combattu les armées nos voisines. On ne peut pas rentrer dans ses foyers, sans avoir vu ses camarades qui ont fait des choses glorieuses et honorables. Cependant, si on fait la guerre contre les Anglais et qu'elle se pousse avec vigueur, je veux encore faire l'impossible. Il n'y a pas un soldat dans l'armée qui ne soit bien décidé à le faire, cet impossible ; le gouvernement peut entreprendre des choses extraordinaires, il trouve tout le monde prêt à le seconder.

Complètement guéri avec l'été, il reçut de son chef, le 18 juillet, la mission de faire exécuter par les Etats de la Bavière et de la Souabe les traités conclus par nous et qui les obligeaient à des subsides en espèces. Chargé d'en opérer le recouvrement, il partit pour l'Italie muni des pleins pouvoirs de Moreau et se rendit auprès de Bonaparte. On lit dans les Instructions ce fait navrant :

« L'armée (de Rhin-et-Moselle) n'est pas payée depuis deux mois. Elle est à la veille de se livrer au désespoir. » L'accueil qui fut fait à Desaix fut digne de sa renommée. Mais cet esprit supérieur ne se laissa point gagner par une admiration excessive et porta sur l'*Armée d'Italie* et son œuvre un jugement qu'il importe de connaître ; il le formula ainsi dans sa lettre d'Udine écrite le 3 septembre au général Reynier :

Je ne vous ai pas donné de mes nouvelles, mon cher général, et je ne vous ai rien envoyé par la très-bonne raison qu'il n'y avait rien à vous apprendre. On a fait ici la guerre à merveille ; la valeur de cette armée-ci ne peut pas se peindre : elle y a été excitée de toutes les manières, mais tout le reste est bien négligé.

Le chef d'état-major a une très-grande réputation de nos côtés, mais elle n'est pas la même ici ; nous entendons mieux les détails. Enfin, pour vous dire le mot, je n'ai rien su, je n'ai pas eu le moindre détail ; *on n'a pas l'idée d'écrire la guerre comme nous la concevons ; on s'environne de beaucoup de mystère.* Il est vrai aussi qu'ils ont perdu à la prise de Provera, devant Mantoue, un fourgon précieux qui tenait tous les papiers relatifs à deux mois de la campagne la plus intéressante. Enfin, je ne sais pas plus qu'auparavant. J'ai vu le pays ; il m'a bien expliqué le genre de guerre qu'on y a fait ; il n'y a pas, pendant 800 lieues, un endroit à mettre un escadron en bataille ; tout est coupé de fossés, de marais, de vignes, d'arbres et de plantations de toutes espèces ; des tirailleurs et des colonnes, c'est tout le genre de guerre que l'on fait. Mais le général en chef est un homme d'une vigueur et d'un caractère au-delà de ce qu'on peut dire et qui est bien admirable. La grande richesse du pays et l'abondance du vin partout font qu'on vît aisément où l'on veut et qu'on peut sans inquiétude faire les mouvements que l'on désire.

*J'ai été fort bien accueilli partout, très-bien reçu; notre dernier passage du Rhin nous vaut de la considération; sans lui nous aurions eu de la peine à nous présenter; mais il nous sauve.* On est bien riche ici; tout est payé, mais pas très-régulièrement, pas la nouvelle solde, mais la moitié de l'ancienne. Les troupes sont bien tenues et belles, mais cependant l'armée va être incessamment toute habillée de neuf. Notre armée est aussi belle et en aussi bon état, mais moins exaltée. Prévenez le général Moreau qu'il se défende : on veut nous enlever de notre cavalerie environ 1,500 hommes. On a demandé quels étaient les meilleurs régiments et on désirerait les carabiniers, le 4ᵉ dragons; il ne faut pas leur donner des hommes dont nous avons si besoin. L'argent ne leur manque pas : ils ont tiré de l'Italie, calcul fait, 18 millions depuis qu'ils y sont. Avec ça ils pourront acheter 3,000 chevaux; les régiments ici ne sont pas forts comme les nôtres, à peu près de 250 à 350 chevaux.

Je suis bien fâché, nous n'aurons pas un sou de nos contributions; je ne conçois pas cela, mais ils n'ont pas su les négocier; ils mettent toujours les ambassadeurs autrichiens en avant et vous entendez bien qu'avec eux cela n'ira pas; ils n'iront pas donner des verges pour se faire fouetter, ils seraient bien bons. Je l'ai mandé au général et il n'y a pas d'autre moyen que d'obtenir du gouvernement que cette négociation soit suivie par nous-même; sans cela, on n'obtiendra rien, et je pense que cela sera perdu.

Nous avons lu ici l'adresse de l'armée du Rhin au Directoire, elle a fait très-bon effet. On se plaignait de ce qu'elle ne disait rien; on l'a vue se prononcer avec plaisir et on lui a su très-gré de la manière vigoureuse avec laquelle elle a parlé; j'en ai été surpris moi-même.

J'ai vu beaucoup de personnes de l'armée du Rhin, ils la

regrettent d'abord ; le climat les a bien travaillées ; la moitié a été très fortement malade et l'est encore ; ensuite le soldat n'est pas bien nourri ; on lui donne du pain assez mauvais parce qu'on le fait mal dans le pays, et puis de la viande que tous les deux ou trois jours ; on la remplace par de l'huile et quelques pois. En général, il est presque tout caserné ; on lui a donné souvent du vin, mais à présent il est rare et la demi pinte ne vient pas souvent. Nos volontaires trouvent chez leurs hôtes du lard, des pommes de terre, des légumes de toutes espèces ; en Italie, que de la bouillie de maïs et des paysans qui les traitent mal ; ils s'en plaignent fort.

Quant à moi, je voudrais bien passer quelque temps encore dans ce pays, mais j'y ai été bien malade, sans cela vous ne m'auriez pas eu de sitôt ; j'aurais fait le voyage de Rome ; c'était l'affaire de deux mois et de bien de l'argent, mais je les trouvais bien employés. Il me coûte d'aller vous joindre ; cependant je ne veux pas m'absenter quatre mois ; j'irai à Strasbourg par l'Allemagne, c'est mon projet. J'aurai grand plaisir à vous revoir et à causer avec vous de tout ce que j'ai vu, je m'en fais une fête.

Travaillez à me lire ; dans votre Offembourg vous avez peu à faire ; ainsi vous pouvez vous occuper à me déchiffrer.

Desaix écrivait de Passeriano, au même général, le 18 septembre :

Enfin bientôt, mon cher général, j'aurai le plaisir d'aller vous rejoindre et bien causer avec vous. Toutes mes affaires prennent un peu de tournure et je ne suis pas sans espérance. *Je pars demain ou après-demain pour vous joindre. J'irai par l'Allemagne, j'entamerai moi-même les négociations et sous de très-bons et vigoureux auspices.* Je vous développerai cela dans peu de temps, et vous le verrez par vous-même.

Le général s'est occupé de tout et y a mis les moyens sûrs de les faire réussir. D'ailleurs, *cette négociation nous revient tout entière et ne sera suivie que par nous.* D'après cela, nous ne saurons qu'en faire. Les négociateurs d'ici nous l'abandonnent et nous n'avons qu'à en tirer parti. Je suis bien content, je ferai en sorte que tout soit bien entamé et que nous n'ayons qu'à faire marcher quand je vous aurai joint. Je ne m'arrêterai pas, parce que je serai pressé de vous voir, de vous embrasser et de vous conter tout ce que je sais.....

Le 24 octobre il exposait à Bonaparte, d'Offembourg, la situation militaire dans une lettre dont nous donnons un fragment important :

..... Mon arrivée a causé une grande rumeur parmi tout le corps diplomatique en Bavière. Tous les envoyés ont écrit au moins dix pages de conjectures à leurs cours respectives. Celui d'Autriche, prévenu d'avance, a redoublé de moyens pour que je ne pusse rien faire. *Les gazettes d'Allemagne disaient toutes que j'étais destitué;* il l'a confirmé et bien assuré à sa cour. Elle était dans ce moment-là déserte. Tous les ministres, tous les principaux étaient absents et à la campagne, entre autres M. de Linanges qui, ayant épousé une des filles de l'Electeur, est dans la plus grande faveur. Je me suis adressé au chancelier, qui restait seul, pour le prier de me dire comment je pourrais faire pour remettre une lettre que j'avais de vous pour l'Electeur. On m'a alors fait dire que je ne pourrais voir l'Electeur que présenté par le ministre autrichien, vu que j'étais conduit par un officier de cette nation. De suite l'officier qui m'accompagnait a reçu ordre de ne pas me quitter, et j'étais environné d'espions; je n'ai pu voir et parler qu'à ceux qui étaient vendus à cette nation. L'ambassadeur a fait passer ma lettre à l'Electeur; celui-ci m'a fait répondre quelques heures après, par le premier secrétaire des affaires étrangères (toute cette branche du ministère est entièrement autrichienne), que l'objet de la dépêche que j'avais remise était trop important pour qu'on me répondît ; que l'Electeur donnerait une réponse à vous ou au Directoire. J'ai alors vu ce jour-là plusieurs membres des Etats qui m'ont dit qu'ils étaient bien fâchés de voir que leur Electeur, livré aux Autrichiens, les exposât à toute la vengeance des Français ; ils m'ont témoigné le plus vif désir de pouvoir secouer le joug qui les opprime. Je crois qu'en cas de retour des armées françaises en Bavière, on pourrait tirer très-bon parti de leur autorité, de leur influence et surtout de leur désir de l'augmenter. Ce qu'on pourrait faire de mieux en cas de nouvelle invasion, ce serait de ne plus permettre à l'Electeur actuel de revenir et de remettre l'autorité au duc de Deux-Ponts et aux Etats. Alors la Prusse et la France le soutenant, et on le tiendrait par là assez éloigné de nous pour n'en avoir jamais d'inquiétude, ce serait alors le pendant des établissements si bien entendus que vous avez faits en Italie. La nouvelle de ma destitution surtout m'a fait perdre presque toute l'influence que j'aurais pu avoir.

J'ai cependant écrit une *note* vigoureuse pour faire peur ; j'ai menacé de toute la colère des armées, de l'indiscipline en cas de guerre ; j'ai fait voir que nous étions sûrs du succès et que, d'ailleurs, le Directoire était trop vigoureux pour jamais consentir à ce que le traité ne fût pas suivi. J'ai demandé une réponse positive : si l'Electeur reconnaissait ou non l'armistice conclu avec lui ? J'ai eu bien de la peine à faire parvenir ma lettre au chancelier, seul ministre alors ; je n'en ai eu qu'une réponse très-évasive. J'ai eu une conférence avec ce ministre déjà très-âgé et nommé le baron d'Hosthing. J'ai eu beau lui faire toutes les peurs possibles, j'ai senti que je produisais peu d'effet... Je suis parti avec plaisir de Munich ; tout ce que j'y voyais était vendu aux

Autrichiens; j'étais si bien entouré que je ne pouvais parler qu'à des gens de leur parti; ce sont d'habiles gens pour les petites choses.

Nommé au commandement de l'*Armée d'Allemagne*, Augereau avait offert à Desaix « le commandement en chef de la droite de l'armée » qui devait comprendre « six divisions actives. » Le traité du 17 octobre annula les effets de cette offre: Desaix était désormais acquis à Bonaparte.

Général, Bonaparte venait de dicter la paix à l'archiduc Charles à trente lieues de Vienne. Le 17 octobre l'Empereur effrayé conclut avec la République française, à Campo-Formio, un traité qui assurait à la France la Belgique et les Iles Ioniennes; le territoire vénitien était morcelé et les États de Gênes et de Milan devenaient les Républiques Ligurienne et Cisalpine.

Le vainqueur voulut jouir dans son pays du spectacle de la popularité que lui avait acquis une campagne merveilleuse. Il partit d'Italie en novembre, traversa la Suisse, se rendit à Rastadt où il assista aux premières séances du Congrès et arriva à Paris le 5 décembre après avoir reçu à Lyon un accueil qui lui apprit sa force. Le 18 fructidor, en assurant le pouvoir à ceux qui le détenaient, venait de montrer que la Constitution pouvait être impunément violée. Bonaparte se promit d'en profiter un jour et organisa, par un coup d'éclat, le prestige nécessaire à un acte de violence contre les institutions de sa patrie. Il le trouva dans une expédition lointaine: la *Campagne d'Égypte*.

# LIVRE II

## EXPÉDITION D'ORIENT

## CHAPITRE VIII

### DESAIX A L'ARMÉE D'ANGLETERRE ET A MALTE

SOMMAIRE. — I. *Projet du Directoire sur l'Angleterre en 1797.* — Notes de Bonaparte sur l'organisation d'une descente en Angleterre. — Officiers-généraux. — Infériorité de la marine française. — Le Directoire renonce à l'Expédition le 23 février. — Bonaparte propose, le 5 mars, la *Campagne d'Egypte et de Malte.* — Desaix et l'École Polytechnique. — Le Directoire accepte, le 15 avril, l'Expédition d'Orient et licencie les troupes de l'Océan. — II. *Plan de l'Expédition d'Orient par Bonaparte.* — Echec de Brueys à Malte. — Desaix organise à Rome la partie scientifique de la campagne avec Monge. — Lettres de Desaix. — Lettre inédite de Monge. — L'Ordre de Malte. — Desaix à Marsa-Siroco. — Capitulation.

### 1798

### I

Le 26 octobre 1797, le Directoire rendit un arrêté (5 brumaire an VI) par lequel une armée appelée à se réunir « sur les côtes de l'Océan » prendrait le nom d'*Armée d'Angleterre.* Pour terroriser son ennemi, le gouvernement français nomma Bonaparte général en chef, alors à Rastadt. Le commandement provisoire fut confié à Desaix, qui eut ordre de se rendre à Rennes pour y exercer son autorité. Il apprit à Offembourg l'honneur qui lui était fait et l'accepta le 4 novembre par la dépêche suivante :

Citoyens Directeurs,

Le général Augereau vient de m'adresser l'arrêté par lequel vous me confiez le commandement de l'armée d'Angleterre, sous les ordres du général Bonaparte. Je vous remercie de la confiance que vous voulez bien avoir en moi ; je n'épargnerai rien pour la justifier et vous pouvez compter sur mon zèle et mon activité ; ils sont excités par la haine la plus prononcée et nourrie dès l'enfance contre les *perfides ennemis* qui nous restent à combattre et par le désir de voir encore mon nom placé près de celui du *vainqueur de l'Italie* ; il n'y a rien que je craigne d'entreprendre sous ses ordres.

Tous vos desseins sont grands et vastes ; je sais que voulez porter la gloire de la nation à sa plus grande période, je sens qu'il faut beaucoup faire ; je suis prêt à le tenter dès que le général qui doit prendre le commandement de l'aile droite qui m'a été confié viendra pour me remplacer, ce qui sera sous peu de jours : aussitôt, j'irai au poste que vous m'avez fixé.

Je compte vous assurer moi-même de mon dévouement entier, et à la République et à son gouvernement.

Salut et respect.

Signé : Desaix.

On sait ce qu'avaient voulu Hoche et le Directoire en 1796. Voulait-il sérieusement, en 1797, opérer une nouvelle descente en Angleterre et le gouvernement français, vainqueur de l'Empire, reconnu enfin comme une République de droit en Europe depuis Campo-Formio et Rastadt, n'abritait-il pas sous une fausse démonstration des projets qu'a dévoilés l'Expédition d'Orient ?

L'importance de la question vaut qu'on l'examine.

La part de la marine était trop considérable en ceci pour que Bonaparte pût la négliger. Son « travail pour l'expédition contre l'Angleterre » contient une série de notes sur les Iles Ioniennes, Venise, Toulon et l'Espagne, à consulter dans sa correspondance.

Le 9 janvier il écrivait au Ministre de la Guerre que dès la réception des arrêtés du gouvernement il lui communiquerait « la destination de chaque corps et de chaque officier-général qui doivent composer la dite armée. » Le 12, le Directoire rendait un arrêté fixant le nombre et les attributions des officiers-généraux. On y remarquait les noms suivants : Berthier, Gouvion Saint-Cyr, Kléber, Championnet, Masséna, Brune, Marescot, Hautpoul, parmi les divisionnaires ; Lannes, Belliard, Friant, Murat, Davout, Lecourbe, Soult, Richepanse, Chasseloup, Ney, Lariboisière, Andréossy, Songis, parmi les généraux de brigade.

Après l'organisation venait l'inspection.

Le 7 février, Bonaparte visitait la côte de l'Océan pendant un voyage de douze jours. Un ordre rendu à Dunkerque, le 12, confiait au général Caffarelli la restauration des ports de Boulogne, d'Etaples, d'Ambleteuse et formulait le but de l'expédition en ces termes :

Il (le général Caffarelli) enverra des corsaires avec des officiers du génie reconnaître les côtes d'Angleterre, depuis Folkestone à Rye, en cherchant à connaître la position vraie de cette partie de la côte et les batteries qu'il faudrait enlever ou suspendre pour opérer un débarquement sur cette côte.

Il enjoignait au gouvernement hollandais de nous fournir 150 à 250 bâtiments plats et bons voiliers avec le plus de chaloupes canonnières qu'il serait possible, 4 à 5 mille chevaux pour notre cavalerie. Le chiffre des troupes était fixé à « 50 mille hommes avec l'artillerie, approvisionnements, etc. » Le port de ralliement était Dunkerque et la limite de l'arrivée 15 à 20 jours. Pour entraîner la République batave, il lui faisait des offres séduisantes qu'il estimait comme le résultat de sa coopération.

Le 23 il parlait au Directoire des difficultés de l'entreprise en ces termes significatifs :

L'expédition d'Angleterre ne paraît donc être possible que l'année prochaine ; et alors il est probable que les embarras qui surviendront sur le continent s'y opposeront. Le vrai moment de se préparer à cette expédition est perdu, peut-être pour toujours.

. . . . . . . . . . . . . . . . . . . . . . . . . . . . .

..... *Il faut alors réellement renoncer à toute expédition d'Angleterre*, se contenter de s'en tenir aux apparences et fixer toute son attention comme tous ses moyens *sur le Rhin*, afin d'essayer d'enlever le Hanovre et Hambourg à l'Angleterre.

On sent bien que, pour parvenir à l'un et l'autre de ces buts, il ne faudrait pas avoir une armée nombreuse éloignée de l'Allemagne.

Ou bien faire une *expédition dans le Levant* qui menaçât le commerce des *Indes*.

Et si aucune de ces trois opérations n'est faisable, je ne vois plus d'autre moyen que de *conclure la paix* avec l'Angleterre.

Le 5 mars, Bonaparte envoyait une note au Directoire dans laquelle il disait :

*Pour s'emparer de l'Egypte et de Malte, il faudrait de 20 à 25,000 hommes d'infanterie et de 2 à 3,000 de cavalerie sans chevaux.*

Il proposait comme ports d'embarquement : Civita-Vecchia, Gênes, Corse, Marseille, Toulon, Nice et Antibes.

L'expédition contre l'Angleterre avait vécu.

Le 30 octobre 1797, le ministre de la guerre avait informé le Directoire que les troupes qui comprenaient les quatre divisions de l'Ouest s'élevaient à 45,000 hommes et avait proposé d'affecter 45,000 d'entre eux au corps expéditionnaire. Établi à Rennes, centre de son commandement, Desaix donna une impulsion rapide aux préparatifs maritimes de Rochefort au Hâvre. Les ports de l'Ouest : Nantes, Lorient, Saint-Malo, Cherbourg virent leurs navires frétés pour les approvisionnements. L'arrivée successive des troupes qui devaient composer le corps de débarquement fut l'occasion de menaces contre la puissance anglaise. Tous les efforts du gouvernement français parurent au cabinet de Londres devoir se tourner contre lui ; il s'inquiéta et résolut de prendre l'offensive sur la Hogue et Cherbourg. Le 42 janvier, le ministre de la police générale en prévenait son collègue de la guerre qui donna à Desaix des ordres spéciaux. L'armée d'Angleterre ne devait se compléter que fin février. Les officiers et les employés militaires de la place de Dunkerque concoururent à l'expédition « par une offrande patriotique » dont le résultat fut consigné dans un procès-verbal, le 16 janvier. Les mêmes faits se produisirent sur divers points du territoire, par intervalles. De son côté, le général en chef de l'armée batave, Daendels, envoya à Bonaparte un Mémoire détaillé sur les ressources dont pouvait disposer son pays et que des revers récents ne permettaient pas d'augmenter « cette année. » Il augurait mieux de l'avenir, au nom « de la haine » qu'inspirait à la Hollande « le gouvernement anglais. » Desaix avivait par ses allocutions les passions populaires et l'ardeur de ses soldats; aussi les notifications du Directoire à Bonaparte lui étaient-elles expédiées en double selon leur importance, nul ne personnifiant plus que lui la pensée intime de l'expédition.

Les émissaires de Pitt tentaient de relever le courage des chouans et par des bruits sciemment faux les appelaient aux armes. Ils montraient l'arrivée de l'armée d'Italie sur les côtes de l'Océan, comme le signal de rigueurs nouvelles contre les habitants. Les généraux divisionnaires lancèrent par ordre des proclamations où fut officiellement annoncé le but du Directoire : *venger la France des perfides Anglais premiers auteurs des maux que vous avez soufferts.* Les émigrés favorisèrent les tendances de Pitt jusque dans les Deux-Sèvres, les populations de ces contrées devaient subir jusqu'en 1800 les conséquences de la guerre civile. Les Anglais couvraient les côtes de la Normandie de leurs cutters, poursuivaient avec succès les bateaux-pêcheurs, à Dieppe notamment, et menaçaient l'embouchure de la Seine, réponse décidée aux discours de Desaix.

Les élèves de nos écoles militaires répliquaient à leur tour; ceux des élèves de l'Ecole polytechnique qui se destinaient à l'artillerie demandaient un tour de faveur pour

« être à portée de servir à l'expédition projetée contre l'Angleterre. » Le ministre de la guerre en informait Desaix, dès février, et imposait à Laplace, « chargé de l'examen de ces jeunes gens, » la satisfaction de leur vœu.

Au quartier-général à Paris, le ? ventôse an VI (27 février 1798).

*Le général commandant en chef l'armée d'Angleterre au citoyen général commandant la 15ᵉ division militaire.*

La 15ᵐᵉ division militaire que vous commandez, citoyen général, se trouve dans l'arrondissement de l'armée d'Angleterre. Je suis particulièrement flatté que cette occasion me procure le plaisir de correspondre avec vous. Je vous invite en conséquence à m'adresser à *Rouen*, où j'établis *mon quartier-général*, les lettres que vous auriez à m'écrire concernant le service. Je vous engage en outre à y faire adresser à l'adjudant-général Boulland, qui remplit provisoirement les fonctions de chef de l'état-major, tous les rapports, états de situation et autres objets qui pourraient concerner l'état-major, afin qu'il m'en rende compte.

Je vous prie, général, de m'accuser la réception de cette lettre.

Signé : Desaix.

Les troupes françaises « à la solde de la Hollande » partaient au même moment pour Amiens. Le 8 mars, Berthier échangeait le poste de général en chef de l'armée d'Italie pour celui de chef de l'état-major général de l'armée d'Angleterre. Desaix appelait auprès de lui plusieurs de ses compagnons d'armes, tels que Lefebvre. Le 12 mars Schérer approuvait ces choix sans oublier les menaces maritimes des Anglais sur nos côtes, et le 25 avril le gouvernement faisait passer 20,000 hommes de l'Ouest à *l'armée de Mayence.*

## II

L'Angleterre avait profité de la guerre continentale entretenue par son cabinet pour s'emparer des deux Indes et s'attribuer l'empire sur les mers. Rompant les négociations de Lille après les éclatantes victoires d'Italie et sa paix de 1797, le Directoire se proposa de réduire l'Angleterre qui, seule, restait en armes. Il avait tenté de renouveler avec Bonaparte l'expédition de Hoche en 1796; instruit des difficultés que présentait une semblable entreprise, craignant avec raison qu'elle n'absorbât les principales forces de la France, redoutant chez ses adversaires la rupture de la paix dans un avenir incertain, il accepta les projets grandioses mais aventureux de Bonaparte.

Le gouvernement adopta le plan de tenir dans des camps, sur les côtes de la Manche, 150,000 hommes menaçant l'Angleterre d'une invasion imminente, mais en effet prêts à se porter sur le Rhin si cela devenait nécessaire, pendant que deux petites armées, chacune de 30,000 hommes, agiraient offensivement. L'une serait embarquée sur l'escadre de Brest et opérerait une descente en Irlande où 100,000 insurgés l'attendaient; l'autre opérerait dans l'Orient, traversant la Méditerranée où dominait l'escadre de Toulon. Les établissements anglais aux Indes en seraient ébranlés. Tippoo-Saïb, les Mahrattes, les Sikhs n'attendaient qu'un signal. Napoléon parut nécessaire à l'armée d'Orient. L'Égypte, la Syrie, l'Arabie, l'Irak, attendaient un homme. Le gouvernement turc était tombé en décrépitude. Les suites de cette expédition pouvaient être aussi étendues que la fortune et le génie du chef qui la dirigerait (1).

Bonaparte s'était chargé de diriger tous les préparatifs de l'expédition sur terre et sur mer, il a eu soin de le dire lui-même à Sainte-Hélène (2). Conçue subitement, la campagne d'Égypte fut préparée avec une rapidité qui déconcerta l'Angleterre. La vigilance de Nelson devait être de vingt-cinq jours en retard, car elle fut prête dans les cinq ports différents où s'embarquèrent les troupes, Toulon, Marseille, Corse, Gênes et Civita-Vecchia, le 15 avril. Les généraux Caffareli à Toulon, Reynier à Marseille, Baraguey-d'Hilliers à Gênes, Vaubois en Corse et Desaix à Civita-Vecchia, avaient été les coopérateurs militaires. Berthier était l'interprète autorisé du général en chef. Ministre des relations extérieures, Talleyrand avait obtenu de nos agents à l'étranger des renseignements sur l'Ordre de Malte qui doublaient le désir de Bonaparte de s'emparer de cette île ; ce soin fut confié à Desaix, la tentative de surprise par le contre-amiral Brueys ayant échoué.

Le 5 mars 1798 le Directoire avait officiellement accepté les plans du vainqueur d'Italie et lui avait donné l'ordre de « remplir promptement le grand objet de l'armement de la Méditerranée, » sans poser de limites à son initiative. Il se fiait à son « génie » et à son « amour pour

---

(1) Récit de Napoléon.

(2) Pour confirmer les apparences, le ministre de la guerre avait enjoint à Bonaparte, le 2 avril, de se rendre à Brest pour y prendre la direction des forces de terre et de mer destinées à l'expédition contre l'Angleterre. — Dossier du 2 avril de l'*Armée d'Orient*.

la vraie gloire. » Desaix lui avait été spécialement adjoint le 16 pour commander les troupes embarquées à Civita-Vecchia. Dès son arrivée au quartier-général de Rome, Desaix avait écrit à son général en chef, le 4 avril, la lettre suivante :

Mon général,

Je suis arrivé avant-hier à Rome dans les inquiétudes sur les préparatifs de l'expédition qui s'organise à Civita-Vecchia, mais j'ai trouvé ici les citoyens Vilmanzy et Haller qui m'ont entièrement tranquillisé. Ils ont mis le plus grand zèle et la plus grande activité à remplir vos intentions, et le citoyen Mesnard, commissaire ordonnateur de la marine, les seconde parfaitement en ce qui est relatif à sa partie.

Il y a déjà à Civita-Vecchia 2 bricks de 14 canons, 2 avisos, 16 ou 17 bâtiments de transport, faisant 4,000 tonneaux. Il a envoyé chercher à Livourne les autres bâtiments nécessaires pour les 3,500 tonneaux restants. On peut se reposer sur son activité; il est rare de trouver plus de zèle. Il me fait espérer que nous pourrons mettre à la voile du 25 au 30 de ce mois, si les vents sont favorables.

Les approvisionnements sont prêts, ainsi que la solde. *En général tout ce qui est relatif à l'expédition est tranquillisant.* Les ordres pour l'artillerie avaient été mal conçus; on avait changé les calibres, mais j'ai tout rectifié. J'espérais trouver ici un chef de brigade d'artillerie. Latournerie s'embarque à Gênes, je n'en ai pas. Nous tâcherons de nous en passer, puisque je n'ai nulle espérance d'en avoir à temps. Je suis dans le même cas pour les officiers du génie.

Les généraux Belliard et Mireur sont ici; j'attends tous les jours le général Friant que le général en chef Berthier m'a promis de m'envoyer promptement, lorsque je le rencontrai à Tortone.

Je suis dans la plus grande espérance que l'expédition que je dois commander sera en ordre parfait; les troupes sont dans les meilleures dispositions.

Personne n'a la moindre idée de l'affaire; *tout le monde me regarde comme commandant de l'aile gauche de l'armée d'Angleterre,* ce qui fait bon effet.

Monge n'a trouvé aucune carte, mais l'imprimerie est emballée; on l'embarque aujourd'hui sur le Tibre pour Civita-Vecchia. Il a quatre interprètes qui ne sont pas de la première force; ils seront néanmoins de grand secours, je les emmènerai avec moi. *Monge désire suivre l'expédition,* mais il ne peut quitter Rome sans un ordre de vous ou du gouvernement; il l'attend avec impatience pour s'embarquer avec moi; je vous prie de le lui faire expédier promptement.

Je ne dois pas vous laisser ignorer, mon général, que nous avons tous ici la manie d'être plus tôt prêts qu'à Gênes qui a beaucoup d'avances sur nous; il me tarde de vous voir à Ajaccio; comptez sur mon empressement et mon impatience. Il n'y a pas de frégates sur nos parages et je n'ai pas l'espoir d'en avoir pour escorte, mais j'ai des bricks et des avisos.

Signé : DESAIX.

P.-S. J'ai un aide-de-camp à Paris; il aura l'honneur de vous voir; je vous prie de lui indiquer les moyens de me rejoindre et de me faire parvenir mes lettres.

Le 26 avril, Desaix écrivait de nouveau que tout était prêt et que les Anglais surveillaient les côtes, mais leur absence des parages de son embarquement lui inspirait pleine confiance. Un mois plus tard son chef d'état-major Donzelot informait Bonaparte que des « chevaliers de Malte » retournaient en France et avaient raconté que « le Grand Seigneur » armait un grand nombre de bâtiments de transport ; ils disaient cette expédition dirigée contre l'île de Malte. L'ordre de départ était donné ce même jour, 25 mai, à la division Desaix et porté à la connaissance des troupes par l'ordre de la division. Ainsi finirent les craintes dont la lettre du 23 mai donne une idée exacte :

J'étais inquiet, général, de ne recevoir aucune de vos nouvelles; chaque jour j'attendais l'aviso que vous m'avez annoncé devoir m'apporter l'ordre de mettre à la voile ; mais les vents d'Est qui ont soufflé ici comme à Toulon, m'ont fait penser qu'ils ne vous permettraient pas de sortir de la rade. Je crains même que des vents du Nord qui se sont fait sentir la nuit du 2 au 3 de ce mois avec une plus grande violence encore, n'aient mis quelque dérangement dans la marche de l'escadre si vous êtes en mer. Au surplus, je suis prêt à vous rejoindre; il ne me reste qu'à recevoir vos derniers ordres, que j'attends avec impatience.

Conformément à votre lettre du 29 du mois dernier que je viens de recevoir, j'ordonne au bri. à l'*Alerte*, l'un des meilleurs marcheurs de mes petits bâtiments de guerre, d'aller croiser entre la Corse et l'île d'Elbe; *je lui prescris d'interroger tous les bâtiments* qui viendraient du Levant ou d'Espagne, afin de *connaître les mouvements de la Méditerranée* ; il en tiendra journal, et aussitôt qu'il verra paraître l'escadre, il fera voile sur vous pour vous remettre cette lettre, vous faire un rapport de la croisière et prendre vos ordres.

Je n'ai rien appris de nouveau sur l'apparition des Anglais dans la Méditerranée. Suivant une lettre de l'ambassadeur Garat et les renseignements qu'il a pris à Naples, il paraît que tout ce qu'on avait annoncé sur cette apparition se trouve sans fondement. Néanmoins, il est toujours bon de faire des dispositions pour s'éclairer.

S'il était au pouvoir de l'homme de commander aux vents, croyez, mon général, que vous seriez bien vite à ma hauteur, car je suis dans la plus vive impatience de me réunir à vous et *surtout dans un pays où, sous vos auspices, nous pouvons tant ajouter à la gloire et aux triomphes de la République.*

Une pareille page parle trop haut d'elle-même pour que nous ayons à la commenter; le lecteur n'a qu'à écouter en ceci ses propres impressions, elles seront supérieures à tout ce que nous pourrions lui dire. Voici un fragment de lettre (inédite) écrite par Monge à Bonaparte, qui donne la physionomie exacte des sentiments qu'éprouvaient les membres haut placés de l'expédition, en date du 25 mai :

Nous avons reçu aujourd'hui vos derniers ordres et j'ai tout lieu de croire que demain au grand matin nous serons à la voile pour nous rendre au point que vous nous avez indiqué.

Me voilà donc transformé en *Argonaute* ? C'est un des miracles de notre nouveau Jason qui ne va pas fatiguer les mers pour la conquête d'une toison dont la matière ne pouvait pas beaucoup augmenter le prix, mais qui va porter le flambeau de la raison dans un pays où depuis bien longtemps sa lumière ne parvient plus, qui va étendre le domaine de la philosophie et porter plus loin la gloire nationale.

Nous avons pris à Rome les mesures pour faire transporter le convoi des objets que nous y avons recueillis. Cette expédition se fera plus rapidement que celle de l'année passée, et il est possible que le convoi mette à la voile dans deux mois. Ne serait-il pas nécessaire, mon cher général, qu'à cette époque une frégate ou deux escortâssent les vaisseaux de transport pour les défendre contre des corsaires ou contre quelques petits bâtiments de guerre anglais qui, sur le bruit de l'embarquement, ne manqueraient pas de venir rôder autour et essayer d'en enlever au moins quelque chose. Arrivé à votre destination, si vous expédiez en France quelques bâtiments pour porter des nouvelles, ne serait-il pas possible d'employer à cela une frégate qui aurait ordre de mettre ses paquets à Civita-Vecchia d'où on les expédierait par un courrier extraordinaire et qui attendrait ensuite dans ce port que le convoi fût prêt ?

Le 19 mai, la flotte principale sortit de Toulon acclamée par la population ; nous traversâmes heureusement le détroit de Messine. Desaix, général et chef d'escadre, rallia dans les eaux de Malte le 9 juin.

L'île, située à 22 lieues de la Sicile et 60 de l'Afrique, a un périmètre de 20 lieues sur 7 de long et 4 de large. Sa position au centre de la Méditerranée en faisait un objet de convoitise de la part de la Russie qui y voyant un moyen d'hostilités contre les Turcs avait créé un *prieuré grec* dans l'Ordre. Sur sept Langues qui le composaient, trois étaient françaises ; la Révolution l'avait aboli en France et confisqué ses biens. Les relations diplomatiques officielles avaient été supprimées entre la République et l'Ordre, mais soigneusement entretenues avec l'Angleterre. Le Directoire résolut de s'en emparer après Campo-Formio. Le 8 juin, la vigie de la *Courageuse*, frégate montée par Desaix, signala les côtes de Malte et, suivant ses instructions, attendit en croisière devant le port. Le lendemain les vivats des matelots de son convoi annoncèrent l'arrivée de notre flotte composée de 300 navires.

Le général en chef se déployant en face de l'île demanda l'entrée du port ; le grand-maître Hompesch réunit son

Grand Conseil, les avis furent partagés, notre consul Caruson fut dépêché au quartier-général : l'Ordre entendit combattre.

Berthier manda à Desaix, le 9 juin, de reconnaître le point le plus propre à son débarquement entre la cale de Saint-Thomas et celle de Via Ciaco. Le 10, dès l'aurore, un corps de troupes destiné à faire de l'eau hors de la portée des canons de l'île et protégé par quatre de nos vaisseaux, fut mis à terre. Il eut ordre de marcher aussitôt sur la ville et de chercher à escalader un des ouvrages de la Cottonere ou, si l'ennemi était sur ses gardes, de se borner à investir le fort Ricasoli en communiquant par sa gauche avec la division Vaubois. On devait rassurer les habitants et ne pas entamer les hostilités avant de nouvelles instructions. Vaubois marchant de nuit communiqua par sa droite avec Desaix, débarqua à la cale Saint-Julien, Reynier à l'île de Goze et Baraguey-d'Hilliers aux vieilles salines. La descente s'opéra avec succès. Le fort de Marsa Sirocco fut attaqué par Desaix et se défendit pendant 24 heures. Le découragement s'empara des troupes et d'une partie des chevaliers, la population était divisée. Bonaparte envoya Junot et la capitulation fut signée par le Grand-Maître. Desaix occupa le 12 même le château Saint-Ange, les ouvrages de Bormola, de la Cottonere et de la Cité Victorieuse. L'Ordre de Saint-Jean de Jérusalem ne fut plus qu'un souvenir.

La convention conclue portait que l'Ordre renonçait à sa souveraineté sur l'île de Malte, de Gozo et de Cumino, les chevaliers y conservaient leurs propriétés personnelles. La République s'engageait à employer son influence au Congrès de Rastadt pour faire avoir au Grand-Maître, sa vie durant, une souveraineté équivalente en Allemagne. Elle accorda sans délai une pension de 300,000 francs et paya une indemnité de 600,000; chaque chevalier français reçut une pension qui varia de 700 à 1,000 francs, et nous promîmes notre intervention auprès des puissances de l'Europe pour conserver aux chevaliers de leurs nations l'exercice de leurs droits sur les biens conventuels. La ville, l'île et ses dépendances furent aussitôt occupées par une division de 4,000 hommes. Le 19 juin Bonaparte mit à la voile laissant Desaix à l'arrière-garde; la *Courageuse* rallia devant Candie, au désespoir de Nelson.

# CHAPITRE IX

### DESAIX DANS LA BASSE-EGYPTE.

SOMMAIRE. — *Vues de Bonaparte sur l'Egypte.* — Note sur les situations de l'Armée d'Orient. — Opérations du débarquement. — L'armée s'empare d'Alexandrie. — Rôle de Desaix. — Sa division s'engage dans le désert. — *Combat de Damanhour* entre Desaix et les Mameluks. — Desaix à la bataille de *Chobrâkyt*. — Extrait du Journal de marche de la division Desaix dans le désert. — Desaix aux *Pyramides*. — Bonaparte à Desaix sur les desseins de *Mourad-Bey*. — Organisation de la conquête.

## 1798

*Si les circonstances locales devaient seules décider de la grandeur des villes, Alexandrie plus que Rome, Constantinople, Paris, Londres, Amsterdam, aurait été et serait appelée à être la tête de l'univers. Il y a aussi loin du Caire à l'Indus que de Bayonne à Moscou. C'est par l'Egypte que les peuples du centre de l'Afrique doivent recevoir la lumière et le bonheur* (1).

Cette appréciation de Bonaparte révèle le but de son entreprise : donner à la France une colonie qui l'indemnise de ses pertes maritimes, étendre son influence

---

(1) On trouvera aux Pièces justificatives de ce chapitre la composition des troupes de l'armée d'Orient. — Quant aux *situations*, elles n'existent pour ainsi dire pas aux archives, pour la période relative au commandement de Bonaparte. Nous donnons en analyse les trois qui concernent la division Desaix.

en civilisant l'Orient et abaisser par son succès la suprématie coloniale de l'Angleterre. Confident de ces desseins, Desaix les avait encouragés de sa haute raison et de la haine qu'il portait à l'Angleterre. Aussi parvenu après une traversée périlleuse sur la plage de la vieille Egypte, le 1er juillet, le général en chef donna-t-il à Desaix la mission de « garder le débarcadère et d'organiser les troupes à mesure qu'elles toucheraient terre. » Voici le texte des dispositions et ordres de débarquement pour sa division. Il donne une idée exacte de cette opération, élément premier de la campagne qui s'ouvrait.

L'adjudant-général, chef de l'état-major écrivit le 1er juillet à son collègue du Rhin, le général Belliard qui précédait Friant :

Toutes les chaloupes du convoi ont ordre de se réunir près de la frégate la *Courageuse* pour aller ensuite reprendre, à bord des bâtiments qui portent la 21e d'infanterie légère, le nombre de troupes qu'elles pourront contenir. Les carabiniers qui sont à bord de la frégate la *Courageuse* s'embarqueront également, excepté un détachement de 20 hommes commandé par un officier qui restera pour garnison jusques à nouvel ordre.

Toutes les chaloupes portant des troupes pour le débarquement devront se réunir à la demi-galère la *Coquette*, commandée par le citoyen Motard, adjudant-général de l'armée navale, qui a été chargé ce matin d'aller dans la partie de l'Ouest de Maraboux pour y trouver un endroit propre à la descente. Cette demi-galère est mouillée près de la côte dans cette partie. Le général Desaix vous ordonne en conséquence, citoyen général, de faire vos dispositions et donner vos ordres pour que les chaloupes se rendent promptement avec les troupes à ce point de réunion. Celles qui partiront de la frégate et qui seront commandées par des officiers de marine serviront de guides. On les apercevra facilement au pavillon tricolore qu'elles auront.

Lorsque toutes les troupes seront réunies en nombre suffisant près de la demi-galère la *Coquette*, vous les ferez débarquer dans le lieu que vous indiquera le citoyen *Matard*, auquel je vous invite de parler afin de vous concerter avec lui sur les moyens de débarquer facilement. Lorsque vos troupes auront mis pied à terre, vous vous formerez en observant l'ordre en masse et vous vous porterez en avant suivant le mouvement de votre droite et de votre gauche.

Les divisions aux ordres des généraux *Menou* et *Reynier* doivent débarquer à notre droite et notre gauche pour soutenir notre débarquement. Dans le cas où elles ne débarqueraient pas aussi promptement que vous, vous prendrez sur le rivage la position qui vous paraîtra la plus convenable pour protéger le débarquement.

Les chaloupes reviendront aussitôt après pour prendre successivement le restant des troupes de la division. Néanmoins, vous en garderez quelques-unes dans le cas où vous auriez des ordres ou des lettres à faire passer. Si vous avez quelques rapports à faire au général Desaix, je vous invite à les lui envoyer en double à bord de la frégate la *Courageuse* et de la demi-galère la *Coquette*. Il se rendra près de vous *aussitôt qu'il se sera assuré que toutes les mesures de débarquement seront prises.*

Les troupes, comme vous le savez, doivent emporter les vivres pour quatre jours.

L'ordre de débarquement de l'armée émanait de Berthier. Bonaparte avait ordonné que les chaloupes seraient jetées à la mer aussitôt que les bâtiments auraient mouillé. La division Kléber dut débarquer à la droite et la division

Bon à la gauche de la galère du général en chef. La division Menou à la gauche de Desaix et la division Reynier à sa droite. Le débarquement opéré, chaque division devait prendre position et attendre les ordres du général en chef. Desaix avait donc pour mission spéciale de suivre avec sa flottille Motard, « adjudant-général de l'armée navale, » et de débarquer avec son artillerie légère sur le point de la côte que cet officier lui désignerait.

Une dépêche de Donzelot au général Friant établit que Belliard n'avait pu agir, le 1er juillet au soir, comme il en avait reçu l'ordre. Ce fut seulement au jour que l'on reconnut un endroit favorable ainsi désigné, l'anse située à gauche de la Tour des Arabes entre cette tour et Alexandrie. Le général en chef y avait débarqué le premier, de nuit, et couru des dangers. La division Menou réussit à devancer le reste de l'armée par le choix de son pilote, mais les divisions Desaix et Reynier éprouvèrent les plus grandes difficultés à raison de la section de la plage qui leur fut dévolue. Les rapports déclarent que les premières troupes mises à terre prirent position sur la colline qui s'élève en face de la mer et court en parallèle jusqu'à Alexandrie. Les Arabes avaient frayé un sentier au sud de cette colline dont nous fîmes usage. Dès leur arrivée sur le rivage, les troupes s'organisaient par compagnies et par régiment, pour être passées aussitôt en revue par le général en chef. On dut se mettre en marche sur Alexandrie, à 2 heures du matin. Desaix forma ses troupes aussitôt débarquées et, selon un ordre spécial de Berthier, se porta à 2 lieues en avant de la Porte Rosette de la ville d'Alexandrie en prenant des positions sur la route du Caire. Il était « l'avant-garde de l'armée, » selon le mot même de Berthier.

Un corps de 3,900 hommes se porta sur Alexandrie en trois colonnes : Menou à la gauche, Kléber au centre, Bon à la droite. L'assaut donné le 2 juillet réussit, moitié par force, moitié par proposition d'accommodement. La continuation du combat, dit notre plénipotentiaire, « le capitaine de la caravelle turque, » entraînerait la destruction de la ville. Les négociations réussirent après une nuit d'explications. Koraïm, commandant de la ville, se rendit et seconda les premiers efforts de la conquête d'accord avec le chef religieux El-Messiri (1). Kléber blessé, commanda Alexandrie, base de nos opérations, avec une garnison de 9,000 hommes ; l'armée se mit en marche sur le Caire avec 21,000 soldats de toutes armes partagées en cinq divisions.

D'après une ancienne tradition qui avait cours chez les Musulmans, la prise de leur capitale devait assurer au vainqueur la possession de tout le pays. Le succès de l'expédition exigeait que l'on prévînt les préparatifs de l'ennemi, que l'on frappât l'imagination d'un peuple superstitieux et que l'on profitât de l'enthousiasme des troupes dès le début. Aussi le général en chef, oubliant les difficultés, prit-il le chemin le plus court et laissant la route de Rosette, dont il s'emparait le 6 juillet, il fit suivre à l'armée celle qui passe par Damanhour. Il lui apprenait par là le désert avec ses mirages et un système de combats inconnus pour elle.

Desaix partit d'Alexandrie dans la nuit du 3 au 4, en tête de l'armée. Son corps comprenait 4,600 hommes dont

---

(1) Desaix reçut l'ordre, le 3 juillet, de protéger le culte musulman. Il fut interdit à nos troupes d'entrer dans les mosquées et de se rassembler devant les temples.

160 de cavalerie, hussards et dragons. Après une marche de cinq heures à travers des plaines arides, que troublaient seuls le frémissement des armes et le craquement des sables imprégnés de sel, on atteignit Béda, la première halte Aux villages peuplés des provinces franco-allemandes du Rhin, aux riches étapes de l'Italie succédaient des villes inconnues, Alexandrie et Rosette, que l'on avait traversées à la hâte et comme pris sans se battre; puis le désert, solitude sans fin, et pour découvertes des masures délaissées autour d'un puits que l'ennemi venait de combler. Ces hommes que l'hiver du siége de Mayence n'avait pas découragés et que le passage du Saint-Bernard comme celui du Saint-Gothard n'avait pu dompter furent pris d'effroi et de tristesse. Ils ne trouvaient à leur première étape que des ruines, et pour s'instruire une femme arabe dont un mari jaloux venait de crever les yeux. Guidé par ses renseignements, l'interprète la fit conduire à l'orifice du puits : la réalité leur arracha des cris de désespoir, Desaix survint. Il sentait que le salut de l'armée dépendait des actes qui résulteraient de la conduite de la première colonne; faisant extraire le sable, il retrouva la source naturelle et fit désaltérer chaque homme, puis on se remit en marche.

A la première panique, la plupart des chevaux, dételés pendant l'intervalle d'une halte de nuit, se dispersèrent dans le désert. Desaix voulant apprendre à tous la résignation et l'intrépidité, abandonna à l'artillerie le seul cheval qui lui restait et se mit en tête des troupes, à pied. On atteignit Damanhour, l'*Hermopolis parva* des anciens; mais au lieu des jouissances orientales que poursuivait l'imagination du soldat, il ne vit que des cabanes et une population misérable. Un cri de colère parcourut les rangs. Desaix harangua ses troupes et leur promit à Ramanieh la fin de leurs épreuves. Le fanatisme musulman releva leur courage par le succès qu'ils obtinrent dès le premier combat qu'ils livrèrent.

Un bey partit le 5 au soir, avec 600 mameluks, pour se porter sur Damanhour, rallier les Arabes du Bahyreh et retarder la marche de l'armée. Il arriva le 40 à Damanhour, comme la division Desaix, qui formait l'arrière-garde, quittait ses bivouacs. Desaix marchait en colonne serrée, par division, son artillerie à la tête et à la queue, ses bagages au centre, entre ses deux brigades. A la vue de l'ennemi, il fit prendre les distances de peloton et continua sa marche, côtoyé, escarmouchant avec cette belle cavalerie qui enfin se décida à le charger. Aussitôt Desaix commanda : « Par peloton, à droite et à gauche en bataille, feu de deux rangs. » Il serait difficile de peindre l'étonnement et le mécompte qu'éprouvèrent les mameluks, quand ils virent la contenance de cette infanterie et l'épouvantable feu de mitraille et de mousqueterie qui leur portait la mort, si loin, dans toutes les directions. Quelques braves moururent sur les baïonnettes. Le gros de la troupe s'éloigna hors de la portée du canon. Desaix rompit alors son carré, continua sa marche, n'ayant perdu dans ce combat que quatre hommes. Quand Mourad-Bey apprit cet étrange événement, qu'il ne pouvait s'expliquer, il s'emporta contre le bey et ses kâchefs et les traita de lâches qui s'étaient laissé imposer par le nombre, comme si des mameluks devaient jamais compter pour quelque chose les piétons en plaine.

Les colonnes de l'armée se réunirent à El-Rahmânyeh, point de jonction des routes de l'expédition, le 9; cette ville était le rendez-vous des forces destinées à agir contre le Caire. Lorsque les troupes sortant du désert aperçurent les bords du Nil, un cri de joie sortit de toutes les poitrines, elles pressentirent l'Orient et crurent aux merveilleuses promesses de son chef. Nous n'avons pas à décrire ici la topographie de l'Egypte pas plus qu'à tracer le tableau de cette expédition ; notre tâche est plus modeste : *Raconter l'œuvre de Desaix*, confident de Bonaparte et pionnier de l'entreprise.

L'armée se reposa pendant trois jours, les 10, 11 et 12 juillet, à El-Rahmânyeh, prête à en venir aux mains si l'ennemi renouvelait ses attaques et on y comptait bien.

Mourad-Bey, l'un des chefs mameluks, s'était emparé en 1776 de toute l'autorité conjointement avec Ibrahim-Bey et s'était rendu indépendant de la Porte Ottomane. Informé à Terraneh de notre invasion et de nos premiers succès, il vint au-devant de nous et offrit courageusement la bataille à Chobrâkhyt. Le village avait été retranché par ses ordres, on avait construit deux batteries de neuf pièces de canon et sa flottille prit elle-même part aux opérations en appuyant sa gauche au village et à droite au delta.

L'armée française prit les armes dans la nuit du 12 au 13 à une heure du matin, elle se mit en marche après le lever de la lune et se trouva le 13, à huit heures, en présence de Mourad-Bey. Les forces musulmanes paraissaient comprendre 15 à 18,000 hommes dont de nombreux escadrons « caracolaient sur nos derrières et sur nos flancs » pour nous isoler et couper nos communications de leur base d'appui ou de ravitaillement. Nous nous rangeâmes en bataille sur un espace de 1,800 toises, la gauche appuyée à un village près du Nil, la droite à un autre village près du désert. Desaix formait la droite, il fit barricader ce village qu'il occupa par un bataillon et 3 pièces de canon ; il rangea sa division en un seul carré de 150 toises de front sur 25 de flanc : ce système fut suivi par les généraux ses collègues. On s'observa mutuellement pendant plusieurs heures. Une charge de cavalerie lancée à fond précéda l'attaque générale, l'arrivée de notre flottille fut le signal convenu. Brueys ayant donné au milieu de la ligne ennemie, il fallut venir à son secours ; notre gauche aborda le village, démonta les batteries turques, tourna les janissaires et vit s'enfuir ces derniers qui craignaient d'être enveloppés. Le combat naval changea de face. Brueys reprit l'avantage, les marins turcs virèrent de bord ou brûlèrent les navires, impuissants à refouler le courant, Mourad-Bey découragé regagna le Caire. Les vainqueurs campèrent à Châbour, leur ennemi désespéra désormais de son salut.

Du 14 au 19 on se remit en marche, à petites journées et de nuit, marchant de concert avec la flottille qui recevait les malades et les hommes fatigués. On se tenait prêt à combattre constamment, car on savait que les Arabes et les janissaires soulevaient le pays contre les *Infidèles* par ordre des Beys. Officiers et soldats murmurèrent contre les souffrances inévitables que leur imposait cette guerre si différente de celles d'Allemagne ou du Rhin. Une sorte de mélancolie vague s'était emparée de tous. On ne croyait plus à une fertilité qui rappellerait les rives du Pô. Le 19, enfin, on arriva à Omm-Dynâr, vis-à-vis la pointe du delta. Nous étions à cinq lieues du Caire, apercevant les Pyramides, « ces plus grands et ces plus anciens monuments qui soient sortis de la main des hommes. » On séjourna le 20 pour préparer la bataille du 21.

Un extrait du Journal des marches et des opérations de la division Desaix, du 2 au 24, donnera une idée des dangers et des fatigues de l'armée dans le désert :

Le 25 (messidor), vers sept heures, les divisions de notre armée arrivèrent et vinrent prendre position. Des mamelouks commencèrent à se faire apercevoir. Ils se réunirent d'abord tous sur le Nil où était notre flottille qu'ils attaquèrent pendant quelque temps. La division Desaix s'était mise en bataille à peu près suivant l'ordre dans lequel elle avait campé ; sa droite et sa gauche étaient appuyées aux deux villages qu'occupait et que défendait l'infanterie légère. Elle formait le carré avec les autres demi-brigades, l'artillerie était placée dans les intervalles, les bagages ainsi que toutes personnes à la suite de l'armée se trouvaient dans Mallet-Béched. Dans cette position, on attendit les ennemis qui feignant de venir sur nous, crurent nous tourner en tournant le village de Sensill, mais ils trouvèrent un autre front et l'armée tout entière. Notre canon les eut bientôt éloignés ; celui des autres divisions les ayant tout-à-fait forcés à la retraite, l'armée se mit en marche, la division Desaix formant l'avant-garde. La marche, ce jour-là, fut très-longue et très-pénible. La division marcha jusqu'au soir et arriva au village d'Alla-Saa sur les bords du Nil où elle campa autour du village.

Le 26, à six heures du matin, l'état-major général arriva au camp d'Alla-Sea ; notre division se mit en marche pour Schaburg. On rencontra dans la route beaucoup de difficultés pour le passage de l'artillerie à cause des petits canaux qui se trouvaient à chaque instant. Cette marche fut une des plus pénibles ; on perdit ce jour-là plusieurs soldats qui mouraient de faim et de fatigue au milieu de la route.

Il fallait donc combattre pour assurer son avenir. Bonaparte annonça la bataille par une proclamation qui serait unique si Kléber ne lui avait donné à Héliopolis une incomparable réplique.

L'ennemi s'était placé sur la rive gauche du Nil entre Embâbeh et les Pyramides. Il ne se présentait pas cette fois qu'avec de la cavalerie, et nos généraux purent s'assurer de ses forces en infanterie et en artillerie. Sa flottille protégeait son camp. Parties à 8 heures du matin, nos troupes se trouvèrent en face du Caire à 9 heures. Un camp retranché défendu par 40 pièces de canon, 20,000 janissaires, 12,000 mameluks, les milices, formant en tout, avec 8,000 Arabes-Bédouins, une armée de 50,000 combattants répandue sur un front de trois lieues, telles étaient les forces de Mourad-Bey. Pour l'animer, la population du Caire était accourue sur les remparts de la ville, car elle attendait de sa défaite l'esclavage.

Desaix engagea la bataille. Marchant en tête par la droite, il passa à deux portées de canon du camp ennemi et se porta sur le centre des mameluks suivi par ses collègues des autres divisions. Son adversaire devinant son projet se précipita entre sa division et celle du général Reynier à la tête de 7 à 8,000 chevaux. La rapidité de ce mouvement fut telle qu'on ne put l'empêcher. L'infanterie accueillit les premiers cavaliers par une succession de décharges qui modéra l'élan des autres. Bonaparte fut inquiet sur l'issue de cette manœuvre, l'artillerie de Desaix s'étant embarrassée dans un bois de palmiers. Grâce au sang-froid de son chef, l'infanterie s'était formée en carré et rompait l'assaut par une fusillade nourrie. Les canonniers à leur tour prirent position et tirèrent à mitraille sur les masses profondes des mameluks et donnèrent à Reynier le temps d'entrer en ligne. La division Dugua, modifiant sa direction, coupa par ordre de Bonaparte l'ennemi de son camp et le prit en queue. Mourad-Bey abandonna alors le terrain et se retira avec 3,000 chevaux dans la Haute-Egypte ; une partie de sa cavalerie dut se jeter dans le Nil où elle périt en partie. Le camp ne présenta aucune résistance et l'infanterie s'enfuit sans combattre.

La flotte égyptienne fut incendiée à la nuit, elle contenait la richesse du pays (1).

Le 23, Bonaparte donnait à Desaix une mission d'un caractère tout spécial : assurer l'armée, en se portant en avant de Giseh et en suivant les bords du Nil, sur les desseins de Mourad-Bey et de ses mameluks. Il devait tracer des ouvrages à corne, les couvrir d'artillerie pour dominer « la navigation du Nil, » se renseigner par ses espions, « envoyer des lettres jusqu'à cinq et six lieues, » répandre des proclamations et obtenir le « serment d'obéissance, » en surveillant à part les Arabes.

La présence du général en chef au Caire, la fermeté de ses harangues, ses mesures pour fonder des établissements que la durée de l'occupation pouvait seule faire prospérer, inspiraient confiance. Son respect du culte musulman le portait à célébrer l'anniversaire de la naissance du Prophète, presque malgré le muphti. Le 18 août, revêtu du costume oriental, entouré de son état-major et des autorités égyptiennes, il fit rompre en sa présence la digue qui retenait les eaux du Nil. Leur élévation, favorable à la navigation et à l'arrosement, fit dire aux habi-

---

(1) Sept mille mameluks périrent dans cette bataille. 400 chameaux et 50 pièces d'artillerie tombèrent en notre pouvoir. Mourad, dont la bravoure ne se démentit pas, y fut blessé à la joue.

tants qu'il était « l'envoyé de Dieu, » puisqu'il avait eu le plus beau Nil qui eût coulé depuis un siècle. Le peuple reçut de l'argent et les notables des présents. La ville fut illuminée et les rues se remplirent de gens qui chantaient des cantiques.

Le 24, Bonaparte créait une commission administrative dont les agents devaient apposer et lever les scellés sur les caisses publiques, inventorier les biens des mameluks, recouvrer les contributions et conserver les magasins nationaux. Monge, Berthollet et Magallon la composaient. Le 2 août, les lettres et les arts étaient l'objet d'un arrêté spécial. Berthollet, Monge et Cafarelli avaient mission d'installer « une imprimerie française et arabe, un laboratoire de chimie, un cabinet de physique, une bibliothèque et, s'il est possible, un observatoire. » L'Institut d'Egypte était créé.

Le 25, le général en chef entra au Caire qui s'était soumis malgré Ibrahim-Bey, général sans milices. Les ulémas et les cheicks acceptaient une domination qui leur promettait le respect de leur culte, de leurs propriétés, de leurs personnes et de leurs coutumes. Notre habileté s'était portée en effet sur des traditions chères aux musulmans : le respect des femmes. Touché de compassion pour les femmes des Beys et des mameluks qui erraient aux environs du Caire et y devenaient la proie des Arabes, Bonaparte les autorisa à rentrer dans leur domicile personnel dès le 25 juillet. Cet acte rendit bientôt les Français populaires. La constitution d'un Divan dans chaque province porta la régularité dans les affaires publiques. Cette assemblée dut se réunir tous les jours, car trois de ses membres constituèrent une commission permanente. Il lui fut adjoint une garde française et une garde turque. La conquête allait paraître à des populations abêties par un gouvernement impitoyable, une satisfaction due à leurs souffrances.

Si nous étions maîtres de la Basse-Egypte, Mourad-Bey n'entendait pas nous livrer le reste du pays ni nous laisser en paix dans notre victoire. Après dix jours de repos au Caire, notre général en chef apprit que son rival des Pyramides se réorganisait dans la Haute-Egypte et qu'Ibrahim-Bey commandait encore à Damiette et dans une partie du delta. Il importait « de le chasser au-delà du désert. » La mission de le surveiller fut donnée au brave Leclerc. Le combat d'El-Khângah, dans lequel se distinguèrent Reynier et Murat, rejeta Ibrahim sur Belbeys. Ce fut alors que Desaix reçut le commandement du Caire, avec la recommandation d'activer les préparatifs de l'expédition de la Haute-Egypte. Bonaparte rejoignit l'armée et parvint à chasser Ibrahim. La révolte du Caire, qui coûta la vie au général Dupuy, ne put ébranler notre situation. La déclaration de guerre de la Porte à la France était d'autant plus injuste, que Bonaparte avait informé le Sultan que le tribut de l'Egypte au trésor de Constantinople, supprimé par Mourad, serait versé par nous annuellement. Le désastre d'Aboukir fut une consolation relative pour l'Angleterre : des généraux tels que Desaix et Kléber se promettaient d'en montrer l'inanité.

# CHAPITRE X

### DESAIX CONQUIERT LA MOYENNE ÉGYPTE

SOMMAIRE. — Subdivision de la Haute-Egypte. — *Jugement de Bonaparte sur Desaix.* — Desaix et *l'Institut d'Egypte.* — Instructions de Bonaparte sur la conquête de la Moyenne et de la Haute-Egypte. — Instructions de Berthier. — Desaix soumet les provinces de Beny-Soueyf et du Fayoum. — *Bataille de Sediman.* — Rapport de Desaix sur la bataille. — La Porte Ottomane déclare la guerre à la France. — *Rapport secret.* — Desaix au combat de Mnyet-el-Fayoum, contre-coup de l'insurrection du Caire. — *Lettre* de l'adjudant Donzelot au général Belliard *sur les opérations de Desaix dans le Fayoum.* — Desaix se rend au quartier du général en chef.

### 1798

Depuis la bataille des Pyramides Desaix s'était cantonné à Gyseh, s'y fortifiant, tandis que son général en chef poursuivait Ibrahim-Bey. La prudence avait interdit d'engager toutes les divisions à la fois; le succès ayant fait disparaître toute inquiétude, Desaix reçut l'ordre de se mettre en mouvement pour le 23 août.

L'Egypte compte trois zones superposées l'une à l'autre, des bords de la Méditerranée aux confins de la Nubie. La première, ou Basse-Egypte, s'étend de la mer au Caire; la seconde, ou Egypte Moyenne, part des pyramides de Gyzeh pour finir à Syout; la troisième, ou Haute-Egypte, remonte de Syout aux cataractes de Syene; les deux dernières constituent la province de Sayd. La partie nord du Sayd est abrupte, peu peuplée, les mœurs y sont rudes. La plaine de Lybie est au contraire fertile et peuplée, le canal de Joseph l'arrose. C'est là que Mourad-Bey avait cherché un refuge, prêchant la guerre sainte et organisant une prise d'armes générale à laquelle avaient accédé les beys de la contrée et du désert. Approvisionné en vivres et en munitions par le canal, il pouvait impunément se jeter sur la Haute-Egypte, menacer le Caire ou se réfugier dans les oasis de la Lybie. Il n'y avait pas de conquête sérieuse et complète si l'émir des Pyramides n'était réduit ou détruit. Bonaparte le sentit. Il confia cette importante mission à celui qui était son premier lieutenant et son ami, et qui venait de s'honorer dans la campagne, de Malte à Gyzeh.

Que pensait-il de son mérite? Il va nous l'apprendre lui-même :

Le 25 août 1798, Desaix avec 5,000 hommes, dont 600 de cavalerie, 300 d'artillerie ou de sapeurs et 4,300 d'infanterie ; une escadrille de huit bâtiments, demi-galères, avisos ou demi-chebecs montés par des marins français, partit du Caire. C'était à la fois une *opération militaire* importante et un *voyage scientifique* d'un grand intérêt. Pour la première fois depuis la chute de l'Empire romain une nation civilisée et cultivant les sciences et les arts, allait visiter, mesurer, fouiller ces superbes ruines qui occupent depuis tant de siècles la curiosité du monde savant.

*Personne n'était plus propre à diriger une pareille opération que Desaix* ; personne ne le désirait avec plus d'ardeur. Jeune, la guerre était sa passion ; insatiable de gloire, il connaissait toute celle qui était attachée à la conquête de ce berceau des arts et des sciences. *Au seul nom de Thèbes, de Coptos, de*

*Philæ, son cœur palpitait d'impatience.* Les généraux Friant et Belliard, l'adjudant-commandant Donzelot, le colonel d'artillerie Latournerie, étaient sous ses ordres. Le 21ᵉ léger, les 61ᵉ et 88ᵉ de ligne, excellents régiments qui s'étaient embarqués à Civita-Vecchia, étaient les plus nombreux de l'armée, ils occupaient le même camp, au sud de Gyzeh, depuis deux mois Desaix les avait employés à se préparer à cette campagne. La cavalerie était montée sur des chevaux arabes, aussi bons que ceux des mameluks, provenant des remontes et des prises; mais elle n'était pas nombreuse. Les remontes se faisaient avec difficulté ; le pays était encore mal soumis.

Des savants et des artistes désiraient suivre Desaix : cela eût eu le double inconvénient d'exposer aux périls de la guerre des hommes précieux et de porter du retard dans les opérations militaires. Denon seul eut la permission de suivre comme volontaire le quartier-général de la division (1).

Tous les buts de l'expédition n'étaient pas atteints par la domination militaire et politique. La colonie des savants attendait impatiemment son heure à Alexandrie, et on sait par Kléber qu'*elle ne se nourrissait pas d'esprit.* Bonaparte lui donna rendez-vous au Caire le 20 août (3 fructidor) et y créa à cette date l'Institut d'Egypte, si célèbre depuis. Les travaux des hommes qui ont tant de fois bravé la mort ou les privations les plus pénibles sont réunis en un seul corps d'ouvrages et forment un des monuments élevés aux arts et aux sciences. C'est à Desaix que l'on doit la présence de *Monge* en Egypte; c'est à la protection dont il entoura le vieux *Denon* que l'on doit

---

(1) *Campagnes d'Egypte et de Syrie,* par Napoléon, au t. XXIX de la « Correspondance, » ch. VII, p. 617.

les dessins des merveilles de la vallée du Nil et qui font de son ouvrage un *Itinéraire* depuis Alexandrie jusqu'aux cataractes. Les notabilités de la commission scientifique organisée à Toulon et quelques officiers de l'armée, tels furent les membres de l'*Institut d'Egypte*. Dans la section des « Mathématiques, » Monge, Bonaparte, Andréossy, Fournier et Say ; dans la section de « Physique et Histoire naturelle, » Berthollet, Dolomieu, Geoffroy Saint-Hilaire, Desgenettes ; dans la section « d'Economie politique, » Caffarelli, Poussielgue et Sucy ; dans la section de « Littérature et Beaux-Arts, » Denon, Redouté, Venture et le prêtre syrien Raphaël, tels étaient les plus brillants explorateurs de la civilisation des Pharaons.

Se mettant aussitôt à l'œuvre, le général Andréossy reconnaissait d'abord le lac Mensaleh, les ruines des villes qui encombraient ses rives et décrivait la composition des terrains dans les vallées des lacs de natron. Lepère dressait le plan d'Alexandrie, Costaz analysait le sable du désert, Nouet assignait la position topographique du Caire, Norry décrivait la colonne de Pompée, Geoffroy classait avec Savigny les animaux et les plantes, Berthollet fixait avec Descotilz les propriétés tinctoriales des végétaux, l'ingénieur Gérard se renseignait sur l'agriculture et le commerce de la Haute Egypte, Regnault décomposait le limon du Nil, Desgenettes s'enquérait de la topographie médicale du pays, et Lancret recherchait les canaux fertilisateurs de la province que les proconsuls romains appelaient le grenier d'abondance de l'Empire.

L'Institut explora tout, des bords de la Méditerranée à la région des oasis, et redit les grandeurs disparues de l'Egypte pendant que notre domination superposait à l'oppression des beys la générosité des Francs.

De septembre à décembre, Desaix conquit la Moyenne-Égypte et une partie de la Haute. En janvier 1799, il devait compléter son œuvre et consoler l'échec de nos armes en Syrie par l'affermissement et l'extension de notre conquête (1).

L'Instruction que Napoléon donna au général Desaix pour cette guerre, fut de marcher à Mourad-Bey, de le battre, de profiter de sa défaite pour le poursuivre l'épée dans les reins et le jeter au-delà des cataractes et dans les oasis; de faire, à mesure qu'il s'avancerait, fortifier sur les points les plus importants les mosquées qui domineraient le Nil, en protégeant la navigation. Si, après cette marche triomphante, des révoltes partielles avaient lieu, comme il fallait s'y attendre, il les réprimerait dans des combats particuliers qui amèneraient enfin la soumission sincère du pays. Mais d'abord il fallait occuper toute la vallée. Une division de 1,200 chevaux, qui était occupée à se remonter, et de 1,500 hommes d'infanterie des 3ᵉ bataillons qui restaient au Caire, ainsi que huit barques installées par les ingénieurs de la marine pour cette expédition, seraient prêtes sous peu pour le soutenir, lui servir de réserve et réparer ses pertes.

L'Instruction du chef de l'état-major général était ainsi formulée :

Le général en chef me charge, citoyen général, de vous donner l'ordre suivant :

Le général en chef ordonne au général de division Desaix d'attaquer Mourad-Bey partout où il le trouverait, en tenant cependant toujours ses forces réunies. L'intention du général en chef n'étant point qu'il divise ses forces dans l'idée d'en-

---

(1) Nous renvoyons au récit personnel de Napoléon l'Expédition de Syrie, à laquelle Desaix ne prit aucune part.

velopper l'ennemi ; dans des pays coupés de la nature, celui où il se trouve, ces manœuvres étant trop incertaines.

Le général en chef pense que Mourad-Bey fera une des trois choses ci-après :

Ou il restera à Benesé, et alors le général Desaix peut se porter sur lui avec toutes ses forces, soit par le canal d'Aba-Girgé, soit en mettant pied à terre et profitant de quelques digues, soit enfin par Mellaoué.

Si Mourad-Bey remonte le Nil, s'en allant toujours dans la Haute-Egypte, le général Desaix pourra le poursuivre devant lui jusqu'à Siout.

Si, enfin, Mourad-Bey, après avoir évacué Benesé, se jette dans le désert, le général Desaix prendra possession de la province de Benesé, jusqu'à ce que le général en chef lui ait fait passer quelque cavalerie.

Le général en chef autorise le général Desaix à conclure une convention avec les anciens beys retirés à Dendyra, ils devront :

1° Ne pas sortir des limites où ils sont ;
2° Payer le Miri ;
3° Fournir trois cents chevaux.

Livré à la capacité de Desaix, ce plan permettait au général en chef de s'occuper d'administration. Le 4 septembre, il prenait un arrêté en vertu duquel une assemblée générale des députations de notables, choisis dans toutes les provinces, était convoquée au Caire pour délibérer sur les affaires intérieures et se pénétrer des conseils de l'Institut. Bonaparte entendait asseoir sa conquête et, s'avançant par Suez, frapper l'Angleterre dans les Indes.

Le 30 août, Desaix avait commencé ses opérations, car il atteignait à cette date Beni-Soueyf sans éprouver de résistance. Le 31 août il put se mesurer avec les mameluks, ses djermes et ses bricks ayant poursuivi leur navigation jusqu'à l'entrée du canal de Joseph ; il les appuya sur la rive malgré l'inondation qui couvrait le pays et les obstacles que présentait une plaine aux terrains mouvants entrecoupés de fossés et de canaux. Un combat de cavalerie apprit aux partisans de Mourad la force de notre infanterie et eut pour conséquence de faire tomber en nos mains la flottille du Bahr-Yusef, des vivres, des bagages et de l'artillerie. L'affaire de Behneseh parut d'un heureux augure à la division, ce fut un encouragement utile pour l'armée.

Desaix n'entendait pas se prêter aux combinaisons d'un adversaire qui cherchait à l'épuiser et à le détruire avec le concours du climat. Aussi, délaissant le Fayoum qui était à quatre lieues sur sa droite, il préféra remonter le Nil pour gagner la ville de Darout-El-Chérif, où est la prise d'eau du canal de Joseph ; il se proposa d'y enfermer la flottille de Mourad et crut conquérir la province du Fayoum par ce coup hardi, les richesses des beys étant sur leurs navires.

Mourad, doué d'une perspicacité qui étonna Bonaparte lui-même dans le cours de l'expédition, pressentit le but de son adversaire ; il fit passer sa flotte dans le Nil, avec ordre de mouiller vis-à-vis de Syout et resta immobile dans le Fayoum, maître de la rive gauche du canal de Joseph. Après un court séjour à Abou-Girgeh, Desaix remonta de nouveau le Nil et se porta à Syout, où il parvint le 14 septembre ; la flottille de Mourad remonta de son côté le fleuve jusqu'à Girgeh. Ce fut le moment choisi par le Bey pour couper les communications de Desaix avec le Caire en insurgeant les provinces de Minyet et de Syout. A la demande de renforts qu'il adressa au quartier-général, Bonaparte lui répondit, le 18, qu'il ne pouvait dégarnir le Caire et que les troupes dont il disposait étaient en réserve « pour tenir en respect la Syrie. » Il approuva cependant le *projet* de son lieutenant : *rentrer dans le canal de Joseph et poursuivre Mourad-Bey.*

Rétrogradant sur Dârout-El-Chérif, celui-ci descendit dans le Fayoum aux acclamations du pays tout entier qui le crut vaincu. Maître le 3 octobre du pont d'El-Hâhoun, bourg situé à l'entrée de la province, Desaix put manœuvrer sur les deux rives du célèbre canal. Pressé d'en venir aux mains, il marcha droit sur son ennemi pour apprendre à ses partisans la supériorité finale de son armée; Mourad était animé du même désir. Le 7 octobre les deux armées se rencontrèrent à Sediman, les Français au nombre de 4,500 hommes, les mameluks et Arabes au nombre de 10,000.

Desaix a fait un récit qui ne redoute aucune comparaison avec celui de Napoléon, le voici en son entier :

A Illahon, le 18 Vendémiaire an VII.

AU GÉNÉRAL BONAPARTE,

Nous sommes entrés, mon général, dans le canal Joseph comme je vous l'ai annoncé par ma dernière lettre. La navigation a été extrêmement difficile; il va toujours en serpentant, les vents contraires nous faisaient échouer à chaque minute; toujours au milieu des inondations, nos soldats avec des peines infinies tiraient les barques : je ne les ai jamais vus si fatigués, nous avons marché jour et nuit.

Vis-à-vis Mélaoué, j'ai renvoyé les dix plus grandes barques qui ne pouvaient pas suivre et les malades que je ne pouvais faire guérir, par le canal de Mélaoué au Nil et escortés par un aviso ; ces malades devaient descendre jusqu'à Benésouef pour y être soignés et à portée de me rejoindre quand je le voudrais. J'ai pu alors marcher un peu plus vite ; enfin, je suis venu à Benehée. J'espérais y retrouver les mamelouks ; on me l'annonçait, mais ils n'y étaient plus venus depuis longtemps. Enfin, j'ai rencontré leurs premiers avant-postes près Benkia vis-à-vis Fechn ; c'était le 12. Il y avait 150 hommes et autant d'Arabes. 100 hommes d'infanterie marchant le long du canal les ont éloignés et permis à la division de suivre sa route. Le lendemain, au jour, nous n'avons rien découvert ; le canal dans cette partie passe près du désert ; au bout d'une heure de chemin, nous avons vu paraître un corps de 600 mamelouks qui, placé sur la rive, nous attendait pour nous fusiller. Il était impossible de débarquer vis-à-vis d'eux ; les inondations ne le permettaient pas. Nous prîmes le parti de rétrograder d'une demi-lieue, de faire débarquer tout le monde et de marcher aux ennemis : ils se sont présentés au moment du débarquement ; mais des compagnies de carabiniers de la 21$^{me}$ légère les ont bientôt assez éloignés pour ne plus leur permettre de nous gêner. La division s'est formée, deux pièces de canon s'y sont jointes et nous nous sommes mis en marche dans le désert en côtoyant l'inondation. Nous avons bientôt vu les ennemis se retirer quand nous avons marché à eux.

Nos pelotons avancés ont fait feu pendant plus de quatre heures. Personne n'a été blessé ; les ennemis ont laissé plusieurs chevaux. Nous avons su qu'ils étaient commandés par Mohammed Elfi-Bey. Après avoir marché trois heures, nous avons attendu nos barques qui suivaient, gardées par 200 hommes et montées par 200 malades ou éclopés.

Le 14, elles nous ont suivis, malgré le vent très-contraire. Nous nous sommes mis en marche de bonne heure ; bientôt nous avons vu toute l'armée des mamelouks placée sur toutes les hauteurs parallèles au Nil. Nous avons été à elle de suite, mais elle a résisté assez longtemps ; enfin, elle s'est formée tenant un très-long espace ; j'ai marché devant elle à une certaine distance, et arrivés vis-à-vis son centre, nous avons fait halte : la marche durait depuis trois heures ; les troupes mouraient de soif, elles se sont reposées et rafraîchies un instant. Bientôt nous avons marché à Mourad-Bey, reconnaissable par une tente où nous le distinguons assis, environné de ses cachefs. La division formait un carré éclairé par deux petits pelotons de 200 hommes soutenant, l'un devant, l'autre derrière, deux petits pelotons qui éloignaient les ennemis qui faisaient tomber une quantité de balles sur le carré. Dans ces dispositions et à la charge, nous avons été grand pas aux mamelouks. Ils ne nous ont pas attendus et se sont repliés après avoir reçu quelques coups de canon tirés avec une précision étonnante par notre artillerie légère. Quatre coups tirés à une distance extraordinaire dans un petit peloton ont abattu deux hommes et deux chevaux de deux autres. Nous avons poursuivi l'ennemi toute la journée, mais inutilement.

Le 15 au matin, nous avons vu encore les mamelouks venir à nous ; nous les avons prévenus et avons été à leur rencontre ; ils se sont alors éloignés en marchant cependant derrière nous vers nos barques qui arrivaient au pied du désert. J'ai été obligé de rétrograder pour les couvrir ; l'ennemi s'est alors avancé sur nous avec de grands cris, mais le feu vif de nos pelotons avancés l'a toujours éloigné. Je n'avais plus de vivres, j'en ai pris pour deux jours sur ce qui me restait, et après avoir fait continuer sa route au convoi qui n'avait plus rien à craindre, le canal passant dans l'inondation, j'ai remarché à Mourad-Bey que j'ai bientôt revu disparaître. Dans toutes ces affaires, nous avons eu une dizaine d'hommes blessés ; j'estime ceux des ennemis à cinquante. Le peu d'habitants que nous avons vus, nous ont déclaré le même nombre.

Le 16 au matin, nous sommes partis de très-bonne heure ; j'étais prévenu que Mourad-Bey avait fait des retranchements à Sediman, qu'il y avait rassemblé toutes ses ressources, tous les Arabes, et que fort de quatre ou cinq mille chevaux il tenterait un vigoureux effort, cherchant à m'éloigner peu à peu de l'inondation pour attaquer le village de Sediman par le côté qui touche le désert. Le pays est formé de monticules irréguliers ; au bout de deux heures, j'ai vu tous les ennemis qui, quittant le pied des montagnes, venaient rapidement à nous au son de leur musique barbare. A peine les petits pelotons étaient repliés sur les carrés et les pièces en batterie, que les ennemis se sont précipités sur nous de toutes parts. Nos intrépides troupes les ont vus venir du plus grand sang-froid : Tirez donc, disais-je aux grenadiers de la 61me. Qu'à vingt pas, mon général, me répondirent-ils. Sur le front, le canon à mitraille les éloigna ; ils se jetèrent sur les petits carrés placés aux angles, l'un devant, l'autre derrière ; à celui de droite, le citoyen Valette, capitaine, qui le commandait, cria à ses chasseurs de la 21me : Feu à dix pas et croisez la baïonnette ; cela est exécuté ; l'ennemi qui n'est pas arrêté par ce feu trop court, arrive au carré, il ne peut y entrer ; le feu qui le couvre l'arrête : il jette sur nos soldats, fusils, pistolets, sabres, poignards, masses d'armes ; plusieurs en sont assommés et tombent ; il pénètre alors parmi ces braves ; douze tombent morts avec autant de mamelouks et trente sont blessés ; notre mitraille et le feu de la division délivrent bientôt les autres ; ils rentrent dans la division après avoir dépouillé leurs riches ennemis. On ne peut admirer la valeur de ces trop braves soldats ne voulant se battre qu'à la baïonnette. Le rapport du chef de brigade Robin, que je vous envoie, vous fera connaître les actions particulières de cette troupe.

A l'instant, les autres corps des ennemis venaient au carré de gauche, commandé par les citoyens Sacro, capitaine de la 21ᵐᵉ, et Geoffroy, de la 61ᵐᵉ; mais le feu qui en est sorti de bonne heure les a bientôt repoussés; ils ont aussi tenté de venir au côté de la division qui était derrière nous : c'était la 88ᵐᵉ qui le formait et son feu les a aussi bientôt fait éloigner. Une grande quantité de balles qu'ils nous ont envoyées de toutes parts nous ont blessé beaucoup de monde. Le citoyen Couroux, chef de la 61ᵐᵉ, a reçu une forte contusion à l'épaule droite.

Il fallait pouvoir transporter les blessés avant de marcher à l'ennemi; malgré notre diligence, Mourad-Bey eut le temps de rassembler quatre pièces de canon et d'en former une batterie très-près, derrière un monticule; déjà elles faisaient de grands ravages; deux files et deux chevaux d'artillerie étaient emportés, mais battant la charge et courant dessus, nous les avons eu bientôt prises. Un coup de canon à mitraille n'a pas arrêté notre intrépide bataillon carré, non plus qu'une charge vigoureuse repoussée par la 88ᵐᵉ derrière nous et au milieu de notre course. L'ennemi, étonné de notre vigueur, s'est enfui à toutes jambes et dans le plus grand désordre; nous l'avons poursuivi assez longtemps. Nos audacieux tirailleurs lui ont blessé beaucoup de monde : le citoyen Rapp, mon aide-de-camp, à leur tête a pris les quatre pièces. Embarrassés de nos blessés et mourant tous de soif, ayant toujours marché dans le désert, nous nous sommes arrêtés sur le bord de l'inondation du Fayoum. Dans toute cette partie, on ne peut approcher aucun village; j'étais sans subsistance; après avoir attendu plusieurs heures, j'ai donc conduit mes blessés à Sediman pour les y faire panser et placer sur les barques.

Dans le combat, nous avons eu 30 hommes tués et 30 blessés, non compris 50 blessures plus légères. Un officier, le citoyen Humbert, capitaine de la 21ᵐᵉ, est mort de ses blessures : c'était un officier bien recommandable par sa valeur; quatre autres officiers sont blessés; il y a eu une infinité de contusions. Je ne vous peindrai jamais la valeur de nos troupes; j'ai eu bien de la peine à obtenir qu'elles tireraient de loin et beaucoup. Les ennemis ont perdu bien du monde, 400 hommes environ. Tout le pays était couvert de chevaux fort au loin. Il est certain que Selim-Bey-Aboudiab est mort. Tous les habitants certifient que Mahomed-Elfi-Bey est blessé; on croit qu'il en guérira; sa blessure est à la cuisse. Ils ajoutent que Osman-Bey-Derdizy et Osman-Bey-Ostanbourgy sont morts. Mourad-Bey s'est retiré derrière le lac de Gaza dans le Fayoum; on assure que de là il ira à Ellowah, oasis à deux ou trois journées de Fayoum. Je présume qu'il restera le plus possible dans le voisinage du Caire et derrière le lac de Gaza. Je suis venu ici pour y prendre des subsistances, je n'en avais absolument plus; nos soldats n'ont jamais eu plus de dix onces de biscuit. Je fais panser nos blessés et je les envoie au Caire. Je renvoie aussi les grosses barques en les remplaçant par une quarantaine de légères que les mamelouks nous ont abandonnées avec un peu de subsistance, des canons et beaucoup d'autres objets. Le canal se trouvant ici sans eau, j'aurai toutes les peines du monde à en sortir. Aussitôt que j'aurai pu rassembler des vivres pour cinq jours, j'irai chasser les ennemis de Gaza et retournerai ensuite sur le Nil pour y reposer nos troupes harassées et y vivre. La division est absolument sans habits, sans souliers, ayant marché constamment dans les sables les plus fatigants. Je dois bien des éloges au général Friant; il s'est donné des ——— (sic) pour contenir les troupes.

L'adjudant-général Donzelot a été comme lui infatigable.

Je vous adresse les différents rapports des chefs de brigade sur l'affaire du 16.

Loin de se laisser abattre par une aussi grave défaite,

Mourad se proclamait le défenseur de l'Islam. Ralliant autour de lui les émirs du Sayd, il appelait les enfants d'Ismaël errants dans les déserts du Sinaï à une guerre que les Nubiens accouraient partager. Les Anglais appuyaient cette entreprise par la présence de leur flotte dans la mer Rouge. La Porte, cédant aux obsessions des cabinets de Londres et de Pétersbourg, nous déclarait la guerre, réponse inattendue au Message du Directoire (1).

Le firman voyait dans les conquérants de l'Egypte « des scélérats sans frein » aussi bien que des « infidèles obstinés. » Il se fiait aux « canons » des fils du Prophète pour les précipiter « dans les flammes de l'enfer » et vaincre les descendants des Croisés.

Le 7 octobre Bonaparte avait écrit au Directoire : « Nos consuls sont partout en arrestation et tout retentit du bruit de la guerre dans l'Empire Ottoman. » Il recommandait d'envoyer Bernadotte à Corfou avec une division pour intimider le Turc, « et au pis aller lui enlèvera la Morée (2). » L'Egypte serait l'occasion de la paix avec l'Angleterre.

Le gouvernement directorial avait connu, dès le 9 octobre, les menées de la coalition. La note secrète communiquée par Talleyrand à son collègue de la guerre avait insisté sur ce fait, *la faim*. La Turquie, y était-il dit, tire

---

(1) Le 15 septembre, le Directoire avait adressé aux deux Conseils un Message qui exposait les causes de l'expédition d'Orient : impuissance de la Porte à protéger nos nationaux, violation de nos privilèges, oppression des beys, porte d'arrêt pour l'odieuse suprématie de l'Angleterre sur les mers.

(2) Les lettres de Bonaparte étaient déjà brèves et impérieuses. On peut avancer que la campagne d'Egypte favorisa son ambition et sa domination sur les troupes, en raison de l'éloignement de la mère-patrie.

toutes ses productions de l'Egypte, Constantinople et les principales villes. Le peuple secondera la guerre sainte poussé par deux mobiles : *la religion et l'estomac*. Il faut donc envoyer des *renforts partiels* en les multipliant, surtout de *l'artillerie*, car il importe d'*épargner le sang français*.

Aussitôt que les dispositions intimes du divan de Constantinople avaient été connues par les soins des émissaires de Londres et de Mourad, une agitation sourde s'était manifestée au Caire. Le 20 une insurrection y avait éclaté. Employant les voies de la conciliation, Bonaparte avait vu ses conseils pris pour une défaite. Mais l'ordre de bombarder la ville ayant été exécuté par les batteries de la citadelle et de quelques hauteurs voisines, l'insurrection avait été réduite. On avait la preuve de sa préparation et de la connivence de ses chefs avec les émeutiers de la rue. Les Français massacrés s'élevaient au chiffre de 400 tués, on comptait autant de blessés. Le général Dupuy avait péri ainsi qu'un aide-de-camp du général en chef. Environ un millier de Turcs paya de sa vie cet attentat. En transmettant ces nouvelles au général Menou, qui commandait les provinces d'Alexandrie, de Rosette et du Bœschirch, l'aide-de-camp Duroc lui enjoignait d'en apprendre les détails à Alexandrie.

Le contre-coup de la révolte du Caire devait se faire sentir dans le Fayoum. Mourad profitant de la fermentation des esprits les invita à l'insurrection et réussit à soulever la plus grande partie de la province. Desaix, que renseignaient ses espions, partit de la capitale Minyet-el-Fayoum et se croisa avec les révoltés qui s'étaient donné rendez-vous à son quartier-général, fait ignoré par lui.

Pendant qu'il soumettait quelques villages révoltés, les partisans de Mourad arrivaient en forces :

Les mameluks, dit-il dans son Rapport du 11 novembre, réunissaient les habitants du sud et de l'ouest de la province et venaient attaquer le détachement laissé à la garde de la ville. Son commandant, le général Robin, était aveugle, on dut le suppléer. L'ennemi, au nombre de 3,000 hommes, se porta sur la ville en trois groupes. L'un d'entre eux trouvant une proie facile dans les faubourgs, se répandit dans les maisons pour les piller, ils furent frappés à coup de baïonnettes. Les mameluks, de leur côté, ne résistèrent pas à la fusillade et furent chassés plus vite qu'ils n'étaient venus. Une telle facilité s'explique en partie par la conduite des habitants de la ville, qui se refusèrent à soutenir leurs oppresseurs du Caire et du désert. Desaix le constatait en signalant cette neutralité au général en chef, neutralité qui avait duré « pendant tout le combat. » La tentative avait échoué par la fermeté des troupes et de leurs officiers.

Mais nous serions incomplets et injustes envers Desaix si nous ne donnions une idée exacte des souffrances que s'imposèrent les soldats placés sous ses ordres. Certes, les rapports des commandants sont précieux pour accomplir une investigation comme celle qui importe à la vérité; nous croyons cependant que les rapports ne disent pas absolument tout. Nous recourrons pour cet exposé à une lettre particulière, émanant d'un témoin autorisé, lettre écrite pour l'intimité et qui est parvenue aux Archives comme tant d'autres, parce qu'on a respecté l'esprit autant que le texte de la loi sur les papiers d'intérêt public.

Le 11 novembre, Donzelot, adjudant-général et chef d'état-major de Desaix, écrivait au général Belliard, coopérateur éminent, une lettre où on lit :

On dit que Mourad-Bey avait promis aux Arabes le pillage de Fayoum.

Le général Zayonscheck écrit souvent au général Desaix. Les commissionnaires sont exacts. Veuillez nous donner de vos nouvelles et nous dire le nombre d'hommes et d'artillerie que vous avez avec vous. Enfin, la note des troupes actives que vous aurez sous vos ordres lorsque vous aurez réuni celles que vous trouverez à Zamé.

Le général vous prie de presser votre marche autant que possible. Le général Zayonscheck lui mande que Mourad-Bey envoie dans toute la province des émissaires pour assembler les paysans pour attaquer Zamé. Ce pays est coupé et il sera facile de disperser et détruire le rassemblement s'il s'en présentait. La cavalerie ne peut être dangereuse ; quelques coups de canon la tiennent en respect et souvent la mettent en fuite. Quant aux paysans, il suffit de marcher sur eux en battant la charge pour les vaincre. Trop heureux quand ils attendent pour les entamer.

Je vous engage, enfin, à nous donner quelques détails topographiques sur votre route. Vous devez éprouver beaucoup de difficultés, mais le pays au-dessus étant le même, cela pourra nous servir d'indication (1).

Instruit des difficultés qu'éprouvaient les brigades Belliard, Davout et Friant, Bonaparte prescrivit à son

---

(1) Nous avons laissé aux auteurs de l'*Expédition française en Égypte* le soin de décrire la province où ils ont vécu : on la lira aux Pièces justificatives de ce chapitre.

lieutenant d'abandonner le Fayoum, de se concentrer à Beni-Soueyf pour se préparer à une résistance que l'insurrection allait rendre périlleuse. Desaix exécuta les ordres donnés et se rendit au Caire en descendant le Nil; il entendait conférer directement avec son chef et surveiller par lui-même le départ des troupes destinées à le renforcer. Celui-ci l'accueillit avec tous les égards qui étaient dus au général qui avait arraché au prince Charles des témoignages d'admiration et qui était le véritable vainqueur de l'Egypte. Depuis la bataille des Pyramides, les succès de Desaix avaient maintenu le moral de l'armée et honoraient en Europe notre expédition. Le général en chef, qui s'en rendait compte, ménageait et cultivait son amitié. Lorsqu'il quittait le Caire après un rapide séjour, devançant à Beny-Soueyf l'arrivée des troupes auxiliaires, Bonaparte lui donnait sa djerme l'*Italie* pour attester son affection. Desaix allait graver les noms de ses victoires aux frontons des temples de Thèbes et honorer notre domination par son génie administratif.

# CHAPITRE XI

### DESAIX CONQUIERT LA HAUTE-ÉGYPTE

**SOMMAIRE.** — Desaix soumet les provinces de Syout et de Gyrgeh. — *Rapport* de son chef d'état-major Donzelot. — Combat de Souâqy et de Tahtah, d'après un *Rapport* de Davout. — *Lettre de Desaix à Bonaparte* sur les opérations : prise de Syene et combat de Samhoud. — Combats de Thèbes et de Qeneh, d'après un *Rapport de Desaix à Bonaparte*. — Lettre de Desaix aux généraux *Belliard et Friant.* — Desaix découvre à *Denderah* le Zodiaque perdu de l'Egypte. — Nouvelles de France. — Mourad-Bey marche sur le Caire. — Affaire de Saouâmah. — Perte de la flottille française. — Belliard sauve, à Coptos, la Haute-Egypte. — *Lettres de Desaix à Bonaparte.* — Hassan-Bey est cerné dans la Thébaïde. — Combat de Byr-el-Bar et de Girgeh. — Combat de Syene. — Belliard à Qoséyr. — *Desaix administrateur* de la Haute-Egypte.

### 1799

Parvenu à la hauteur de Beny-Soueyf le 16 décembre 1798, Desaix remonta la rive droite du canal de Joseph. Il laissa à sa flottille le soin de transporter les vivres, les bagages et les munitions de son corps d'armée qui comprenait 4,000 hommes commandés par trois généraux d'élite : Belliard, Friant et Davout. On était au moment de l'année où le Nil venait de rentrer dans son lit, où les canaux se desséchaient, où les sables remplissaient la vallée. Tout était en fleur et la fraîcheur de la nuit était le seul indice de l'hiver. Les moissons mûrissaient leurs épis, tandis que les larges feuilles des palmiers ombrageaient les hameaux. Le corps d'armée s'avançait joyeux, car il n'avait plus à redouter l'aridité du désert et ses mirages ; il se promettait la fin de la lutte, parce qu'il la savait décisive et confiée à un chef déterminé, mais expérimenté. Les solitudes de la Thébaïde ne pouvaient arrêter son courage, au désespoir de Mourad qui fuyait quelques lieues plus loin et l'appelait dans ses proclamations le fléau de Dieu ! Pour démentir les colères du bey vaincu, Desaix protégeait à Minyeh le bourg sacré de Melaoui, principauté du chérif de la Mecque et rendez-vous commercial des caravanes du Darfour comme du Sennâar africains. Conquérir ne signifiait point pour lui détruire, Mourad en comprenait la portée et cette aggravation de défaite lui arrachait une exclamation cruelle : *Quoi ! voilà mes vainqueurs ! Ne pourrais-je donc jamais battre ces petits hommes !* La marche trop lente de ses colonnes irritait Desaix. Traversant le Syout sur les traces des mameluks, il constata partout leurs dévastations, de préférence dans les couvents cophtes. Le 29 décembre, il entra dans Girgeh durant un orage et parut aux habitants primitifs de ces contrées porter en lui quelque chose de la puissance surnaturelle. Ville orientale, Girgeh est l'une des routes commerciales de l'Ethiopie, située à égale distance du Caire et de Syene. Desaix résolut d'y séjourner et lança le général Davout avec 1,200 chevaux et 6 canons pour rouvrir ses communications.

Le rapport suivant va nous faire connaître les opérations premières de cette phase de la conquête :

A Siout, le 6 nivôse an VII.
26 décembre 1798.

*L'adjudant-général Donzelot au général Berthier.*

Je vous ai mandé de Miniet, mon général, que la division y était arrivée le 1er de ce mois sans avoir pu atteindre les mameluks. Je vous mandais en outre qu'ils avaient abandonné dans cette ville quatre djermes armées et quinze canons dont deux de douze, longs, en bronze et un mortier de 18 pouces, et qu'elles seraient réunies à notre flottille.

Hier, la division est arrivée à Siout, bien fatiguée ; elle est déjà en marche à la poursuite des mameluks qui se retirent sur Girgé. Nous n'avons encore pu les joindre ; nous les serrons de près. Ils ont abandonné ici six djermes, la plupart légèrement armées ; elles seront aussi jointes à notre flottille. Une barque canonnière portant dix canons et des munitions a été renversée dans le Nil par eux. En temps et lieu nous en tirerons ce que nous pourrons. Il ne leur reste qu'un chébek portant ce qu'ils ont de mieux en munitions et artillerie. Il a mis à la voile quelques heures avant notre arrivée : il est à trois lieues. Nous le prendrons aujourd'hui ou demain s'il fait calme.

On avait d'abord craint que Mourad prît la route de l'Kloua pour s'emparer de la caravane de l'Abyssinie que l'on dit être en route ; mais ayant dépassé le chemin qui aboutit à Siout, on présume qu'il continuera à se retirer, remontant le Nil. Néanmoins, il fait des enlèvements considérables de chameaux, de moutons, de buffles et autres objets ; il éprouve de la résistance de la part de quelques villages. Sarabo, voisin d'Achmomim, ayant refusé de fournir aux réquisitions, a été attaqué par les mameluks qui, après avoir massacré 80 habitants, ont tout enlevé ce qui se trouvait en chameaux, chevaux, etc. L'intendant de Mourad a été tué dans cette affaire avec 8 mameluks; plusieurs autres ont été blessés. Nous en avons trouvé de mourants.

En dessus de Siout, dans le désert près de Beneadi, village de 10 à 12,000 âmes, il y avait un camp d'Arabes. Le chef est venu demander au général la paix, qu'on lui a accordée.

Le peu d'Arabes que Mourad avait entraînés à sa suite l'ont abandonné, même le chef de Taha qui était son ami.

Beaucoup de mameluks le quittent aussi et se cachent dans des villages.

Au surplus, Mourad se retire assez en ordre; il se tient toujours à quelques lieues de nous; on lui laisse rarement le temps de reposer.

On a donné avis au général Desaix qu'une douzaine de gros villages du côté de Girgé s'arment pour combattre les mameluks à leur passage ou s'opposer à leurs réquisitions. Nous saurons ce qu'il en est.

Les uns prétendent que Mourad se propose de passer le Nil pour aller rejoindre Ibrahim. Nous ne lui donnons pas le temps de faire ses préparatifs.

D'autres assurent qu'il se dirigera sur l'Eloua; enfin, on ne peut encore rien présumer sur ses mouvements ultérieurs. Si notre flottille pouvait nous joindre, on saisirait le moindre vent pour porter avec rapidité l'infanterie sur l'ennemi; car elle est harassée, mais toujours animée du désir d'anéantir les mameluks.

Elle a le plus grand besoin de souliers. Les marches dans les champs couverts de verdure et de rosée les leur abîment en peu de jours. Je vous prie de nous en faire passer par la première occasion en assez grande quantité. Je vous renouvelle la demande d'une quinzaine d'hommes de chaque régiment de cavalerie de la division, qui la suivraient sur notre flottille et serviraient à monter les chevaux ou cavaliers malades.

Nous avons environ 200 malades de tous les corps. J'ordonne au commandant de la flottille d'évacuer sur le Caire ceux qui ne sont pas d'une prompte guérison. On évacue sur Bousac une vingtaine de chevaux garrotés que l'on envoie aux dépôts des régiments. S'il était possible, mon général, de nous faire parvenir quelques tonneaux d'eau-de-vie, vous nous rendriez un service important; les troupes en ont besoin par de longues fatigues.

Il serait bien à désirer qu'on nous pût envoyer aussi des matelots. Nous prenons des djermes que nous pourrions parfaitement armer. Nous avons trouvé à Melani et à Coséir une huitaine de 8 en fer que nous ferons enlever.

Je vous prie de compter sur mon zèle.

L'insurrection organisée par Mourad avait réuni ses forces à Souâqy. Le général Davout en eut raison après un combat meurtrier dont il a constaté lui-même les péripéties. Parvenu à Girgeh le 8 Desaix avait dû y attendre sa flottille, parce qu'il en attendait les vivres qui lui faisaient défaut. Le 13 il avait envoyé Davout à Soiag « pour forcer les habitants à obtempérer aux réquisitions du cophte et en même temps les contenir dans le devoir par l'aspect d'une grande force. » Le 20 ce général partit avec sa cavalerie, déterminé à ne plus souffrir d'être pressé par les Arabes, et dut en venir aux mains le 21.

Notre arrière-garde où j'étais a été attaquée vivement; sur-le-champ, la colonne a fait demi-tour; les chefs de corps ont mené à l'ennemi leurs troupes dans les différentes directions indiquées. Les dragons se trouvant les premiers par un mouvement rétrograde, ont montré les grands avantages qu'on peut retirer de leur arme. Cette nombreuse cavalerie ayant voulu tenir ferme plusieurs fois, des feux de peloton les ont toujours mis en fuite. Toute la cavalerie a admiré ceux du

45e qui ont été commandés et exécutés comme à l'exercice. Ces hommes à cheval ayant perdu par les feux près de 150 hommes, se sont sauvés dans toutes les directions, à toute bride. Comme il faisait encore un peu jour, on en a profité pour tomber sur le rassemblement à pied; 1,500 ont été hachés. Un village où nous avons passé ayant fait feu sur nous, tout ce qu'on y a trouvé armé a été passé au fil de l'épée ; là, près de 500 malheureux ont été les victimes des mauvais conseils de leurs chefs. On avait persuadé à ces misérables que Mourad allait nous prendre de front, qu'il fallait qu'ils nous attaquâssent par derrière, que personne de nous n'échapperait, qu'il n'y avait plus que nous en Egypte, vous, général, ayant été pris au Caire par les Turcs

Desaix supposait que son chef attaquerait l'Angleterre dans les Indes après la soumission complète de la Haute-Égypte; aussi apportait-il tous ses soins à une expédition qui devait servir de base à une revanche de nos défaites coloniales et maritimes. L'ouvrage de Raynal sur les deux Indes était annoté par lui et il aspirait au jour où, franchissant la mer Rouge près de l'antique Bérénice, il longerait les côtes sud de l'Arabie pour renouveler les exploits de Dupleix. Bonaparte, que la politique du Directoire n'appelait pas encore sur le terrain de la politique militante, informait Tippoo-Saïb, le 25 janvier, de son arrivée « sur les bords de la mer Rouge avec une armée innombrable et invincible. » Il le priait de lui envoyer à Suez ou au grand Caire « un homme de confiance » avec lequel il pût conférer.

Il ne suffisait pas de vaincre des adversaires aussi redoutables que Mourad-Bey et Hassan-Bey, il fallait gouverner et administrer mieux qu'eux. De là les compositions de divans propres à chaque province, formés de cheicks et des notables de la contrée ; de là une répartition de la justice dont ces pays n'avaient aucune idée. Imitant leur chef, nos généraux gouverneurs avaient prouvé aux ulémas et aux chérifs que tout fellah trouverait un appui dans nos tribunaux, sans distinction de caste sociale ou d'importance personnelle. La conquête du Fayoum prouva que Desaix avait lui aussi les qualités d'un administrateur. Ce fut de Kéneh, point où aboutissaient les lignes commerciales et stratégiques de la Haute-Égypte, que notre héros, devenu populaire parmi les chefs turcs, envoya des officiers en mission auprès des cheicks et des chérifs de l'Arabie. S'il fit valoir la puissance de son gouvernement, il rappela les exactions des mameluks, leurs violences à la Mecque, moyen sûr de raviver le fanatisme, la décadence du commerce arabique sur le golfe sous les beys, les intérêts des Anglais contraires à ceux des indigènes. Habile à persuader, il montra les conquérants comme des protecteurs qui voulaient une possession paisible dans l'intérêt des habitants. Les Francs n'en veulent, disait-il, ni au Grand-Seigneur ni à Mahomet, mais ils combattront pour détruire en Orient l'oppression des mameluks et le monopole des Anglais. Desaix revenait toujours à la question des Indes dont l'étude le passionnait à tel point qu'il a consigné dans un travail personnel les ressources fournies par chaque branche de commerce, les abus des dominateurs et les vices de leurs systèmes. Son analyse a porté sur l'œuvre particulière à chaque puissance : Espagne, Portugal, Hollande, France et Angleterre ; sa conclusion était celle d'un esprit supérieur : la liberté du commerce.

Maître de Syène, Desaix donnait ce commandement à Belliard en lui prescrivant de surveiller par le Nil les insurgés.

L'armée ne put voir sans émotion la ville aux cent portes dont l'entretenaient les savants qui partageaient ses dangers. Lorsque les troupes aperçurent les ruines au détour d'une montagne, son admiration fut telle qu'elles s'arrêtèrent d'elles-mêmes et présentèrent les armes à ces glorieux débris. Cette constatation que des témoins nous ont transmise s'accroît des témoignages de curiosité observée par les auteurs de descriptions de l'Egypte. Les soldats, disent-ils, se détournaient spontanément de leur route pour contempler les édifices ou rechercher les monuments qui décoraient les ruines d'une civilisation disparue et qu'ils allaient relever par leurs triomphes.

Desaix se réserva l'honneur de prendre lui-même possession de l'île Éléphantine regardée comme le jardin des Tropiques ; l'île de Philæ, sanctuaire réputé du dieu Osiris, échut à Belliard, auquel il écrivit le 9 qu'Osman-Bey songeait à regagner son ancienne patrie. Les mameluks commençaient à désespérer de leur succès ; mais leur fanatisme redoublait leur intrépidité. Donzelot prévenait encore le général Friant de les surveiller et de faire payer la guerre par le pays au moyen de contributions, dût-il les lever par anticipation.

Les combats de Thèbes et de Queneh ont donné lieu au rapport suivant :

Couat, le 3 ventôse an VII.
21 février 1799.

*Le général Desaix au général Bonaparte.*

Mon Général,

Je vous ai rendu compte de mon arrivée à Esné, que j'avais laissé à Sienne le général Belliard avec sa brigade, que j'avais établi 200 hommes d'infanterie à Esfou et autant à Esné, commandés par le citoyen Binot, aide-de-camp du général Friant. Je vous disais encore que Mourad-Bey, Hassan-Bey et plusieurs autres s'étaient réunis à quatre jours au-dessus de Sienne, que Soliman-Bey et Ossman-Bey s'étaient retirés plus haut, près de Brid. J'ajoutais que Elfi-Bey et Salé-Bey étaient sur nos derrières du côté de Siout et que Ossman-Bey et Hassan-Bey étaient restés à Bindasi.

J'envoyai à la poursuite le général Davout avec le 22ᵐᵉ de chasseurs et le 15ᵐᵉ de dragons. Ce général parvint à le joindre. Le combat a été furieux; les mameluks voyant leurs bagages qui allaient être enlevés, se sont précipités sur nos troupes; elles étaient sur une seule ligne, on a fait feu beaucoup trop près, à peine les dragons qui avaient la droite ont-ils pu prendre leurs sabres; alors le 22ᵐᵉ de chasseurs a fait un mouvement à droite et pris les mameluks en flanc. Cet admirable mouvement allait produire le meilleur effet, lorsque malheureusement le chef de brigade Lassalle eut son sabre brisé en s'élançant sur le premier mameluk. Cet accident l'obligea de rétrograder, ce qui fit arrêter tout ce qui l'entourait. Alors la mêlée devint générale, une poussière effroyable mit partout une grande confusion; un grand nombre d'hommes furent tués et blessés de part et d'autre; enfin les Français se rallièrent et le général Davout poursuivit vivement les mameluks qui abandonnèrent le champ de bataille. Le soin de nos blessés, que les paysans massacraient et dépouillaient, ne permit pas d'aller plus loin.

Dans ce combat, le chef d'escadron Fontet, qui commandait le 15ᵐᵉ dragons, le citoyen Pinon étant malade à Esné, a été tué ainsi que trois autres officiers du même corps ; vingt dragons ont été tués, quinze ont été blessés et sont à l'ambulance. Le 22ᵐᵉ de chasseurs a eu deux officiers tués, six chasseurs et dix de blessés. La perte des mamelucks se monte à trente-deux morts, dont quatre cachefs ; un cinquième est mort d'un coup de sabre qui lui coupa le bras. Ossman-Bey a reçu un coup de feu à la jambe et un coup de sabre à la figure ; presque tous les mamelouks qui ont combattu avec lui ont été blessés. Ossman-Bey, de là est passé au travers le désert et est venu s'établir à Luxor ; mais poursuivi là par un détachement de nos troupes, il s'est jeté dans les déserts à la Guotta, puits placé à un jour sur la route de Kéné à Cosséir.

Le chef de brigade Couroux était à Kéné. Dans la nuit du 25 au 26, 7 à 800 soldats de la Mecque, qui s'étaient enfuis à notre approche et dispersés dans les environs, sont venus attaquer nos troupes, ils ont été reçus très-vertement. Quarante sont tombés, les autres se sont enfuis poursuivis par le chef de bataillon Dorsenne et son bataillon. 160 sont encore tombés, le reste s'est jeté dans le désert et est descendu ensuite du côté de Girgé.

Le chef de brigade Couroux a été légèrement blessé dans cette affaire, nous n'avons eu qu'un tambour de blessé d'un coup de sabre ; le chef de bataillon Dorsenne a fait des merveilles, il a été touché à la main. Le citoyen Couroux se loue des citoyens Guérin, sergent dans la 1ʳᵉ compagnie du 1ᵉʳ bataillon, et Laynaud, caporal de grenadiers au même bataillon.

Le général Friant arriva le lendemain à Kéné avec la 88ᵐᵉ demi-brigade ; le 29, il en partit avec sa brigade entière pour dissiper les rassemblements d'habitants, de mamelucks et de soldats de la Mecque qui se trouvaient à un jour au-dessous de Kéné. A Aboumana l'on s'est battu, 400 hommes ont encore été jetés par terre, et le village d'Esaouatamele, refuge de tous les ennemis des Français et armé contre eux, a été saccagé et brûlé.

Nous sommes tous cantonnés sur la rive droite du fleuve pour en avoir les contributions et les chevaux, tâchant de jeter continuellement les mamelouks dans le désert.

Les nouvelles de ce moment-ci sont qu'à Cosséir il est arrivé 2,000 soldats de la Mecque qui doivent encore nous combattre, mais qu'ils ont de la peine à nous joindre à cause du manque de chameaux. On ajoute encore qu'à Cosséir cinq bâtiments français se sont présentés venant de Suez, qu'on a échoué, qu'un autre a été brûlé par les bâtiments du chérif de la Mecque et que les autres se sont en allés.

Le général Belliard m'annonce qu'il paraît que les mamelouks, après avoir mangé toutes les ressources du pays, se disposent à revenir en faisant des crochets à travers les déserts et retomber dans le bon pays pour éviter la mort de la faim qui les menace. Il est très à l'affût de leurs mouvements, les suivra et, tant qu'il sera possible, nous ne leur permettrons pas de s'y réunir. Nous avons reçu cinq djermes du Caire qui nous ont apporté quelques cartouches, nous en avions le plus excessif besoin.

Je vous ai déjà dit que notre situation était déplorable pour l'habillement et les souliers. Je vous en fais juge. Marchant continuellement comme nous le faisons, nous n'avons encore rien pu prélever du miri du pays; nous faisons les plus grands efforts pour en tirer quelqu'argent, mais ils sont presqu'inutiles. Il est difficile à soumettre, étant travaillé continuellement par les chérifs de la Mecque.

Ayant à combattre continuellement les hommes venus de Cosséir, les mamelouks et les habitants, nous ne pouvons pas contenir le pays jusqu'à vous; ainsi, pour finir l'expédition de la Haute-Egypte, il est indispensable que vous nous envoyiez d'abord un grand convoi de cartouches ; trois cent mille ne seraient pas de trop, des souliers en grande quantité. Si vous voyez notre situation de ce côté-là, vous en auriez pitié. Trois pièces de canon nous rendraient le plus grand service ; elles renforceraient les cantonnements que nous ne pouvons nous dispenser d'avoir. Les mamelouks paraissent disposés à se diviser pour vivre.

Je vous demanderai encore de faire venir à Siout les deux bataillons qui sont dans le Fayoum et à Benisouef, et établir une garnison à Minlet. Alors, tout le pays occupé, les mamelouks ne pourraient pas y tenir et, dispersés dans les déserts, seraient réduits à y mourir.

Je n'ai pas encore reçu de vos nouvelles ; j'en aurai avec plaisir ; nous sommes ici comme au bout du monde, cette situation est triste. Souvenez-vous que nous avons besoin de tout et que la guerre que nous faisons est bien difficile.

Je ne vous peindrai pas notre situation ; je n'aime pas à me plaindre. Pensez à nos hôpitaux, leur situation est déplorable. La navigation du Nil est bien difficile. J'attends des djermes parties d'Esné ; depuis six jours elles ne peuvent pas m'arriver. Si nous avions des bâtiments de guerre de plus ainsi que des marins et des munitions, notre situation serait bien différente. Vous devez être dans l'abondance de ce genre : envoyez-nous quelque chose.

Salut et fraternité.

Signé : DESAIX.

Les dernières lignes de ce rapport sont assez éloquentes pour nous dispenser de tout commentaire. Elles attestent mieux que les analyses des rapports et des dépêches de Donzelot à Berthier les difficultés, les périls et les privations de l'armée d'Egypte. Mais s'il pensait à tout militairement, Desaix se préoccupait aussi des découvertes possibles dont Volney et Dupuis avaient posé les bases par leurs questions. Etudiant les ruines du grand temple de Denderah, son attention fut excitée par un plafond couvert de bas-reliefs ; il crut voir dans les emblèmes, les figures étoilées et les animaux fantastiques d'un médaillon circulaire, la représentation du ciel soutenu par Isis et Osiris. C'était bien là, en effet, le Zodiaque des Grecs. Cette découverte, que Menou appelait plus tard « une époque bien remarquable dans les annales du monde, » a servi de point de départ pour fixer l'origine égyptienne du système astronomique des Grecs et des Romains. On devait l'utiliser encore pour déterminer l'âge des temples et l'origine de la civilisation de l'Egypte. Les membres de l'Institut du Caire qui ont décrit les « antiquités de Denderah, » ont consigné dans leur ouvrage que *Desaix le fit remarquer le premier aux officiers de son armée* (1). Son nom était désormais consacré dans la science (2).

Poussé par la famine, Hassan-Bey dut quitter le pays des Barâbras et descendant la rive droite du Nil se dirigea sur l'île de Coptos. Informé de son passage à Thèbes, le général Davout passa le Nil pour livrer bataille et réussit pleinement. On lit dans un rapport du général Donzelot à Berthier, du 21 février :

Je vous ai mandé enfin que le général Davout, qui étoit parti avec le 22e de chasseurs et le 15e des dragons pour donner

---

(1) MM. Jollois et Davilliers dans leur *Grand Ouvrage d'Egypte*, p. 40.

(2) Le Zodiaque a été enlevé et transporté en France, en 1822, par MM. Saulnier et Lelorrain, après une année de travaux.

la chasse à Ossman-Bey-Hassan, qui se tenoit sur la rive droite entre Sienne et Heaney à Rederie vis-à-vis Elfouh, avoit eu le 23 un combat avec lui extrêmement opiniâtre et que notre cavalerie étoit restée victorieuse et maîtresse du champ de bataille. Ce bey a été blessé d'un coup de feu à la jambe et d'un coup de sabre à la tête. Quatre kachefs ont été tués, 32 mamelouks et environ une cinquantaine de blessés. Après ce combat, il est descendu par les déserts jusqu'à la Guirda qui se trouve sur la route de Kené à Kosséir à un jour, où il est encor et se fait soigner.

Le général Belliard mande de Sienne que les beys et kachefs qui sont au-delà de la cataracte commencent à manquer de tout, qu'ils se proposent de redescendre dans l'Egypte par un crochet dans le désert et que déjà la plupart se sont rapprochés de Sienne. S'ils descendent, ce général doit suivre leurs mouvements et les empêcher d'approcher du Nil. D'un autre côté, le général Desaix manœuvrera de manière à rejeter ces mamelouks dans le pays de Barâbra.

On s'inquiétait aux deux quartiers-généraux du Caire et d'Esneh, des facilités que procurait le désert aux partisans du bey pour dérober une partie de leurs mouvements. Aussi Donzelot réclamait-il, en insistant, de nouvelles troupes pour occuper les provinces de Syout et de Minyeh en force. Restait à les organiser. Les communications avec le Caire étaient longues et difficiles, les approvisionnements à expédier par Berthier il les fallait considérables.

La marine faisait encore l'objet des observations du vainqueur de Mourad.

Très-active dans le courant de février, la correspondance de Desaix avec ses généraux et celle de son chef d'état-major peut se résumer en quelques citations; car, en dehors des rapports officiels sur des affaires importantes, les prescriptions se répètent avec des variantes. Nous en ferons quelques analyses empruntées à ses dépêches aux généraux Belliard et Friant :

Cous, 6 ventôse an VII.
24 février 1799.

*Le général Desaix au général Belliard.*

Vous m'avez fait le plus grand plaisir, mon cher général, en m'annonçant le mouvement que vous avez fait contre les mamelouks; il est parfait et on ne peut pas plus à propos et on ne peut pas plus utile; j'espère que par cette activité soutenue et ayant toujours des détachements en campagne, soit en avant, soit en arrière, vous leur rendrez si difficile un mouvement sur nous que nous en serons débarrassés.

Les politiques de ce pays-ci, c'est-à-dire les habitants, regardent leur retour comme très-impossible et difficile tant que nous occuperons les points par où les mamelouks doivent passer; ainsi, mon général, je m'en rapporte bien à vous sur cet objet, beaucoup de détachements du côté de Couroubos et en avant de vous, et alors tout ira comme nous le désirons.

On doit vous avoir envoyé de Esné un second convoi dont vous aviez besoin. J'écris à ce lieu qu'on active par tous les moyens possibles la fabrication de tout ce qui vous est nécessaire, surtout de souliers dont je présume que vous devez manquer; quant à l'argent, c'est l'objet qui me tourmente le plus; c'est avec une peine effroyable que nous avons rassemblé une vingtaine de mille livres dans les différents cantonnements; je gronde, je me fâche, cela n'en va pas plus vite; cependant, avec un peu de patience, j'espère voir réaliser mes espérances. Je suis enchanté de la conduite de vos soldats; témoignez-leur ma satisfaction surtout aux carabiniers qui ont été à Prau. Avec des soldats aussi braves et aussi sages, il y a plaisir à faire la guerre. Nos nouvelles ici sont assez bonnes. Nous avons su que, le 27 pluviôse, le chef de brigade d'Etrée était à Minyet pour y commander la province ; que les mamelouks qui étaient sur vos derrières, dispersés, démontés, étaient sans moyens et sans forces sur la rive droite à la hauteur de Manselout. Le général Friant a été à Girgé après avoir bien battu, à six lieues plus bas que Kané, les débris des Mékins, les habitants du pays et quelques mamelouks commandés par Salé-Bey. Nous avons perdu dans cette affaire 2 hommes, nos ennemis 400 ; les troupes ont pris aussi une cinquantaine de chameaux et beaucoup d'autres choses. A présent, tout le pays, bien corrigé, est en paix depuis le Caire jusqu'à Sienne.

A Cosséir, nous attendons toujours la 2ᵐᵉ colonne des Mékins qui doit venir ici ; elle est d'un millier d'hommes. J'espère que nous en aurons bon marché ; l'on assure que Ossman-Bey, qui avait resté depuis plusieurs jours à la Gutta, fontaine dans le désert entre ici et Cosséir, en est parti avant-hier pour aller à travers les déserts de vos côtés. Cette nouvelle n'est pas encore bien sûre ; d'après la route qu'il a prise, dit-on, il doit aboutir près de vous. Si vous pouviez vous faire bon ami des cheiks des Ababedi vos voisins, qui fréquentent toutes les routes, vous seriez bien instruit.

J'ai reçu hier des lettres de tous les cantonnements, tous n'annoncent rien de nouveau, celui de Salamié seul, entre ici et Esné : on dit que Soliman-Bey et 50 mamelouks ont passé le 4, à dix heures du matin, Armeneh sur la rive gauche, allant, dit-on, à Lou à travers le désert. J'ai peine à croire ce rapport, il est extrêmement en contradiction avec les vôtres et avec le caractère présumé de Soliman. Informez-vous, je vous prie, si cette nouvelle a quelques fondements. Vous aviez un détachement vers Baben, il y en avoit un à Elfou, d'autres à Esné, comment auroi-t-ils pu passer sans être vus et sans approcher du fleuve ? Cette situation de cantonnements, surtout quand ils sont souvent en mouvement, doit rendre leur arrivée bien difficile.

Je vous engage à être bien sur vos gardes, sur vos derrières à empêcher qu'on ne vous dérobe une marche. Le point de Coubombos étant un des principaux débouchés, doit être très-surveillé et occupé souvent par des détachements ; un bataillon qui tiendroit ainsi de Esné à Sienne feroit un bon effet. Clément va rentrer au premier jour, à ce qu'il me mande ; son détachement tiendra garnison à Esné et l'autre fera quelques courses dans le pays pour y faire rentrer les contributions. Voici tout ce que je scais, mon général, je vous embrasse et vous aime bien.

Mille amitiés à tout le monde.

DESAIX.

Cous, le 7 ventôse an VII.
25 février 1799.

*Le général Desaix au général Friant.*

Je reçois à l'instant, mon cher général, votre lettre du 4 ventôse ; je suis enchanté de vos dispositions, vous verrez par les lettres que je vous ai fait écrire hier que vous avez rempli parfaitement mes intentions. Envoyez donc un bataillon de la 64me par la rive gauche, l'un à Kéné, l'autre à Cous. Ces deux corps auraient l'avantage d'arrêter les Mékins, s'ils viennent de Cosséir, et me permettrait de disposer de ma cavalerie pour, dans le temps que l'infanterie se referait, courir le pays et le soumettre.

J'espère beaucoup du point où vous êtes : il y a un homme nommé Cheick-Aman ; sa famille gouvernait autrefois toute l'Egypte supérieure, elle y a, vous pensez bien, conservé beaucoup d'influence ; ménagez-le bien, voyez-le souvent, il vous donnera exactement toutes les nouvelles ; il ne peut pas être ami des mamelouks, Mourad-Bey a tué son père il y a peu de temps. Je lui ai donné le commandement de tout le pays, faites-le président du divan et donnez-lui grande confiance ; il a 80 cavaliers, qu'il les emploie à balayer le pays. Comment avez-vous fait parvenir des nouvelles au Kaire. Informez-vous bien de tout ce qui se passera de ce côté-là, je demande avec instance le plus de détails sur tous les mamelucks qui roulent le pays. A qui appartiennent-ils ? Ont-ils des cachefs avec eux ? Leurs chevaux sont-ils en état, et où vont-ils ? Se réunissent-ils du côté de Siout ? J'applaudis à vos lettres au Kaire, vous avez mandé précisément ce que je désirais.

Quels sont les 350 hommes que d'Étrée a avec lui ? Est-ce d'infanterie ou de cavalerie ?

Le général en chef a-t-il été en tournée, ou avec des troupes ? nous sommes icy d'une curiosité étonnante.

On m'a toujours annoncé qu'à Farchout et les environs, le miri devait être déjà payé en grande partie. C'est l'intendant Malem-Jacob qui l'annonce ; pressez les indolents cophtes qui sont avec vous de faire acquitter les sommes ; les lenteurs font leur bonheur, elles me désolent, levez-les donc à quel prix que ce soit.

Gabriel doit être à Girgé, écrivez à Moran qu'il sache bien les nouvelles de Siout, elles m'intéressent bien.

Le bonjour à Courroux, je suis enchanté qu'il aille mieux.

Donzelot, accablé d'écritures, vous dit mille choses, et moi vous savez combien je vous estime.

Salut et amitié.

Signé : Desaix.

P. S. Les vents contraires retiennent toujours nos barques. J'ai envoyé la *Victoire* vous chercher des munitions du côté d'Esné.

(*De la main de Desaix*) : J'espère qu'elle ne tardera pas à descendre : notre marine n'est pas plus heureuse pour descendre que pour monter.

Les troupes étaient félicitées par ordre pour leur bravoure, leur sagesse et leur intrépidité. On les armait parfois avec les armes de leurs adversaires, selon les besoins, et on empruntait aux mameluks leurs munitions de crainte d'en manquer pour la défense. Donzelot écrivait à Belliard, le 3 mars, qu'il importait de construire un fort dans la Haute-Égypte pour contenir le pays et communiquer avec Koséir. Le point de Keneh lui paraissait le plus favorable.

Les nouvelles de la mère patrie étaient reçues avec un plaisir facile à comprendre ; on les communiquait de quartier en quartier. L'état de la deuxième coalition était constaté avec regret. On lit en effet dans cette dépêche que le Congrès de Radstat ne veut pas en finir, qu'on a formé en France deux armées, que Joubert commande celle d'Italie et Jourdan celle du Rhin, qu'une levée en masse des hommes de 18 à 30 ans venait d'avoir lieu et qu'on travaillait avec activité à tous les ports. Le bulletin de Farchout se croisait avec un rapport de « l'agent français de la province d'Esneh, » sur les propriétés appartenant aux mameluks d'Esneh et sur les impôts qu'ils percevaient à leur profit. Il fallait appauvrir ceux que le fanatisme rendait intraitables.

Bonaparte partait pour la Syrie en adressant une proclamation enthousiaste à ceux qu'il appelait à renouveler les prodiges des Croisés, le Divan du Caire lançait la sienne et prouvait à nos troupes leur ascendant sur ces races dégénérées.

A la nouvelle du départ de Bonaparte pour l'Asie, son adversaire résolut de marcher sur le Caire et de laisser hardiment Desaix derrière lui, sans s'en inquiéter. Elfy-bey dut se porter sur Syout et Hassan, à la tête des chérifs, se proposa de l'y rejoindre par la rive droite du Nil. Informé par ses émissaires, Desaix pénétra leur dessein, manda à Belliard de quitter Syene avec toutes ses forces pour contenir le Sayd, à Friant de se rendre à marches forcées sur Syout, et à sa flottille de suivre ce dernier général. Arrivé le 5 à Saouâmah, Friant y fut reçu à coups de fusil par 4,000 paysans qui s'étaient insurgés. Il passa sur eux en battant la charge, le 5 mars, et opéra sa jonction avec Desaix. Mourad et Elfy s'étaient rejoints de leur côté; mais en apprenant la chute d'El-A'rych, dont Bonaparte venait de s'emparer, et sachant Desaix à deux journées de marche, ils craignirent d'être pris en queue par celui-ci, tandis que la division du général Dugua, qui commandait le Caire et l'Egypte à ce moment, les recevrait en tête. Mourad se jeta alors dans la grande oasis, Elfy dans la petite, et les mameluks se dissimulèrent comme ils purent sous des habits de fellahs.

Hassan et les chérifs réunis à Keneh attaquèrent vigoureusement la flottille française que des vents contraires retenaient à El-Bâroud. Montée par des hommes incapables, les assaillants, que secondaient 10,000 habitants, en eurent raison. On s'est demandé si Desaix n'eût pas dû la laisser sous la protection d'un fort; la défaite n'autorise pas en ceci la critique de Napoléon : son lieutenant ne pouvait rien d'efficace sans son adjonction.

Instruit que Hassan descendait le Nil, Belliard s'élança sur ses traces. La nouvelle de l'insuccès éprouvé à El-

Baroud doubla son ardeur; il se dirigea sur Qeneh et rencontra le vainqueur d'un jour à Coptos. Avec 1,800 hommes et une pièce de 4, il attaqua le vieux bey d'Yambo, lui prit son artillerie, la retourna contre lui et mit la colonne en fuite. Hassan trouva la mort en combattant. Sa victoire nous eût obligé à reconquérir la Haute-Egypte : Belliard la sauva.

Desaix lui écrivit, le 13 mars, relativement aux approvisionnements, qu'il le seconderait à raison de la pauvreté du pays où il était cantonné. « Au premier convoi, ajoutait-il, j'espère vous envoyer 50 mille francs, personne n'aura un sol avant vous. Je suis sans boulangers et sans ustensiles de manutention, subvenez-y avec de mauvaises barques dont les planches peuvent être employées. Les mameluks ont harcelé Friant qui en a eu raison avec la 60ᵉ demi-brigade et la population qui en a tué plusieurs. Les soldats de la Mecque sont un faux bruit de Mourad vaincu. J'ai besoin de vous voir, toute la maison vous fait mille amitiés. »

Noble langage où le cœur est à la hauteur de l'intelligence, où la plus douce amitié n'avait qu'un but : la gloire du pays.

Le départ de Bonaparte pour la *Syrie* rendait plus nécessaires encore les communications de Desaix avec lui dans l'intérêt de cette expédition. Aussi lui exposait-il, les 17-21 mars, les marches et les combats de sa division dans une série de dépêches qui ont été publiées et dont nous n'exposerons que les données principales.

Les mameluks, disait Desaix, sont battus ; mais Mourad est supérieur à sa mauvaise fortune. Aujourd'hui vaincu, il se relèvera demain et reparaîtra avec des milliers de partisans dans un pays prêt à toujours lui obéir. Ses lieutenants Elfy et Hassan sont insaisissables et dévoués comme lui. Aussi allons-nous, par des forts construits dans un but de base d'opérations, nous organiser définitivement. Belliard est parfait en tout ceci. Quant à moi, je désire « être des vôtres. » Je me tais sur nos souffrances, « elles ne vous occuperaient pas. » Parole terrible, que l'admiration de Desaix pour son chef ne pouvait passer sous silence, pas plus que cette autre : « au moins, mon général, écoutez les demandes que l'on vous fait. »

Le 21, notre héros s'écriait : « Nous sommes bien les maîtres de l'Égypte, mais les mameluks ne sont pas détruits. » Et pour le prouver, il indiquait ses positions avec le nombre de troupes qui les occupaient et le nombre de ses colonnes mobiles, soit pour arrêter, soit pour contenir les populations. Il se plaignait d'être sans monde, sans argent, sans moyens, ce qui ne l'empêchait pas de célébrer dans la même dépêche « la richesse des ruines » de Thèbes et de souhaiter la victoire au général en chef, alors en *Syrie*.

Le 31 mars, Desaix donna des instructions précises au général Belliard contre les mameluks, toujours prêts à faire « des crochets dans le désert. » Il entendait que l'on fût « en mesure » pour arrêter Mourad et promettait son concours personnel avec « une colonne. » Le chérif des Meckins, écrivait-il le 1er avril, veut, « assure-t-on, descendre jusqu'au Caire. » Ordre à Lassalle, à Morand et à deux autres chefs de brigade de passer le Nil et de garder les défilés, Desaix se réservant de former « une colonne mobile pour courir après eux. » Le 3 il informait le général Zayonscheck de ses efforts pour rejoindre l'ennemi qu'il veut « contraindre à rester dans le désert » pour l'y poursuivre et l'y affamer, tandis qu'il aura, lui, ses chameaux au complet, ses outres d'eau bien garnies Les Meckins étant vis-à-vis de Girgeh, où ils ravagent quelques villages, ajoute-t-il le 4, mon intention est de leur faire donner la chasse.

Le moment était venu où Hassan-Bey allait disparaître de la scène. Le vieux chef n'avait jamais cru que les Français se lanceraient à sa poursuite dans le désert, il les appréciait mal. Pressé par la faim, il gagna la vallée du Nil à Byr-el-Bar le 2 avril, y fut rencontré par le 7e de hussards. Il l'eût accablé sous le nombre, si Desaix n'eût secouru à temps son avant-garde. Les chérifs d'Yambo, au mépris des ordres du chérif de la Mecque, avaient appelé les fellahs aux armes contre les conquérants ; nous connaissons leur fidélité à la cause de Mourad. Vaincus avec lui, ils se jetèrent sur la rive gauche du Nil, entrèrent à Girgeh pour piller, le 6 avril. Le colonel Morand les y atteignit et en passa la plupart au fil de l'épée, avec le colonel Lassalle du 22e chasseurs. Sur 4,000, c'est à peine si le quart put repasser en Arabie. Le chérif de la Mecque écrivit au général en chef au Caire, mais d'abord à Desaix directement, pour l'assurer que pareil fait ne se renouvellerait plus ; il reçut en retour nos promesses pour le respect de son culte et des caravanes religieuses qui gagnaient périodiquement l'Afrique (1).

L'échec de Bonaparte à Saint-Jean-d'Acre releva le courage de Mourad. Hassan était à Syene depuis le milieu d'avril, exploitant la férocité et la superstition religieuse de

(1) Le 13 avril, Desaix annonça au général Belliard que la paix était conclue avec les indigènes de Qoséyr, de Yambó et du Geden.

la population de Beny-A'dyn. Cet entrepôt du commerce du Darfour avec l'Egypte comptait 20,000 habitants. Une caravane de 10,000 chameaux, 6,000 esclaves et 2,000 Moghrebins vint lui apporter une force nouvelle contre les petits hommes que Mourad vouait à leurs colères. Ses beys les organisèrent. Mais le général Davout, accourant avec 2,000 hommes de cavalerie, artillerie et infanterie, vint présenter le combat le 18 avril. Il fut accueilli avec joie. Mais ces bandes eurent beau créneler le village, tout fut emporté d'assaut et traité avec la dernière rigueur. Mourad put s'enfuir, avec 200 des siens, au fond du désert.

Hassan-Bey restait encore à Syene alors qu'on le supposait au-delà des cataractes. Une petite compagnie de 200 fantassins marcha sur lui, on ignorait sa résidence et ses forces. Hassan marcha à leur rencontre avec 700 de ses réguliers, le 16 mai. Le capitaine Renaud, qui ne comptait pas ses ennemis, le défit, entra dans Syene et put apprendre à ses chefs que Hassan et Ossman, percés de coups, étaient morts peu de jours après des suites de leurs blessures. Ce combat devait être le plus glorieux de l'Expédition d'Egypte.

En mai, enfin, l'armée occupait le triangle compris entre Alexandrie, Syene et Saint-Jean-d'Acre, c'est-à-dire 300 lieues de côté sur 30,000 lieues carrées de surface. Il restait à s'emparer du port de Qoséyr, de la grande et de la petite oasis; ce devait être la part du général Belliard qui entra à Qoséyr le 29 mai. Bonaparte rentra de Syrie au Caire le 14 juin (1).

---

(1) Le 15 juin, Bonaparte, étonné des récits du général Dugua et de son état-major sur ce qu'avait fait Desaix pendant la campagne de Syrie, lui demanda « une *relation* de ce qui s'est passé dans la Haute-Egypte depuis votre

Desaix ne se contenta pas de conquérir, il sut administrer. La justice et l'ordre régnèrent par lui, là où les exactions et le pillage organisé avaient seuls gouverné. Son gouvernement fut sévère, parce qu'il voulut superposer des principes sains à des mœurs corrompues. Les populations, dont le témoignage est sinon décisif du moins à connaître, le surnommèrent *le Sultan Juste*. On paya le miri et toutes les contributions discutées et consenties par les divans qu'il avait organisés dans chacune des provinces de ces deux parties de l'Egypte, mais il n'exigea que les taux acceptés. Pour assurer à ce pays, que l'intempérance d'un vaincu qui lui demanda la paix, une sécurité absolue, il importa une législation proclamée en France : la responsabilité pécuniaire des communes.

Sa réputation était telle que les marchands de Qoséyr avant la conquête de leur province et ceux de Djeddah vinrent lui demander leur protection. Deux chefs-lieux formèrent le gouvernement du Sayd : Syout et Keneh. Il garda la direction du premier et confia le second au brave Belliard. C'est à Keneh que s'arrêtaient les caravanes de l'Ethiopie et de la mer Rouge. Politique, Desaix ouvrit des relations avec les cheiks et les émirs de l'Afrique. Il montra la décadence du commerce sur le golfe arabique sous l'autorité des beys; il déclara les conquérants disposés à modérer l'aridité du sol arabe par des échanges en nature; aux chevaux de l'Yémen, au café du port de Moka, il offrit les blés de l'Egypte et les riz du Delta. La France, dit-il, n'est pas comme l'Angleterre, elle cherche la civilisation et entend affranchir les peuples. Ses vœux furent

» départ du Caire, afin que je puisse le faire connaître. » Peut-on rien ajouter de plus décisif à ces lignes.

exaucés : il vit venir à lui, ceints du turban vert, des cheiks offrant leur vassalité à la grande nation par l'intermédiaire du Sultan Juste. Le drapeau de la France fut salué de Suez à Qoséyr par d'unanimes acclamations. Bonaparte voulut reconnaître par un témoignage d'honneur le talent de celui qu'il considérait comme le vainqueur vrai de l'Egypte et dont la modestie égalait les rares facultés militaires; il lui offrit un sabre pris à Alexandrie sur lequel étaient gravés ces mots : *Bataille de Sédiman.*

Si honorable que puisse être ce témoignage, l'histoire préfère le surnom de *Sultan Juste,* donné par le vaincu.

# CHAPITRE XII

## DESAIX ET LA CONVENTION D'EL-A'RYCH.

SOMMAIRE. — Bonaparte abandonne l'Egypte. — *Un parti demande l'évacuation.* — Kléber général en chef. — *Pourquoi ?* — *Jugement de Bonaparte sur Desaix.* — Le commodore Sidney Smith s'interpose comme négociateur. — *Texte inédit de ses propositions.* — Réponse de Kléber. — Desaix et Poussielgue plénipotentiaires à Damiette. — Instruction de Kléber. — Desaix et Sidney Smith. — *Protestation de Desaix en faveur de l'armée.* — 1re Lettre de Desaix à Kléber. — Kléber persiste dans le projet d'évacuation. — 2me Lettre de Desaix à Kléber. — Conseil de guerre. — *Kléber se défend auprès de Desaix.* — Départ de Desaix pour l'Europe. — Desaix écrit à Bonaparte pour *protester contre l'évacuation* de l'Egypte.

### 1799-1800

Instruit au lendemain du désastre d'Aboukir de la marche triomphante des armées austro-russes en Italie et sur les frontières des Alpes, Bonaparte résolut en août de se rendre en France. Il a voulu plus tard justifier cette résolution en invoquant l'existence d'une coalition qui empêchait l'envoi d'aucun secours à l'armée d'Orient : « Se borner à conserver l'Egypte, à en perfectionner l'administration, à en accroître les moyens de défense, » tel était à ses yeux l'avenir de la conquête. Les instructions du Directoire, qui l'avait revêtu de tous pouvoirs militaires et diplomatiques, même celui « de choisir son successeur et d'opérer son retour en France, » expliquent sa conduite mieux que ses justifications personnelles. Le 24 août il s'embarqua à Alexandrie et put gagner le port de Fréjus, le 9 octobre, après une traversée périlleuse (1).

L'armée d'Egypte, aux prises avec des difficultés d'un ordre tout spécial, s'était peu enthousiasmée pour sa conquête. Il avait fallu l'ascendant du vainqueur de l'Italie, la coopération et le talent de Desaix pour en imposer la volonté. Peu à peu les troupes s'étaient fait à l'idée d'une colonisation militaire qui eût rappelé en Orient les traditions de Rome sur le Danube. Aussi ne pouvons-nous accepter l'opinion de Napoléon lorsqu'il parle de la nécessité fatale, à son avis, d'abandonner l'Egypte. Et cette nécessité était si peu réelle, qu'il a blâmé Kléber d'avoir égaré le Directoire en lui faisant un rapport sur l'Egypte inexact, que les notes de Poussielgue et de d'Aure contredisaient formellement.

Kléber, son état-major, une centaine d'officiers, des commissaires des guerres et des employés de l'administration formèrent après le départ de Bonaparte un parti de mécontents. Ils arguaient de son retour en France, de son arrestation par les croisières anglaises, de la guerre avec la Porte prête, disaient-ils, à jeter ses janissaires sur la Syrie et l'Egypte, de la campagne de la Russie et de l'Autriche victorieuses, enfin des discussions au Conseil des Cinq-Cents. Les officiers hostiles à Bonaparte, les républicains et quelques malades aggravaient ces protestations par leurs colères.

Ceux qui ne partageaient pas un découragement funeste,

(1) On trouvera au *Moniteur* du 17 octobre 1799 un article des plus curieux sur l'effet que produisit en France le retour de Bonaparte.

Desaix était à leur tête, répondaient en méprisant tous les bruits comme provenant de l'étranger. Ils n'accordaient pas aux discussions politiques une importance militaire, trouvaient l'Egypte pacifiée définitivement, sa sûreté garantie par la belle création de Desaix, les régiments de dromadaires, réfutaient la déclaration de guerre de la Porte par l'hostilité entre le croissant et la croix grecque ; leurs frères d'armes d'Italie et d'Allemagne ne pouvaient succomber devant les barbares du Niémen ou du Don, l'Autriche avait connu la force de nos armes ; enfin, s'il fallait capituler, on ne devait évacuer l'Egypte que par traité, c'est-à-dire avec des conditions avantageuses et des compensations pour la France.

Estimé de l'armée, le vainqueur de Mont-Thabor était un caractère peu fait pour la mission que lui avait imposé son général en chef. Inégal et difficile, Kléber avait donné plusieurs fois déjà sa démission sur le Rhin et en Vendée. Si l'armée avait eu à se prononcer, on reste fidèle aux présomptions éclairées en avançant qu'elle eût porté ses suffrages sur celui dont le nom était attaché aux victoires de l'expédition entière. Voici sur ce point l'opinion de Napoléon à une époque où il lui était permis d'être sincère :

Le général Desaix était l'officier le plus capable de commander l'armée d'Orient, mais il était plus utile en France. Kléber tenait le second rang ; Reynier, le troisième. Napoléon pensa un moment à les emmener tous trois en France, en laissant le commandemnnt de l'armée au général Lanusse ; mais, considérant les dangers attachés à la traversée, il sentit la convenance de laisser à l'armée d'Orient un général capable : il fit choix du général Kléber.

Desaix, dit-il encore, était l'officier le plus distingué de l'armée ; actif, éclairé, aimant la gloire pour elle-même, capable à la fois de combiner une opération et de la conduire dans les détails d'exécution, il pouvait commander une armée comme une avant-garde. La nature lui avait assigné un rôle distingué, soit dans la guerre, soit dans l'état civil. Il eût su gouverner une province aussi bien que la conquérir et la défendre (1).

Ce fut au milieu des ruines de Thèbes que Desaix reçut la dépêche de Bonaparte lui annonçant son départ et lui enjoignant de le suivre. Cette explication décisive sur la préférence donnée à Kléber dans le commandement, Desaix en comprit la portée. Il envisagea les éventualités d'une telle absence et répondit à la confiance de son ancien chef par une expédition nouvelle. Organisant ses dromadaires (2) pour le transport d'une colonne d'infanterie, son artillerie et sa cavalerie, il entra le 1er octobre dans les déserts de la Barbarie. Ses troupes furent distribuées en deux colonnes ; la seconde, que commandait l'adjudant-général Boyer, atteignit Mourad entre Sediman et les oasis, le battit et le poursuivit vers Suez et dans le Sayd pour l'obliger bientôt à demander la paix (3). Pacifiée dans ses soulèvements les plus minimes, la Haute-Égypte fut observée par des colonnes mobiles.

Kléber l'appela auprès de lui le 25 brumaire et en informa le Directoire en ces termes :

(1) Le général Lacuée a laissé au Dépôt de la Guerre un Mémoire sur l'Égypte. Il appelle Desaix : *ce grand général*, et porte sur l'œuvre de 1798 un jugement digne de sa renommée.

(2) Voir aux Pièces justificatives l'opinion de Desaix sur la conquête d'Égypte.

(3) Voir aux Pièces justificatives la lettre de Mourad-Bey à Desaix sur les conditions de la paix.

J'ai donné l'ordre au général Desaix de se rendre au Caire pour prendre le commandement d'une division destinée à agir contre le grand-vizir qui s'achemine vers la Syrie.

L'habileté du commodore anglais sir Sidney Smith, qui avait échoué en novembre à Damiette et rabaissé le renom des janissaires, prépara le dernier acte militaire de Desaix en Egypte (1). Ennemi implacable de la France, il s'immisça aux négociations que Bonaparte avait entamées avec la Porte, profita des *propositions* faites à Méhémet-Effendi le 17 octobre, et lui écrivit le 26 comme plénipotentiaire du roi d'Angleterre. Sidney en imposait. Quant aux conditions offertes, on les devine sans peine : évacuation de l'Egypte, transport de l'armée d'occupation avec armes et bagages sur les côtes de France ; le commodore offrait même le passage gratuit......! Mais, en pareille matière, il est prudent de citer les textes lorsqu'ils sont inédits ; voici le document anglais (2) en son entier.

*Copie de la lettre du commodore Sidney Smith au général en chef Kléber.*

A bord du vaisseau de S. M. B. *Le Tigre*, devant Damiette, le 26 octobre 1799 (4 brumaire an VIII).

Monsieur le général,

La lettre que le général Bonaparte a écrite à son Excellence le Suprême Vizir, en date du 17 août (30 thermidor), ainsi que

---

(1) Le général Menou reçut les papiers politiques transmis par les Anglais et les accepta en violation des règlements. On en trouve la preuve dans une dépêche de lui à l'adjudant-général Jullien qui commandait à Alexandrie. (Cahier de la Correspondance classé au 17 Novembre.)

(2) Le général Pajol n'a pas donné ce document dans son Histoire de Kléber.

celle que vous lui avez adressée en date du 17 septembre (1er jour complémentaire), demandent une réponse ; et, comme la Grande-Bretagne n'est pas *auxiliaire*, mais bien puissance principale, dans la question à laquelle ces lettres ont rapport, depuis que les cours alliées ont stipulé entre elles de faire cause commune dans cette guerre, je puis y répondre sans hésitation, dans les termes du traité d'alliance signé le 5 janvier dernier.

Par l'article 1er S. M. B., déjà liée à S. M. l'empereur de Russie par les liens de la plus stricte alliance, accède par le présent traité à l'alliance défensive qui vient d'être conclue entre S. M. l'empereur Ottoman et celui de Russie...... Les deux parties contractantes promettent et s'engagent de s'entendre franchement dans toutes les affaires qui intéresseront leur tranquillité et leur sûreté réciproque et de prendre d'un commun accord les mesures nécessaires pour s'opposer à tous les projets hostiles contre elles-mêmes et pour effectuer la tranquillité générale.

Par l'article II, elles se garantissent mutuellement leurs possessions, sans exception. S. M. B. garantit toutes les possessions de l'Empire Ottoman, sans exception, telles qu'elles étaient immédiatement avant l'invasion des Français en Egypte et réciproquement.........................

Par l'article V, une des parties ne fera ni paix, ni trêve durable sans y comprendre l'autre et sans pourvoir à sa sûreté, et en cas d'attaque contre l'une des deux parties, en haine des stipulations de ce traité, ou de leur exécution fidèle, l'autre partie viendra à son secours, de la manière la plus utile, la plus efficace et la plus conforme à l'intérêt commun, suivant l'exigence du cas.................

Par les articles VIII et IX, les deux hautes parties contractantes se trouvant actuellement en guerre avec l'ennemi commun, elles sont convenues de faire cause commune et de ne faire ni paix ni trêve que d'un commun accord...... promettant de se faire part l'une à l'autre de leurs intentions, relativement à la durée de la guerre et aux conditions de la paix et de s'entendre à cet égard entre elles, etc. . . . . . . . . . . . . .

D'après cet arrangement, monsieur le général, vous pouvez croire que le gouvernement Ottoman, célèbre de tout temps pour sa bonne foi, ne manquera pas d'agir de concert avec la puissance que j'ai l'honneur de représenter.

L'offre faite de laisser le chemin libre à l'armée française, pour l'évacuation de l'Egypte, a été méconnue jusqu'ici et on a traité d'embauchage cette mesure proposée à une armée en masse ; mesure qui n'avait d'autre but que d'épargner l'effusion du sang et de plus longues souffrances à des hommes exilés, du propre aveu de ceux mêmes qui les ont relégués dans cette contrée lointaine.

Cette proclamation vient de m'être confirmée par son Excellence le Reis-Effendi, par le nouvel envoi d'un paquet qu'il m'a fait, signé de sa main et de celle du premier drogman de la Porte, comme vous le verrez par quelques exemplaires que vous trouverez ci-inclus. On est encore à temps de profiter de cette offre généreuse; mais que l'on n'oublie pas que si cette évacuation du territoire Ottoman n'était pas permise par l'Angleterre, le retour des Français dans leur patrie serait impossible. Comment peut-on espérer de trouver des moyens de transporter une armée, dont la flotte est détruite, sans le secours et le consentement des puissances alliées, et cela dans un temps où des insultes et des provocations multipliées du gouvernement français laissent à peine une puissance neutre en Europe.

J'ai engagé le général Bonaparte, en lui laissant le passage libre, d'aller prendre le commandement de l'armée d'Italie qui n'existait déjà plus. Son arrivée sans un passeport de moi, sera une de ces chances heureuses que la fortune pourra bien lui refuser. Il a dédaigné de ramener avec lui des intrépides instruments de son ambition dans leur patrie, et il est donc réservé à un autre de faire cet acte d'humanité auquel on trouvera la Sublime Porte prête à acquiescer ; mais que l'on n'infère pas de là que je *sollicite* l'armée française d'accepter un bienfait.

Le commerce britannique aux Indes, comme partout ailleurs, est à l'abri de toute tentative funeste de la part de la République française, et la mort de Tippoo-Saïb, qui a eu le malheur de céder aux insinuations du Directoire et de ses émissaires, a été le terme de ses cruautés et de son empire. L'armée d'Orient reste donc sur le point de communication entre les deux mers dont nous sommes les maîtres.

Notre seule raison de désirer l'évacuation de l'Egypte par les Français, est que nous sommes garants de l'intégrité de l'Empire Ottoman ; car si les forces employées aujourd'hui ne suffisaient pas pour exécuter cet article du traité, les puissances alliées ont promis d'employer des moyens suffisants. On leur prête gratuitement les principes envahisseurs du Directoire ; mais elles prouveront aux Français en Egypte, comme elles l'ont appris à ceux de l'Italie, que leur bonne foi et leurs moyens vont de pair, quand il s'agit de se venger mutuellement lorsqu'elles sont outragées.

L'armée française ne peut tirer aucun parti de l'Egypte sans commerce ; son séjour ne fera qu'aggraver ses propres maux, prolonger les souffrances des nombreuses familles françaises réparties dans les diverses Echelles du Levant ; tandis que, d'un autre côté, l'état de guerre avec la Porte Ottomane répand le discrédit et la misère sur tout le midi de la France.

L'humanité seule dicte cette offre renouvelée aujourd'hui. La politique actuelle de l'Europe semblerait peut-être exiger sa rétractation, mais la politique des Anglais est de tenir leur parole, quand même cette ténacité pourrait nuire à leurs intérêts du jour.

La paix générale ne peut jamais avoir lieu avant l'évacuation de l'Egypte ; elle pourrait être accélérée par la prompte exécution de ce préliminaire à toute négociation ; mais vous devez sentir, monsieur le général, que ce n'est pas dans un endroit aussi éloigné du siége des gouvernements respectifs, qu'une affaire de cette nature et de cette importance peut être même entourée.

Je me félicite, monsieur le général, de ce que cette occasion me met à même de vous témoigner l'estime que j'ai pour un officier aussi distingué que vous, et de me flatter que nos communications officielles, basées sur la franchise du caractère militaire, n'auront rien de cette aigreur ni de ce ton de dépit qui ne devrait pas entrer dans des rapprochements de ce genre.

J'ai l'honneur d'être, avec une haute considération, monsieur le général,

Votre très-humble et obéissant serviteur.

Signé : SIDNEY SMITH,

*Ministre plénipotentiaire de S. M. Britannique près la Porte Ottomane, commandant son escadre dans les mers du Levant.*

Pour copie conforme :

Signé : KLÉBER.

Le général en chef répondit à ces ouvertures, le 30 octobre, qu'il reprenait avec plaisir les négociations de Bonaparte du 17 août et la sienne propre du 17 septembre ; qu'il connaissait l'alliance existant entre la Grande-Bretagne et l'Empire Ottoman ; que la République ne devait d'explication à aucun cabinet pour la présence de ses troupes en Egypte ; qu'il avait demandé l'intervention du commodore dans les circonstances actuelles dont il faisait « les préliminaires d'une paix générale ; » que les

Français n'entendaient pas quitter ce pays qui n'était pas plus un exil « que les mers orageuses » habitées par les Anglais ; que les troupes sous ses ordres pouvaient suffire longtemps encore à la domination de l'Égypte ; que la flotte française saurait bien traverser une seconde fois les croisières anglaises ; que les événements de l'Europe et des Indes n'avaient rien de commun avec sa situation ; qu'on recherchait la paix en s'entendant, et l'arrêter à présent pour épargner l'effusion de beaucoup de sang ; il accédait à l'intégrité de la Turquie ; assurait l'Angleterre que son gouvernement avait toujours considéré l'Égypte « comme lui appartenant, » et annonçait l'envoi de deux plénipotentiaires pour en finir.

Les pourparlers durèrent plus de deux mois encore. Kléber se méfiait « de la perfidie anglaise » et voyait dans les conférences du vizir un piége ; il n'entendait rien faire sans « que l'on soit convenu d'un armistice, » et se disposait à recourir aux armes en négociant. Aussi après avoir écrit à Desaix, le 12 novembre : « Vous verrez s'il est à propos que vous vous rendiez ici ou s'il ne serait pas mieux que vous restiez à Damiette pour aller au rendez-vous, » il l'appelait définitivement au Caire et lui en donnait le commandement. Le 7 décembre, Kléber le déléguait à nouveau avec Poussielgue :

Le général en chef commandant l'armée de la République française en Égypte nomme et délègue par la présente Desaix, général de division, et Poussielgue, administrateur des finances, pour conférer avec les délégués de Son Excellence le Grand-Vizir et M. Sidney Smith, ministre plénipotentiaire de S. M. Britannique près la Porte Ottomane, sur l'occupation et les conditions de l'évacuation de l'Égypte, leur donnant pleins pouvoirs de signer conjointement en son nom tous actes préliminaires, tels qu'armistices, sauf-conduits et autres, comme aussi d'arrêter et de signer en son nom les conditions qu'ils auront consenties pour l'évacuation de l'Egypte, sauf, pour ce dernier objet, la ratification ordinaire des parties contractantes dans le délai qui aura été convenu.

Les instructions ayant été publiées déjà, nous n'en donnerons que les clauses principales :

2° La triple alliance entre la Porte, les Anglais et les Russes, ayant eu pour objet apparent l'intégrité du territoire de l'empire Ottoman, une des premières conditions à exiger pour consentir à l'évacuation de l'Egypte sera la dissolution de cette triple alliance contre la France et une nouvelle garantie du gouvernement anglais de cette même intégrité de l'Empire Ottoman.

6° Dans le cas où, par l'acceptation des articles ci-dessus, l'évacuation de l'Egypte serait consentie par les plénipotentiaires français, ils traiteront les détails sur la manière dont cette évacuation aura son exécution et stipuleront nominativement les places et forts qui seront successivement remis aux commissaires de la Porte.

7° Aussitôt que le général en chef sera instruit de l'acceptation des articles ci-dessus, il enverra au lieu où se tiendront les conférences, l'ordonnateur de la marine pour régler et déterminer le nombre de bâtiments qui devra être fourni par la Porte à l'armée française, pour elle, ses bagages, ses armes, munitions de guerre et de bouche.

8° La forme des sauf-conduits pour le passage de l'armée sera stipulée particulièrement.

Ce que pensait Desaix des négociations et de l'entremise hardie du commodore, sa lettre du 9 novembre à Kléber le formule en des termes qui nous dispensent de tout commentaire :

Je présume, dit-il, que je n'ai pas besoin de porter Smith à la paix, comme vous le désirez : il n'a qu'un but, qu'un désir, qu'une volonté, *c'est de négocier avec nous, pour nous prouver qu'il faut que nous nous en allions bien vite.* La gloire qui lui en reviendrait dans son pays, chez les Russes et chez les Turcs, lui fait tourner la tête. Il paraît qu'il a peur de la voir échapper, car il a l'air inquiet. Les revers que ses soldats éprouvent, c'est-à-dire les Osmanlis, paraissent le faire peu aimer d'eux. Je crois qu'encore quelques revers, les bonnes gens s'accommoderont. Battez le Grand-Vizir et ils feront alors tout ce que vous voudrez. La bonne politique ne leur entrera dans la tête que par bien des corrections ; encore une bonne, et tout ira, je le présume. Smith tremblait de n'avoir pas de vos nouvelles, il frappait du pied, il s'écriait : « Le général Kléber devrait me répondre ; ce que je lui ai dit est honnête ; je le croyais plus raisonnable que le général Bonaparte. » Ainsi, d'après tout cela, vous voyez, mon général, qu'il veut négocier ; mais tout ce qu'il veut, *c'est de vous faire partir d'ici le plus tôt possible.* Quand un ennemi demande instamment quelque chose, c'est que cela lui fait bien du mal, et il ne faut pas, je pense, le lui accorder légèrement.

Kléber avait favorisé par sa dépêche du 30 octobre les prétentions du commodore et l'effet se produisit dès le début des négociations. La lettre le témoigne à deux reprises, et pourtant on n'était qu'aux préliminaires. L'esprit de Nelson animait alors tous les chefs de stations anglaises et ils n'oubliaient pas que Hoche, puis Desaix avaient menacé leur indépendance.

Desaix partit avec son collègue le 4 novembre pour se

rendre à bord du *Tigre*, à Damiette. La note qu'ils remirent au commodore anglais était conforme aux instructions du général en chef. On connaît les conditions de Smith : évacuer la conquête, sans compensation, d'autant que l'armée française est cernée de toutes parts.

Pour que l'armée française fût cernée, répliqua Desaix, il faudrait que, outre l'armée du Grand-Vizir qui est en Syrie, il y eût une armée anglaise débarquée sur les côtes de la Méditerranée, à Damiette ou à Aboukir ; une armée d'Ethiopiens ou d'Abyssiniens qui eût franchi la grande cataracte et fût arrivée dans le pays des Barabràs ; enfin, une quatrième qui venant du fond de la Nigritie, fût arrivée aux oasis. Dans ces suppositions même, l'armée ne serait pas investie et la réunion de ces quatre armées, séparées entre elles par des déserts, des marais, des rivières, des places fortes, serait sujette à bien des vicissitudes. Nous savons, continuait-il, ce que c'est que l'armée du Grand-Vizir ; nous en avons vu d'innombrables aux Pyramides, au Mont-Thabor ; et avec une poignée de monde, nous avons vaincu les troupes mieux organisées d'Aboukir et de Damiette, qui étaient l'élite de l'Empire Ottoman ; enfin, nos instructions sont positives. Toute stipulation militaire, de quelque nom qu'on la colore, est une capitulation : jamais l'armée française ne se soumettrait à une pareille humiliation.

Le premier devoir des plénipotentiaires était d'obtenir un armistice et des soins spéciaux pour les blessés. Le 24 décembre, ils informèrent le général en chef du succès de leur mission en ces termes :

Citoyen général,

M. le commodore Sidney Smith répond aux Lettres que

vous nous aviez remises pour lui. Nous vous envoyons en même temps la copie de sa réponse à la Note que nous avons faite pour le transport des blessés en France.

Le citoyen Damas vous mettra au courant des détails. Il n'est point arrivé de nouvelles depuis le départ du citoyen Morand.

Nous ne savons bien encore sur quoi compter ; cependant voilà l'armistice ainsi que le départ de nos blessés à peu près convenus ; il paraît que nous allons nous rendre du côté d'Alexandrie. Ce sera probablement par la voie de ce port que vous recevrez nos premières nouvelles et que vous pourrez nous écrire.

Nous espérons que quelques jours de séjour à bord du *Tigre* adouciront infiniment les préventions réciproques et qu'enfin on pourra parler raison.

Nous avons demandé deux bâtiments pour le transport de la Commission des Arts. Cet article n'a paru souffrir aucune espèce de difficulté. Toutefois, M. Smith désire qu'on emploie des bâtiments neutres par préférence, et il veut s'assurer que ces bâtiments n'aient aucune autre destination, ce qui sera facile à lui démontrer. Nous ne voyons pas d'inconvénient à ce que le bâtiment des CC. Livron et Hamelin soit l'un des deux en y mettant une partie des membres de la Commission des Arts.

Salut et respect,

Signé : Poussielgue et Desaix.

Les conditions de l'évacuation étaient formulées dans la note du 29 décembre :

A bord du *Tigre*, le 8 nivôse an VIII.

L'occupation de l'Egypte par l'armée française paraissant avoir été le principal motif qui a rallumé la guerre dans toute l'Europe, le général Kléber a pensé que l'évacuation de cette province pourrait être un acheminement à cette paix générale si fortement désirée de tous les peuples, et, malgré les avantages de sa position en Egypte, il s'est déterminé d'autant plus volontiers à faire les premières démarches pour cet objet, qu'il ne peut douter que l'intention du gouvernement français n'ait toujours été de rendre l'Egypte à la Sublime-Porte.

Le général Kléber a vu avec plaisir que M. le commodore Smith était investi de la confiance des parties pour traiter cette importante affaire. Ses lumières personnelles le mettent en état d'en apprécier tous les rapports.

La guerre actuelle poussée plus longtemps ne peut qu'être funeste aux intérêts politiques et au système commun de la plupart des parties belligérantes de quelque côté que soient les succès. Sous ce point de vue, l'Angleterre court les mêmes chances que la République française.

L'évacuation de l'Egypte, effectuée aujourd'hui plutôt que dans deux ans, satisfait pleinement aux intérêts de l'Empire Ottoman; elle procure en même temps un très-grand avantage à l'Angleterre qu'elle délivre de toute inquiétude sur les Indes; enfin, elle écarte de part et d'autre toute idée qui pourrait faire admettre par la France un nouveau système politique dangereux pour elle-même, dont le résultat serait aussi la ruine de l'Empire Ottoman et successivement la perte pour les Anglais de leurs colonies dans l'Inde comme de leur commerce dans l'Empire Ottoman et avec la Russie.

Mais en offrant l'évacuation de l'Egypte, seulement parce que des intérêts généraux la rendent beaucoup plus convenable en ce moment que plus tard et parce qu'il vaut mieux qu'elle accélère la paix générale que d'en être le prix après une guerre encore longue et sanglante, l'armée française, forte de ses victoires et de sa position, a le droit d'exiger une compensation honorable proportionnée aux avantages auxquels elle renonce.

En conséquence, les soussignés, en vertu de leurs pleins pouvoirs, offrent l'évacuation de l'Egypte aux conditions :

1° Que la Sublime-Porte restituera à la France les possessions qu'elle peut avoir acquises sur elle pendant la guerre actuelle ;

2° Que les relations entre l'Empire Ottoman et la République française seront rétablies sur le même pied qu'avant la guerre.

3° Que l'Angleterre signera une nouvelle garantie du territoire de l'Empire Ottoman ;

4° Que l'armée évacuera avec armes et bagages sur les ports d'où il sera convenu, aussitôt que les moyens d'évacuation lui auront été procurés.

Après des pourparlers dans lesquels Sidney Smith tenta d'effrayer Desaix sur sa propre sécurité s'il se rendait au quartier-général turc, celui-ci se rendit à Gaza et de là à El-A'rych, le 13 janvier. A peine se fut-il rendu compte par lui-même de ce que valait ce ramassis d'hommes, qu'il protesta plus que jamais contre toute capitulation et contre l'évacuation. Interprète des sentiments de l'armée, il écrivit à Kléber de ne pas évacuer l'Egypte sans avoir reçu des nouvelles de France.

Pendant que Desaix luttait contre les ruses de Smith et s'efforçait d'encourager son nouveau chef dans la résistance et le maintien en Egypte, celui-ci recevait des nouvelles d'Europe. Il apprenait nos défaites du Rhin, le blocus de notre flotte de la Méditerranée dans le port de Brest, Mayence en feu, et les frontières de l'Alsace livrées comme celle des Alpes à la défense des habitants, la patrie prête à être déclarée en danger. Kléber, Napoléon l'atteste, croyait à la valeur des armées ottomanes. L'expédition de Syrie le terrifia, les journaux de Francfort le confirmèrent dans son dessein : partir à tout prix. Ses instructions du 3 janvier 1800 devaient briser le cœur de Desaix qui ne se souvenait que des difficultés de la conquête et de son avenir pour la mère-patrie.

La violation de l'armistice et le carnage d'El-A'rych n'éveillaient en lui qu'une pensée : le maintien de la suspension d'armes et une convention de paix basée sur l'évacuation la plus immédiate. Il oubliait son propre langage : l'évacuation sera *le prix de la paix générale.* La discussion des clauses, amère à Desaix, n'excitait en lui qu'une colère violente contre Bonaparte. Le 16 janvier il se disait sans nouvelles de France et n'en attendait plus, parce que son ancien général trouvait « plus commode » de lui infliger la conclusion « de cette affaire, » sauf à le blâmer suivant les circonstances. Esprit pénétrant, Kléber ne craignait pas d'imputer à l'organisation de la campagne « le sacrifice de ce pays longtemps avant son départ. » Il l'accusait d'avoir préféré son intérêt personnel à l'expédition et d'avoir couru à ses succès en Europe au dépens de ses compagnons d'armes. Il demandait à Desaix de s'expliquer avec franchise et lui offrait le commandement avec promesse de lui obéir.

Lorsque Desaix reçut cette lettre, une des plus redoutables que Kléber ait écrites contre l'ambition de Bonaparte, tout était fini. La convention était conclue après des crises, des retours et des protestations impuissantes.

Ce que le général Kléber a voulu est fait, dit-il à son aide-de-camp Savary; allez de ma part lui dire qu'avant d'y mettre mon nom, je veux qu'il lise ce qu'il nous a fait faire;

mais que dans aucun cas je ne le signerai sans un ordre de lui que je vous prie de me rapporter.

L'histoire récente de Kléber a mis en lumière, par la publication des principales dépêches à Desaix, les phases et les péripéties des négociations. Nous n'avons pas à les rééditer. La lettre du 20 janvier mérite une mention, car elle précise et raconte le conseil de guerre tenu à Sâlheyeh le 20 janvier. Kléber, y assure Desaix, n'a pas voulu par cet acte « décharger ma responsabilité, » mais constater l'oubli du gouvernement et de Bonaparte. Le plénipotentiaire apprit avec indignation ce qui s'était passé dans cette réunion où les généraux, qui désapprouvaient en masse le départ, y avaient accédé pour plaire au chef qui les avait convoqués ! La demande secrète de ceux qui l'adjuraient de ne pas signer, parce qu'à leurs yeux le conseil de guerre n'avait pas été libre, l'encouragea à s'éloigner d'hommes indécis et il signa en s'écriant : *Il n'y a pas de ma faute.*

Les difficultés suscitées par la coalition, spécialement par l'Angleterre, avaient été telles que Desaix et Poussielgue écrivaient après la ratification :

« En raison des méfiances des personnes avec qui nous
» traitions et de leurs préjugés, nous sommes nous-mêmes
» étonnés d'être encore venus à bout de cet ouvrage, tout
» mauvais qu'il est. »

Ratifiée le 28 janvier, la Convention d'El-A'rych comprenait 22 articles, stipulant le retour de l'armée française à Toulon tant sur ses propres navires que sur ceux de la Porte! Le commodore avait réussi dans son dessein et les protestations du véritable vainqueur de l'Egypte, Desaix, n'avaient pu arrêter Kléber.

Après ces douloureux préliminaires, Desaix prépara son départ. Kléber lui écrivit, le 27 janvier, une lettre trop instructive pour ne pas en donner ici un extrait :

Je conviens, mon cher général, vous avoir donné une mission d'autant plus cruelle que le succès dont vous l'avez couronnée ne peut vous faire espérer d'autre récompense que celle de votre propre satisfaction et de la mienne. Une œuvre de raison a toujours été accueillie avec indifférence et du public et du gouvernement, quoique pour l'accomplir il ait fallu souvent plus de lumières, de talent et de persévérance que pour l'action la plus brillante en apparence. Je conviens encore que, si je vous avais laissé partir au mois de novembre, vous auriez passé des moments bien agréables à Paris ; mais, ou je vous connais mal, ou vous avez toujours préféré de remplir vos moments utilement plutôt qu'agréablement. Enfin, cher général, pour dissiper entièrement votre mauvaise humeur contre moi, mettez un instant Desaix à la place de Kléber et celui-ci à la place du premier et demandez alors alors à Desaix ce qu'en pareille circonstance il aurait fait. *Mais la plus grande tâche vous reste à remplir à Paris ;* c'est là que vous aurez à soutenir contre la toute-puissance irritée le faible qui n'a pour auxiliaire que *raison* et *vérité*. Si vous êtes écouté, votre triomphe est certain ; si vous ne l'êtes pas, vous saurez toujours, je pense, ainsi que moi, élever votre âme au-dessus de l'injustice.

Ce noble langage nous désarme. Bonaparte a pu condamner son successeur, l'histoire plus juste ne peut oublier, malgré l'erreur que commirent les généraux et les officiers du parti de l'évacuation, la gloire de ces hommes qui reconquirent à Héliopolis l'Égypte de Desaix. Kléber devait l'arroser de son sang après l'avoir illustrée.

Desaix rejoignit le quartier-général le 1er février. Il avait passé dix-huit jours à celui du Grand-Vizir et n'y avait appris que le mépris pour sa milice indisciplinée qui faisait trembler l'Orient, mais dont les jours étaient comptés. Il tardait au vainqueur des Pyramides et de Sédiman de fuir ce pays témoin de ses succès. Il ne pouvait assister impassible aux préparatifs de l'évacuation. Rappelant à Kléber les instructions de Bonaparte, il obtint l'autorisation de retourner en Europe. Des bâtiments neutres furent mis à sa disposition et il put emmener avec lui ses deux aides-de-camp Savary et Rapp. Le général Davout, qui commandait la cavalerie, put s'éloigner aussi : on redoutait ses amères interventions. Desaix quitta le Caire, descendit le Nil jusqu'à Rosette, s'y arrêta pour entretenir le général Menou alors le plus attaché à la conquête et hostile à la politique de son ancien général en chef. De Rosette notre héros se rendit à Alexandrie et remit, le 21 février, au capitaine du navire qui précédait son retour, une lettre pour Bonaparte. On y lit entre autres le blâme formel de la convention d'évacuation :

Mon général,

L'évacuation de l'Egypte est signée ; vous serez sûrement surpris, surtout de ce qu'elle l'est par moi qui me suis toujours prononcé pour *la conservation de cette importante conquête;* vous le serez moins quand vous connaîtrez les circonstances où je me suis trouvé. *Je vous assure que je n'ai rien épargné pour vous donner le temps d'y envoyer des secours* et que je n'ai obéi qu'à l'ordre très-précis du général en chef. Vous m'avez donné ordre de vous rejoindre dans le courant de l'hiver; je compte aussi vous revoir sous peu. Je vous demanderai de me faire connaître vos intentions; je suis toujours prêt à faire ce qui vous conviendra davantage. Bien servir mon pays et rester le moins possible sans rien faire est tout ce que je désire. Personne ne vous est plus dévoué que moi, personne n'a plus envie d'être utile à votre gloire.

Desaix partit enfin, accompagné d'un agent de Sidney Smiht, qui devait lui servir de sauvegarde, le 3 mars. Après avoir relâché en Grèce et une traversée périlleuse sur les côtes de Sicile, il fut arrêté par les Anglais prompts à susciter des équivoques. Conduit à Livourne, il y resta prisonnier et subit de la part de l'amiral Keith un traitement indigne de la part d'un agent du cabinet de Londres. Rendu à la liberté le 29 avril, son premier soin fut celui de la reconnaissance : *J'ai revu la patrie et tout s'est effacé* (1). Renouvelant le 5 mai ses offres de service au premier Consul, il reçut l'ordre de le rejoindre en ces termes :

*Bonaparte au général Desaix.*

Lausanne, 24 floréal an VIII (14 mai 1800).

Je reçois à l'instant, mon cher Desaix, votre lettre du 15 floréal. Votre première lettre m'avait instruit que vous deviez partir peu de jours après l'aviso qui a conduit l'aide-de-camp du général Kléber. J'étais donc vivement inquiet de voir un mois s'écouler sans avoir de vos nouvelles ; je craignais tout de la foi punique. *Mais enfin vous voilà arrivé, une bonne nouvelle pour toute la République, mais plus spécialement pour moi, qui vous ai voué toute l'estime due aux hommes de*

---

(1) Pièces justificatives, la 1<sup>re</sup> Lettre écrite par Desaix à sa famille.

*votre talent, avec une amitié que mon cœur aujourd'hui bien vieux et connaissant trop profondément les hommes n'a pour personne.*

J'ai reçu, il y a deux mois, la capitulation; je n'y ai fait aucune observation, puisque vous l'avez signée; mais comment 16 ou 18,000 Français peuvent-ils redouter 30,000 Turcs! Il ne vous fallait pas 6,000 hommes pour les battre, leur enlever leurs canons, leurs chameaux et les mettre pour un an hors d'état de rien faire.

A mon arrivée en France, j'ai trouvé la République perdue, la Vendée aux portes de Paris; l'escadre, au lieu d'être à Toulon, était à Brest et déjà désarmée; Brest même menacé par les Anglais. Il a fallu détruire la Vendée, trouver de l'argent, réarmer l'escadre. Elle partait forte de 36 vaisseaux avec des munitions de toute espèce et 6,000 hommes de débarquement, lorsque les nouvelles de Constantinople nous ont appris la capitulation.

Mais enfin, n'en parlons plus; *venez le plus vite que vous pourrez me rejoindre où je serai.*

Je vais descendre en Italie avec 30,000 hommes pour dégager Masséna, chasser Mélas; après quoi, je retournerai à Paris. L'avant-garde traverse à l'heure même le mont Saint-Bernard. Quand vous lirez cette lettre, je serai, j'espère, à Ivrée.

Moreau est à Biberach; il a mis trois fois Kray en déroute.

Signé : Bonaparte.

On allait refaire la double campagne d'Allemagne et d'Italie de 1796. Bonaparte venait d'y convier Desaix, mais il entendait expliquer, en l'atténuant, la perte de l'Egypte, et ce fut dans ce but qu'il écrivit à ses collègues du gouvernement, le 15 mai, une dépêche dont eux seuls étaient appelés à connaître.

*Bonaparte aux consuls de la République.*

Lausanne, 25 floréal an VIII (15 mai 1800).

Je reçois à l'instant, Citoyens Consuls, votre lettre du 22. Le ministre de la guerre m'envoie l'extrait ci-joint. Je désire que vous le fassiez imprimer tout entier dans le Journal officiel ; car il est bon que le public connaisse la situation de cette armée lorsque je l'ai quittée, *et combien les rapports faits par les agents de l'Angleterre sont exagérés.* Vous pouvez ajouter qu'il résulte de là que pendant deux ans des campagnes d'Egypte et de Syrie, et malgré les grands combats qui ont été livrés, l'armée n'est pas diminuée d'un cinquième.

La peste n'a pas été en Egypte, cette année ; ainsi, je regarde comme infâme qu'on l'ait abandonnée. Dans mon opinion, la seule chose qui pouvait la faire évacuer, eût été qu'une peste très-forte eût pendant tout l'hiver affaibli l'armée. *Par les lettres qui me reviennent, il paraît que Desaix, Menou, Davout et plusieurs généraux de cœur n'étaient pas d'avis d'évacuer l'Egypte.* Vous sentez que tout ce que je vous dis là n'est que pour vous. Je crois aussi qu'il est nécessaire que vous disiez que l'escadre de Brest allait partir ayant à bord des munitions de toute espèce et 6,000 hommes, lorsqu'on a eu par Constantinople la première nouvelle de la capitulation. Il est bon aussi de faire observer que, lors du 18 brumaire, la guerre de l'Ouest avait tellement intercepté nos communications avec l'escadre de Brest, que l'amiral Bruix a été plus d'un mois à se rendre de Paris dans ce port. Je désire que le citoyen Lebrun rédige lui-même cet article, qui ne doit pas dire plus que je ne dis ci-dessus, simplement pour faire sentir à l'Europe que, si je fusse resté en Egypte, ce pays restait à la France.

Signé : Bonaparte.

Qui peut croire à la vérité de telles assertions ? Qui peut souscrire sans enquête à la condamnation que prononça le 15 mai Bonaparte ? Kléber a réparé à Héliopolis l'erreur d'El-A'rych et jamais Desaix n'a approuvé en ceci les jugements de son général, cela suffit à l'histoire (1).

Quel était le langage du gouvernement français, au *Moniteur* ?

La publication des pièces relatives à « l'exécution du traité fait par le général Kléber avec le Grand-Vizir » ne permet pas, disait-il, d'écouter « les ridicules suppositions que se sont permises quelques journaux anglais » sur le respect dû à la capitulation :

Le traité est fait avec le général en chef de la seule armée qui attaquât alors les Français avec la puissance la plus intéressée à leur retraite, avec celle dont les alliés dans ces contrées n'agissaient en quelque sorte que comme auxiliaires. Il a pour résultat l'évacuation, la restitution complète de ce territoire, sujet particulier et unique de la participation prise par les Turcs à la guerre générale. Il remplit ainsi l'objet spécial que se proposaient dans leur union les puissances alliées, et le Grand-Vizir en le signant n'a évidemment fait que concourir à leur but commun.

Ainsi, quand il serait vrai que les membres de la coalition ne trouvassent pas dans cette convention tous les avantages qu'elles se seraient personnellement flattées d'obtenir, il s'ensuivrait seulement qu'elles pourraient se plaindre à leur allié de sa conduite, lui adresser de ces reproches qui

---

(1) On trouvera dans le *Moniteur*, dates des 29 et 30 germinal, sous ce titre : « Analyse de cinquante-neuf pièces de la Correspondance d'Égypte, » les documents spéciaux de la convention et des négociations qui l'ont précédée, résumés.

troublent, dénouent d'ordinaire les coalitions ; mais il serait contraire à tout principe qu'elles hésitassent à respecter un engagement pris par cet allié pendant qu'il fait cause commune avec elles ; il a tellement agi en nom collectif, qu'on ne pourrait enfreindre la sauvegarde qu'il a donnée, sans lui faire à lui-même la plus sanglante injure, sans renoncer à la communauté d'intérêts qu'a formée la Coalition, et par conséquent sans dissoudre les nœuds de celle-ci. . . . . . . .
. . . . . . . . . . . . . . . . . . . . . . . . . . . . . . . . . . .

On a dû s'étonner de voir demander sérieusement ce que l'Angleterre et la Russie gagneraient à l'évacuation de l'Egypte ; ce n'est pas ici le lieu de discuter des questions que l'événement a dépouillées d'une partie de leur intérêt. Les faits ont donné la solution de celle-ci, et tant d'efforts de l'Angleterre, tant de soins pris par la coalition, tant de secours fournis au Grand-Seigneur, tant d'obstination à arracher aux Français le grand entrepôt de notre hémisphère, prouvent assez quelle était l'importance, que pouvait devenir le prix de cette conquête. *Fata obstant !*

L'ordre du jour de Kléber du 17 mars, où il répondait à la lettre du 8 janvier de l'amiral Keith avec une précision devenue célèbre, est le meilleur commentaire des explications du gouvernement français. — La convention d'El-A'rych avait été une faute que le patriotisme de Desaix n'avait pu empêcher : l'ordre du jour du Caire sauva l'honneur de l'armée d'Egypte (1).

(1) On trouvera juste que nous laissions à l'historien de Kléber le récit d'une évacuation à laquelle Desaix n'a pas assisté.

# LIVRE III

## CAMPAGNE D'ITALIE.

## CHAPITRE XIII

### LA DEUXIÈME COALITION.

SOMMAIRE. — Rôle de Bonaparte. — Cause militaire de la deuxième coalition. — Prétextes de la politique anglaise pour solder les coalitions. — Lettre du Premier Consul au roi d'Angleterre. — Réponse du cabinet britannique. — Ses conditions. — Réplique de Talleyrand. — Aveux de William Pitt au Parlement. — État de guerre.

Rappelé en France par sa propre ambition et par ses rêves de pouvoir, jaloux de Joubert qui avait été placé à la tête de l'armée d'Italie après Schérer et Moreau, jaloux de Masséna qui avait reçu le commandement de l'armée d'Helvétie, Bonaparte était rentré en France le 9 octobre 1799. Accueilli par les populations avec un enthousiasme que le prestige des armes explique, par les membres du Directoire avec une méfiance juste, il sut profiter des fautes politiques des uns et des visées ambitieuses des autres pour renverser la Constitution de l'an III. Superposant sa personne à son pays, il lui promit de le sauver des périls que lui faisait courir la deuxième coalition que la haine de Pitt avait suscitée contre nous. Il oubliait que depuis 1792 la France avait vu d'autres périls et d'autres défaites, sans cesser de trouver en elle les hommes nécessaires à son salut et à sa vraie grandeur.

Les événements de l'année 1799 furent encore glorieux pour nos armes. Masséna se surpassa lui-même à Zurich et sauva les Alpes d'une invasion austro-russe. La politique du cabinet de Saint-James lançant une escadre et une armée sur les côtes de la Hollande, pour détourner notre attention de la Suisse et de l'Italie, aboutit après la bataille de Castricum à la capitulation anglo-russe d'Alkmaar. Battu en Italie malgré Championnet, Joubert (1) et Saint-Cyr, le gouvernement français confiait l'avenir au génie de Masséna. Autrichiens, Anglais et Russes allaient bientôt recevoir le prix de leur persévérance.

Quelle cause jetait donc l'Europe sur la France et favorisait l'empire maritime de l'Angleterre au point de rompre l'équilibre ?

La nouvelle de la destruction de l'escadre française à Aboukir se répandit en Europe dans le mois de septembre. Ce fut l'étincelle électrique qui alluma cet incendie dont le continent fut bientôt embrasé. Le roi de Naples reçut Nelson en triomphe ; la Porte déclara la guerre à la République. L'Angleterre, l'Autriche, la Russie et Naples formèrent la deuxième coalition. Au mois de novembre 1798, une division autrichienne prit possession de Rheinthal sous le prétexte de protéger les lignes grises. Mack, général autrichien, prit le commandement de l'armée napolitaine qui fut campée et mise sur le pied de guerre. Le gouvernement français vit l'orage

(1) Napoléon n'a pas craint d'avancer que si Joubert n'avait pas été tué, « il n'eût pas ordonné la retraite, et le champ de bataille serait demeuré aux Français. »

qui se formait et se prépara à lui résister... Tout retentit en Europe du cliquetis des armes. Cependant on espérait quelques résultats heureux des négociations de l'hiver (1).

Il n'en fut rien. L'année 1799 vit éclater la seconde coalition.

Le successeur de Catherine avait hérité à Saint-Pétersbourg de son aversion pour la République et de sa haine pour la Révolution. Le Roi d'Angleterre se sentait menacé dans ses possessions allemandes de Hanovre et voulait rétablir le Stathoudérat pour mieux affirmer l'asservissement de la Hollande et sa subordination sur les mers. La séparation des colonies d'Amérique, œuvre dernière de la monarchie française, avait ravivé les vieilles antipathies de la race anglo-saxonne, attestées à Pillnitz par l'influence de Pitt. Les succès et les victoires remportés par la France depuis le 20 avril 1792 n'avaient servi qu'à enflammer les colères du parti tory. Ni la Paix de Bâle, ni la Paix de Campo-Formio n'avaient pu désarmer le cabinet de Londres. L'Expédition d'Orient avait suffi pour être la base d'une argumentation toute anglaise; mais l'habileté de la diplomatie britannique avait consisté à montrer la balance européenne violée par notre présence au Caire. Les recherches de l'Isthme de Suez avaient stimulé nos implacables adversaires, et s'ils ne croyaient plus sur les côtes de l'Océan à une invasion des Iles Britanniques, ils redoutaient celle des Indes.

L'Expédition de Syrie, quoique avortée, avait prouvé notre dessein d'arriver aux Indes par le golfe arabique.

---

(1) V. « *Précis des événements militaires arrivés pendant l'année 1798.* » Correspondance de Napoléon, t. XXX, p. 279.

Donc, du moment où la sécurité des possessions anglaises n'existait plus ou du moins était sérieusement menacée, il n'y avait plus de sécurité pour l'Europe, partant plus de paix pour la France.

La fin du Directoire ne pouvait qu'aviver ces sophismes diplomatiques.

Les événements militaires survenus en Italie, désastreux pour notre domination, ne pouvaient contrebalancer les glorieux faits d'armes de Masséna et l'évacuation de la Suisse par Souvarof. Le cabinet de Vienne, qu'exaltaient ses récents succès, ne voyait de grandeur pour son empire que dans la conservation de l'Italie. L'expulsion du Souverain Pontife de Rome lui rendait la prépondérance d'influence sur les puissances catholiques. Et pour achever de troubler les idées reçues, on apprenait que Paul Ier s'intitulait Grand-Maître de l'Ordre de Malte, lui souverain pontife des Orthodoxes.

Entré en fonctions le 26 décembre, Bonaparte écrivit au roi d'Angleterre pour lui exprimer le désir de finir la guerre entre les deux nations. Il ne pouvait la supposer « éternelle. » Comment les deux nations les plus éclairées de l'Europe, plus fortes « que ne l'exigent leur sûreté et leur indépendance, » sacrifieraient-elles les familles à des « idées de vaine grandeur. » Cet appel sentimental, quoique vrai de la part d'un soldat, n'était pas fait pour entraîner la politique dure et âpre du cabinet de Londres.

Écrivant directement au roi Georges, Bonaparte avait violé les convenances et l'étiquette royale. Le cabinet répondit par lord Grenville, le 4 janvier. Il remonta à l'origine des hostilités, affirma en blessant la vérité que la République en avait pris l'initiative et, pour que le coup fût plus amer, exposa la lutte entre les deux nations comme un acte de dévastation de la part de la France, comme un acte de désintéressement de la part de l'Angleterre. Il acceptait la paix à deux conditions : « le rétablissement de l'ancienne dynastie » et « la possession incontestée de son ancien territoire. » Pitt se croyait encore à Pillnitz !

Ainsi, la France provoquée, livrée aux promesses d'un démembrement depuis 1792, maîtresse par les armes de la rive gauche du Rhin, occupant la Suisse et la Hollande, de l'aveu de leurs gouvernements, pour maintenir l'indépendance de l'une et délivrer l'autre du joug des stathouders, on lui propose le retour à l'ancien régime et les frontières de 1789 !

La fin du document anglais se terminait par cette appréciation violente : La France n'offrant pas la sécurité et les garanties désirables pour la conclusion de la paix, la Grande-Bretagne continuera la guerre.

Le 14 janvier, M. de Talleyrand, notre ministre aux relations extérieures, répondit. Il n'eut pas de peine à montrer que le cabinet de Londres avait été le premier agresseur et que sous le Directoire un plénipotentiaire était venu de Londres à Paris et à Lille. Puis, passant au grief de l'ancienne dynastie :

Ces insinuations, répondit-il, n'étaient pas moins injurieuses pour la nation française et son gouvernement, que ne l'eût été pour l'Angleterre et pour Sa Majesté britannique une sorte de provocation vers le régime républicain, *dont l'Angleterre avait adopté les formes au milieu du siècle dernier*, ou une exhortation à rappeler au trône cette famille que sa naissance y avait placée et qu'une Révolution en avait fait descendre.

Lord Grenville répliqua, le 20 janvier, par une note qui était la répétition de la première sur l'origine de la guerre et sur le rétablissement des Bourbons.

Il appartenait au Parlement seul de connaître et d'apprendre, pour lui comme pour les cabinets européens, « l'évidence des faits. » Pitt le fit en ces termes :

Supposons, au contraire, la paix faite, la coalition de l'Europe dissoute et nos armées licenciées ; pouvons-nous penser que les moyens extraordinaires que *le système de la Révolution* laisse à la France ne seront pas toujours au pouvoir du despotisme militaire ? que ce pouvoir ne peut pas de nouveau faire trembler l'Europe ? Pouvons-nous oublier qu'en dix années ce pouvoir nous a fait plus de mal que toutes les guerres que nous présente notre histoire depuis l'établissement de la monarchie en France ?

Le *système de la Révolution* était donc la cause de la deuxième coalition. Origines de la querelle armée qui se poursuivait depuis huit années, rétablissement des Bourbons n'étaient que des prétextes. Ce qu'on voulait à Londres, à Pétersbourg, à Vienne et à Madrid, c'était l'abaissement de la France, l'abaissement à tout prix, enfin la fixité dans l'abaissement. Ce qu'on haïssait dans la nation française, ce n'était pas le jacobinisme, mais les principes de sa Révolution qui avaient développé son influence et augmenté ses forces. Placée entre la honte et la nécessité de combattre, la France accepta la guerre (1).

(1) Paul Ier se détacha de l'alliance austro-anglaise le 11 mars 1800, mais le roi de Prusse refusa de sortir de sa neutralité.

# CHAPITRE XIV

## DESAIX A MARENGO (1).

SOMMAIRE. — Éloges du Ministre de la guerre à Desaix sur son retour. — Lettres de Desaix à Bonaparte — Lettre à sa famille. — Rôle de Moreau à l'armée du Rhin. — Remarquable dépêche de Berthier, général en chef de l'armée de Réserve, au Premier Consul. — Desaix rejoint enfin Bonaparte au quartier-général de Stradella. — Entrevue. — Le 18 brumaire à l'Armée d'Italie et à l'Armée du Rhin. — Dépêche de Berthier à Suchet sur le 18 brumaire. — Le Dépôt de la Guerre et le 18 brumaire. — Dispositions de Bonaparte. — Services rendus par Masséna à l'armée de Ligurie. — Marengo. — Desaix devine une bataille au nord de Novi et se porte au secours du Premier Consul. — Belles paroles de Desaix. — Sa mort. — Rapport du Premier Consul sur Marengo. — 1er Rapport de Berthier. — Récit du général Dumas. — 2e Rapport de Berthier. — Marmont. — Récit d'après les officiers autrichiens (Dépôt de la Guerre de Vienne). — Réfutation des assertions du général Kellermann. — Savary et Kellermann. — Victor et Desaix. — Rapport de Dupont, chef de l'état-major général, supprimé par Maret. — Maret et Carnot. — Regrets de la France en apprenant la perte irréparable de Desaix.

Étranger à la politique, Desaix écrivit au ministre de la guerre, de Toulon, pour lui annoncer son arrivée; respectueux de la hiérarchie et de la discipline, il s'adressa,

(1) L'auteur n'avait pas à raconter, après tant d'écrivains autorisés, la *Journée de Marengo*. Il a cru qu'un seul devoir lui incombait : le rôle de Desaix. Il l'a exposé en publiant à l'appui de son récit complémentaire des documents inédits et la narration autrichienne rédigée d'après le Dépôt de la Guerre de Vienne.

le 5 mai, à son principal chef pour s'incliner devant le Consulat de la République comme il l'avait fait à l'armée du Rhin pour le Directoire. En 1800 comme en 1795, il retrouvait, à la tête des opérations militaires, le même homme : *Carnot.* Il put croire, dans son ignorance des événements, à un même gouvernement, à un même système général : l'entrevue de Stradella devait seule exercer la pénétration de son esprit.

La lettre du vainqueur de Sédiman ne nous a pas été conservée, mais nous avons la réponse que lui fit Lacuée, ministre intérimaire :

*Au général Desaix au lazareth de Toulon.*

Du 23 floréal.

J'ai reçu avec satisfaction, citoyen général, votre lettre du 15 floréal (5 mai) qui m'annonce votre arrivée à Toulon.

Je partage sincèrement la joie qu'éprouvent tous les amis de la République de vous voir enfin rendu à la France ainsi que leur admiration pour vos opérations distinguées en Egypte. Elles nous donnent le droit d'attendre de vous des services non moins utiles en Europe, qui seront à la fois une source nouvelle de gloire pour vous et de reconnaissance pour la Patrie.

Les hommes considérables qui avaient dirigé depuis huit années les affaires publiques se réjouissaient avec raison du retour de Desaix. Ils sentaient combien un tel collègue serait utile à l'œuvre commune et quel parti en tireraient les consuls. Ses rivaux de la Suisse et du Rhin, Masséna et Soult, Gouvion Saint-Cyr et Moreau, devaient acclamer sa modestie, Bonaparte s'en faire une arme auprès de ses troupes. Aucun nom à ce moment n'était plus populaire dans l'armée que celui de Desaix, et l'apaisement des passions révolutionnaires promettait à son influence une valeur réelle. Notre héros ne se rendait pas compte de son mérite. Tout aux choses de la guerre, il ne cherchait qu'à se signaler et apportait dans l'expression de ses désirs l'ardeur d'un débutant.

Le 5 mai il écrivait à son ancien général en chef pour réclamer une part dans la campagne d'Italie :

Oui, mon général, je désire vivement faire la guerre, mais *de préférence* aux Anglais : je leur ai juré haine éternelle ; leurs insolences, leurs mauvais traitements sont toujours présents à ma mémoire.

Quelque grade que vous me donniez, je serai content ; vous savez que je ne tiens pas à avoir les premiers commandements, que je ne les désire pas ; je serai avec le même plaisir volontaire ou général. Seulement, je vous avouerai que, dans ce moment-ci, un peu fatigué, je ne voudrais pas entrer en campagne dans une armée hors d'état d'agir ; mais, du reste, tout ce que vous voudrez me conviendra.

Je désire bien connaître ma situation de suite, afin de pouvoir faire préparer sans délai tout ce qu'il faut afin de ne pas perdre un instant pour entrer en campagne.

Un jour qui n'est pas bien employé est un jour perdu.

Moreau commandait cent trente mille hommes sur le Rhin ; Masséna venait de s'enfermer dans les murs de Gênes pour disputer la Ligurie à l'Autriche et arracher le port des Doria à la domination britannique ; Berthier organisait une armée de réserve que la coalition soupçonnait à peine et qui se concentrait sur les frontières occidentales de la Suisse, à la surprise du Conseil Aulique.

La part qui incombait à l'armée du Rhin dans l'ensemble des opérations est trop belle pour que nous puissions la passer sous silence. La dépêche de Berthier, général en chef, écrite de Dijon au Premier Consul le 25 avril, est des plus instructives. Elle prouve, ce qu'affirment les papiers inédits du Dépôt de la Guerre, que Berthier avait une action personnelle dans les plans de guerre soit à l'égard de Carnot sous la République, soit à l'égard de Bonaparte durant la première période du Consulat. La pièce suivante mérite qu'on en pèse les termes :

Votre courrier est arrivé hier à 9 heures et je m'empresse de répondre à votre dépêche.

Je n'ai pas encore de nouvelles du général Moreau. Je ne puis compter, que subordonnément à ses succès, sur les trente mille hommes qu'il doit me donner pour commencer mon mouvement.

Le général *Moreau* est attaqué suivant les nouvelles. On annonce des succès, mais sa position reste toujours très-mauvaise et l'ennemi a ses forces sur lui. Il n'y a donc pas un instant à perdre pour faire un mouvement qui le dégage. Je serais déjà à Genève si la formation de cette armée et tout ce qui tient de plus essentiel à son organisation me le permettaient, mais dans les circonstances du moment, elle est en retard de 20 jours.

Je pense qu'il est indispensable de prendre un parti indépendant des événements du Rhin et même de ceux de l'aile droite de l'armée d'Italie.

Je propose, ordre impératif au général Moreau, de réunir le 15 à Lucerne un corps de quinze mille hommes aux ordres du général Lecourbe avec les approvisionnements et tout ce qui est nécessaire pour passer le Gothard ; ordre impératif au général *Lecourbe* qui est indispensablement nécessaire par la connaissance du pays.

Vous verrez, par l'état de situation ci-joint, que je n'ai dans ce moment que vingt-deux mille hommes d'infanterie disponibles, six mille qui sont en marche et trois mille qui sont annoncés et non en marche.

La *Légion italique* peut former quatre mille hommes sans armes et sans habits dans ce moment; observez dans le nombre ci-dessus un quart de conscrits dont la désertion est journalière. Je ne puis donc pas compter passer les Alpes avec plus de vingt-cinq mille hommes portant les baïonnettes, non compris la cavalerie ni l'artillerie; ajoutez trois mille hommes du général Thureau et nous trouverons au plus trente mille hommes d'infanterie, calcul de général en chef et non celui d'état de bureau, ce que vous savez apprécier mieux que personne. Je ne compte pas les bataillons de l'armée d'Orient destinée à garder la Suisse.

Il est donc indispensable que *l'armée du Rhin*, quelque chose qui m'arrive, me donne le général Lecourbe avec quinze mille hommes organisés pour passer le Gothard.

Telle circonstance qui arrive, le général Moreau restera avec plus de forces qu'il ne lui en faut.

Les affûts traîneaux arrivent le 9. Ils continueront leur route pour Genève où ils arriveront le 18. Je fais toutes mes dispositions pour que l'armée y soit réunie à cette époque. J'ai envoyé au-devant les fusils; j'attends les cartouches, les chevaux; enfin, j'attends beaucoup de choses d'ici au 9.

*Genève* et l'*Helvétie* sont des pays ruinés. Je ne puis donc que les traverser et ménager les faibles ressources pour mon passage. Les approvisionnements extraordinaires à Genève vont assez bien et seront au complet si la trésorerie envoie à l'ordonnateur Lambert, à Lyon, les fonds mis à sa disposition par le ministre de la guerre. La levée des deux mille mulets ne va pas très-bien. Envoyez de l'argent à Boucouneau ; j'ai fait passer un marché pour en louer ; j'éprouve beaucoup de difficultés.

J'espère, le 18 ou le 19, avoir à Genève les principaux objets nécessaires à mon mouvement et, suivant les circonstances, je me mettrai en marche pour me jeter en Italie, soit par le *Saint-Bernard*, soit par le *Simplon*, soit par le *Gothard*.

Je me déciderai, suivant les circonstances, *au moment même*.

Le Simplon est impraticable pour les traîneaux ; le Saint-Bernard et le Gothard sont les débouchés préférables.

La division Watrin est en marche sur Genève. La tête doit être arrivée et faire un bon effet pour le général Masséna.

Marquez-moi si je dois faire marcher avec moi la garde des Consuls et l'artillerie.

Je vous fais connaître ma véritable position, non pour me plaindre, mais *pour vous mettre à même de faire vos dispositions*. Je marcherai avec ce que j'aurai sans compter le nombre des ennemis ; les troupes ont de l'ardeur ; nous vaincrons les difficultés, nous en aurons beaucoup et par conséquent plus de gloire.

Le projet de l'ennemi me paraît bien découvert ; Mélas veut s'emparer de Gênes ; se porter ensuite dans l'Helvétie pour, de concert avec le général Kray, nous y attaquer (1).

---

(1) Registres de *Correspondance* et *Ordres* du général Berthier. B. R.

On voit, par cette dépêche, que Berthier entendait passer par le Saint-Bernard, peut-être par le Gothard, et qu'il soupçonnait à son adversaire l'intention de se jeter dans Gênes. Ce fut Marescot, de l'arme du génie, qui fit les explorations préliminaires.

Ce qu'il indiquait dans sa dépêche, c'est ce qu'a exécuté Bonaparte dont l'initiative en ceci n'existe plus. Si l'on adopte les dires du duc de Bellune sur le « plan d'invasion de la Lombardie » qu'il fournit alors (en mars), la version de M. Thiers perd un peu de son prestige. *Mémoires du duc, au chap. 2, note de la p. 99.*

Retenu dans le lazaret de Toulon par les règlements de l'intendance sanitaire, Desaix apprit nos victoires en Allemagne et nos espérances en Italie. A sa sortie, il connut la tentative audacieuse de l'armée : le passage des Alpes par le grand Saint-Bernard.

Les troupes que les généraux ennemis avaient cru destinées, le long de la Suisse, à favoriser la délivrance de Gênes, traversant des neiges éternelles, étaient descendues dans les plaines de la Lombardie. Parti de Paris au jour qu'il s'était fixé, le Premier Consul avait rallié les divisions échelonnées autour de Genève et de Lausanne. Franchissant les deux Saint-Bernard, le Saint-Gothard et le Mont-Cenis, il avait coupé par cette opération l'armée autrichienne de sa ligne de retraite, pendant que Mélas s'endormait à Turin dans une sécurité profonde.

Bonaparte entrait sans coup férir à Milan. Les villes de Pavie et de Plaisance tombaient en son pouvoir avec tous leurs approvisionnements, le Pô était franchi et le combat de Montebello ajoutait une nouvelle victoire à la réplique de l'armée française à la capitulation de Gênes.

Le 14 mai, Bonaparte avait écrit de Lausanne à Desaix : *Venez le plus vite que vous pourrez me rejoindre où je serai.* Desaix partit dès la fin de sa quarantaine (1) et profita des confidences de son général, faites peut-être à lui seul à ce moment : *Je vais descendre en Italie avec trente mille hommes pour dégager Masséna.*

Redoutant d'arriver après l'action, il se dirigea vers la Lombardie, traversa le Dauphiné, la Tarentaise et déboucha par le petit Saint-Bernard sur le revers des Alpes

(1) On trouvera aux Pièces justificatives la première lettre qu'ait écrit Desaix à son arrivée en France et celle qu'il adressa au général Math. Dumas.

à la recherche de l'armée française. Il atteignit le quartier-général à Stradella, le 11 juin. Bonaparte le reçut avec les marques d'affection la plus vive et le présenta aux troupes.

La nuit se passa dans une conversation intime dont rien n'a transpiré et dont aucun document *officiel* ne constate la teneur. On en est réduit aux conjectures; mais il n'y a pas grand crainte de se tromper en présumant que les événements survenus en Égypte depuis le départ de Bonaparte et la question de l'évacuation stipulée dans la convention d'El-A'rych ont été exposés par Desaix et discutés par son interlocuteur. Ce que l'on connaît de l'entretien, on le doit aux *Mémoires du duc de Rovigo* et au récit de la bataille rédigé par Napoléon à Sainte-Hélène. Nous tenons ces sources pour suspectes. Nous leur préférons le témoignage de Gouvion Saint-Cyr à Gênes et le récit de ce dernier sur l'état des esprits à l'armée d'Italie en y apprenant le 18 brumaire (1).

Le 20 novembre 1799 Suchet avait écrit au ministre de la guerre pour accuser réception des « détails » adressés au général en chef « sur les événements des 18 et 19 brumaire » et appeler son attention sur le dénuement où il était plongé. Témoin des gloires de la campagne de 1796, il appelait le Premier Consul le *héros qui l'immortalisa*, afin d'attirer les regards de Berthier sur

(1) Nous devons à la vérité de déclarer qu'il n'existe pas trace du mouvement du 18 brumaire (9 novembre 1799) à la *Correspondance générale* du Dépôt de la Guerre, émanant du Ministre de la guerre aux généraux de l'intérieur.

Il n'y a rien à l'*Armée d'Italie* et à l'*Armée du Rhin* sur ce grave événement, ce qui prouve qu'une révision intéressée a fait disparaître les pièces y relatives.

l'état de l'armée (1). Plus fidèle en ceci, il résumait d'un trait sa situation économique : « Le mal s'accroît chaque jour (2) avec une désolante rapidité, ce qui ne peut nous faire envisager que le plus effrayant avenir. » Gouvion Saint-Cyr a été catégorique en ses *Mémoires*. Berthier avait annoncé, le 18 brumaire, en ces termes à ceux qu'il appelait ses camarades : « Ils sentiront les effets du gouvernement fort qui vient de s'organiser et qui *sauve la République* du péril où elle était » (3). Les troupes n'acceptèrent pas aussi facilement cet attentat contre la Constitution de l'an III, leur mécontentement fut général, et ce qu'il faut noter ce fut la répulsion de celles qui avaient appartenu à « l'ancienne armée d'Italie. » On n'osa même pas leur imposer la prestation du serment qu'on leur avait annoncé, et les chefs, consultés, furent « unanimes » sur le refus de leurs soldats. Bien plus, « ils assuraient que si les corps n'étaient pas aussi affaiblis, aussi ruinés au physique et au moral, ils se prononceraient contre cette Révolution. On dut se contenter de leur silence » (4). L'approbation personnelle de Championnet lui enleva sa popularité, et si la lettre de Suchet

---

(1) L'ordonnateur en chef de l'armée d'Italie, Aubernon, écrivait, le 8 juin, au Ministre de la guerre :

« Depuis plus de deux mois j'ai été privé de toute correspondance. Plusieurs fois cependant j'avais tenté de vous instruire de notre situation, mais mes lettres n'ont pas pu vous parvenir... Les troupes ont souffert toutes les privations imaginables. »

(2) La désertion était telle que la division Victor descendit de 9 à 3,000 hommes.

(3) Registre des ordres du jour du général Suchet, n° 9. Ordre du 25 novembre.

(4) *Mémoires militaires*, t. II, ch. VI, p. 55.

à Berthier eût été connue, elle aurait rendu sa position difficile.

L'*armée du Rhin* n'avait pas fait un meilleur accueil à la révolution de Paris. Moreau tenta vainement « d'y rassurer les esprits et les décider en faveur du Premier Consul. » Il fit un appel inutile à leurs besoins, son armée « avait franchement adopté le gouvernement républicain. » Elle voyait dans Bonaparte un dictateur et elle n'entendait pas abandonner les *Principes* auxquels elle attribuait ses victoires (1).

Bonaparte a pu tromper la droiture de Desaix par des allégations contraires à la vérité, soit sur l'opinion de ses troupes, soit sur celles de Moreau: l'ami de Gouvion Saint-Cyr et de Moreau ne saurait en être rendu responsable. Il n'a pas soupçonné la duplicité de son général en chef, et le coupable ce fut encore Bonaparte. Les pièces relatives au 18 brumaire ont été soustraites au jugement technique de l'histoire, au Dépôt de la Guerre: ceci accable le Premier Consul. Il présenta Desaix à l'armée, afin d'établir entre eux deux une solidarité effective : cela fut du machiavélisme.

Le rôle qui allait appartenir à Desaix, on le comprendra par la lettre suivante de Berthier au général Lannes, le 11 juin :

Je crois nécessaire, citoyen général, de porter l'armée sur la Scrivia pour vous rapprocher de l'ennemi. En conséquence, vous vous mettrez en mouvement demain 23, aussitôt après le corps du général Victor qui a l'ordre de se diriger sur Tortone. Le corps à vos ordres, composé de la 28ᵐᵉ et de la

---

(1) *Mémoires militaires*, Campagne de 1800 en Souabe, ch. 1, p. 101-2.

division Watrin, marchera sur Castel-Novo-di-Scrivia, celle de gauche marchera entre Tortone et Castel-Novo-di-Scrivia. Vous aurez soin de tenir toujours la tête de vos colonnes toujours obliquement en arrière de la tête du corps du général Victor qui se dirige sur Tortone, de manière qu'il attire d'abord toute l'attention de l'ennemi.

Le général Murat vous donnera une brigade de troupes à cheval.

Le *corps* du général Desaix, composé de la division Monnier et de la division Boudet, suivra le mouvement comme *réserve*.

Je vous salue.
Signé : Alex. BERTHIER.

P. S. La brigade de cavalerie à vos ordres éclairera toute la partie depuis Castel-Novo-di-Scrivia jusqu'au Pô.

Tout indiquait une action prochaine.

Le général Valette annonçait, le 12, au sous-préfet de Saint-Jean de Maurienne, l'évacuation de Turin par le général Mélas et la continuation des succès de l'armée de réserve.

Dupont, chef de l'état-major, écrivait, le 13, au ministre de la guerre, Carnot, que l'ennemi se rassemblait sous Alexandrie et qu'il paraissait incertain s'il recevrait la bataille.....

Le 14 juin, l'armée autrichienne déboucha de la plaine d'Alexandrie par les ponts de la Bormida.

Le général Victor occupait le village de Marengo et formait notre gauche, le général Lannes celui de Castel-Ceriolo à notre droite. La bataille s'engagea sur les deux ailes à neuf heures du matin ; accablés par des forces supérieures, nous perdîmes le village de Marengo et fûmes menacés du même sort sur la gauche. Nous avions devant nous quarante-cinq mille hommes, pourvus de 200 canons et secondés par une cavalerie d'élite. En vain Bonaparte, arrivant de Tortone, fit-il donner la division Monnier; en vain la lutte se renouvela-t-elle avec un acharnement meurtrier, Mélas l'emporta. L'armée française était vaincue sur toute la ligne et vaincue deux fois, en l'absence puis en la présence de son chef.

Et cependant, cette armée de cent vingt mille Impériaux avait été successivement réduite !

Non content de sauver ses troupes, Masséna s'était placé, après la reddition de Gênes, sur les derrières de l'armée autrichienne; il s'était donné pour mission de lui enlever sa sécurité en se portant sur le sommet de l'Apennin. Il l'avait annoncé au Premier Consul par la dépêche suivante, le 13 juin :

Mon Général,

. . . . . . . . . . . . . . . . . . . . . . . . . . . . . . . . . .

Si à mon arrivée ici j'avais trouvé quelque peu d'artillerie et de munitions, je me serais mis de suite en marche. Ma position y est plus difficile qu'elle ne l'ait jamais été.

Je manque de tout, absolument de tout.

Je compte avoir dans sept ou huit jours le peu d'artillerie et de munitions qui me sont indispensablement nécessaires, et alors je marcherai sur Asti pour me réunir à vous le plutôt possible. J'aurai de dix à onze mille hommes d'infanterie.

Le général Suchet, en suivant le mouvement rétrograde de l'ennemi qui abandonnait Nice, lui a fait de cinq à six mille prisonniers.

J'occupe en ce moment les hauteurs de Savone, Montenotte, Carcare et Dego.

Salut et respect. MASSÉNA.

Au quartier-général, à Finale.

Et quelques jours plus tard, le glorieux vaincu écrivait à Carnot :

J'ai pensé devoir vous faire porter les drapeaux enlevés à l'ennemi. Huit ont été pris par l'aile droite et six par le centre. Ces drapeaux seront un monument durable de l'intrépidité et du dévouement de cette brave armée qui, au prix des plus grands efforts, a préparé les derniers événements qui opèrent la délivrance de l'Italie. Quelle masse d'éloges ne dois-je pas à tous les militaires dont j'ai partagé les dangers et les travaux...

Bonaparte reçut donc l'armée autrichienne affaiblie pour plus d'un tiers par les manœuvres de celui qu'il avait sacrifié à Gênes, comme il sacrifia Moreau sur le Rhin en 1796 et 1797. On le reconnaît enfin, il avait perdu huit grands jours à Milan, de l'aveu de M. Thiers lui-même qui signale le fait avec rapidité. La prévoyance de Masséna l'avait magnifiquement inspiré sur l'Apennin, les faits le prouvent.

La faute d'inaction de Bonaparte se doubla, le 14 juin, de la dispersion de ses forces.

Ne trouvant pas, le 13, trace d'Impériaux dans la plaine, il avait cru à la fuite du général Mélas sur Gênes par Novi et lui avait prêté l'intention de s'y enfermer, comme précédemment Wurmser à Mantoue, afin de traîner la guerre en longueur. Aussi, Bonaparte avait-il prescrit à Desaix de marcher sur Rivalta et Novi pour y arrêter l'ennemi venant d'Alexandrie. La division Boudet lui avait été donnée dans ce but.

Desaix exécuta, le 14, l'ordre reçu.

Il cheminait sans avoir rencontré les Autrichiens jusqu'au milieu du jour, sur Novi, lorsque fatigué d'exercer une surveillance qui pouvait cacher un piége de l'ennemi, il résolut de s'assurer par lui-même de l'état des choses. Général d'avant-garde sans cesse en éveil sur le Rhin, son instinct s'était développé dans la campagne d'Egypte. Il se porta sur San Giuliano et entendit bientôt un bruit sourd mais continu (1). Descendant de cheval, il scruta la terre. Toute indécision cessa pour lui : c'était bien le canon qu'il avait cru deviner, ses coups venaient du nord. Là est l'action, dit-il, et se retournant tête à l'ennemi, il fit donner l'ordre à sa division de se diriger à marches forcées vers la plaine qui s'appelle aujourd'hui Marengo.

Ardent à se signaler, il envoya aide-de-camp sur aide-de-camp au Premier Consul et arriva près de sa personne après avoir laissé ses troupes derrière lui. L'impatience était non moins vive au quartier-général. Entouré par les généraux qui opinaient pour la retraite, on tint conseil à cheval, Desaix observa le champ de bataille, puis tirant sa montre prononça ces admirables paroles : *Oui, la bataille est perdue, mais il n'est que cinq heures : il reste encore le temps d'en gagner une.* Et s'adressant au Premier Consul : « *Il faut*, dit-il, *qu'un feu vif d'artillerie impose à l'ennemi, avant de tenter une nouvelle charge ; sans quoi elle ne réussira pas : c'est ainsi, général, que l'on perd les batailles. Il nous faut absolument un bon feu de canon.* » Ce fut Marmont qui reçut directement ses ordres (2). Le

---

(1) M. Thiers laisse croire que Desaix a pu entendre le canon à 10 kilom., le maréchal Victor soutient avec raison le contraire. Aussi disons-nous qu'inquiet de son inaction, il s'est porté sur San Giuliano et que c'est en approchant de ce bourg qu'il n'a plus douté de la nécessité de sa présence; mais là il a pu entendre le canon.

(2) Voir le récit de Marengo par lui, en ses *Mémoires*, t. II, liv. 5, p. 132.

général Kellermann fut invité à coopérer à l'action nouvelle qui se préparait et où il devait tant s'honorer (1). Puis Desaix, se mettant à la tête de sa première brigade, conduisait au feu les six mille hommes qui par lui allaient relever la fortune de l'armée. Il se présenta de front et gravissait, devant la 9ᵉ légère (2), le sabre au poing, l'éminence qui le dérobait aux Autrichiens, lorsqu'il tomba foudroyé. Reçu par une décharge des grenadiers du régiment Wallis, il avait été le premier atteint.

*Il nous arrivera quelque chose,* avait-il dit la veille. *Je crains que les boulets d'Europe ne me reconnaissent plus.*

L'armée connut aussitôt la perte qu'elle venait de faire et redoubla de courage. Elle vengea Desaix par la victoire.

Les documents officiels l'annoncèrent en ces termes :

BULLETIN DE L'ARMÉE DE RÉSERVE.

Torre dei Garoffoli, 26 prairial an VIII (15 juin 1800).

Après la bataille de Montebello, l'armée s'est mise en marche pour passer la Scrivia.

L'avant-garde, commandée par le général Gardanne, a, le 24, rencontré l'ennemi qui défendait les approches de la Bormida et les trois ponts qu'il avait près d'Alexandrie, l'a culbuté, lui a pris deux pièces de canon et fait cent prisonniers.

La division du général Chabran arrivait en même temps le long du Pô, vis-à-vis Valence, pour empêcher l'ennemi de passer ce fleuve : ainsi, M. Mélas se trouvait cerné entre la

---

(1) « Le général Kellermann, dit Savary, ne pouvait non plus, du point où il était placé, apercevoir la division Desaix. » Et il avance qu'il ignorait probablement la présence de ce général.

(2) La 9ᵉ légère reçut, dans le Bulletin du 26 prairial, le surnom d'*incomparable*.

Bormida et le Pô. La seule *retraite de Gênes* qui lui restait après la bataille de Montebello, se trouvait interceptée. L'ennemi paraissait n'avoir encore aucun projet et très-incertain de ses mouvements.

Le 25, à la pointe du jour, l'ennemi passa la Bormida sur ses trois ponts, résolu à se faire une trouée, déboucha en force, surprit notre avant-garde et commença, avec la plus grande vivacité, la célèbre bataille de Marengo, qui décide enfin du sort de l'Italie et de l'armée autrichienne.

Quatre fois pendant la bataille nous avons été en retraite et quatre fois nous avons été en avant. Plus de soixante pièces de canon ont été, de part et d'autre, prises et reprises sur différents points et à différentes heures. Il y a eu plus de douze charges de cavalerie et avec différents succès.

Il était trois heures après-midi, dix mille hommes de cavalerie débordaient notre droite dans la superbe plaine de San-Giuliano. Ils étaient soutenus par une ligne de cavalerie et beaucoup d'artillerie. Les grenadiers de la garde furent placés comme une redoute de granit au milieu de cette immense plaine; rien ne put l'entamer. Cavalerie, infanterie, tout fut dirigé contre ce bataillon; mais en vain : ce fut alors que, vraiment, l'on vit ce que peut une poignée de gens de cœur.

Par cette résistance opiniâtre, la gauche de l'ennemi se trouva contenue et notre droite appuyée jusqu'à l'arrivée du général Monnier qui enleva à la baïonnette le village de Castel-Ceriolo.

La cavalerie ennemie fit alors un mouvement rapide sur notre gauche qui déjà se trouvait ébranlée; ce mouvement précipita sa retraite.

L'ennemi avançait sur toute la ligne faisant un feu de mitraille avec plus de cent pièces de canon. Les routes étaient couvertes de fuyards, de blessés, de débris : la bataille paraissait perdue. On laissa avancer l'ennemi jusqu'à une portée de fusil du village de San-Giuliano où était en bataille la division Desaix avec huit pièces d'artillerie légère en avant et deux bataillons en potence, en colonne serrée sur les ailes.

Tous les fuyards se ralliaient derrière. Déjà l'ennemi faisait des fautes qui présageaient sa catastrophe : il étendait trop ses ailes.

La présence du Premier Consul ranimait le moral des troupes : « Enfants, leur disait-il, souvenez-vous que mon habitude est de coucher sur le champ de bataille. »

Aux cris de *Vive la République! Vive le Premier Consul!* Desaix aborda au pas de charge et par le centre. Dans un instant l'ennemi est culbuté. Le général Kellermann qui, avec sa brigade de grosse cavalerie, avait toute la journée protégé la retraite de notre gauche, exécuta une charge avec tant de vigueur et si à propos, que six mille grenadiers et le général Zach, chef de l'état-major général, furent faits prisonniers et plusieurs généraux ennemis tués.

Toute l'armée suivit ce mouvement. La droite de l'ennemi se trouva coupée; la consternation et l'épouvante se mirent dans ses rangs.

La cavalerie autrichienne s'était portée au centre pour protéger la retraite. Le chef de brigade Bessières, à la tête des casse-cous et des grenadiers de la garde, exécuta une charge avec autant d'activité que de valeur et perça la ligne de cavalerie ennemie, ce qui acheva l'entière déroute de l'armée.

Nous avons pris quinze drapeaux, quarante pièces de canon, et fait six à huit mille prisonniers. Plus de six mille ennemis sont restés sur le champ de bataille.

Les généraux Champeaux, Mainoni et Boudet sont blessés.

Le général en chef Berthier a eu ses habits criblés de balles; plusieurs de ses aides-de-camp ont été démontés. Mais une perte vivement sentie par l'armée, qui le sera par toute la République, ferme notre cœur à la joie. Desaix a été frappé d'une balle au commencement de la charge de sa division ; il est mort sur le coup. Il n'a eu que le temps de dire au jeune Lebrun, qui était avec lui : « Allez dire au Premier » Consul que je meurs avec le regret de n'avoir pas assez » fait pour vivre dans la postérité » (1).

Dans le cours de sa vie, le général Desaix a eu trois chevaux tués sous lui et reçu trois blessures. Il n'avait rejoint le quartier-général que depuis trois jours ; il brûlait de se battre et avait dit deux ou trois fois la veille, à ses aides-de camp : « Voilà longtemps que je ne me bats plus en » Europe. Les boulets ne nous connaissent plus. Il nous » arrivera quelque chose. » Lorsqu'on vint, au milieu du plus fort du feu, annoncer au Premier Consul la mort de Desaix, il ne lui échappa que ce seul mot : « Pourquoi ne » m'est-il pas permis de pleurer ? » Son corps a été transporté en poste à Milan pour y être embaumé.

Berthier écrivait de son côté le premier rapport sur Marengo, qui nous rendait l'Italie :

Au quartier-général de San-Giuliano, le 25 prairial an VIII

(15 juin 1800).

*Alex. Berthier, général en chef de l'armée de Réserve,*
*Au Ministre de la guerre.*

La journée d'hier, Citoyen Ministre, est une des plus glorieuses pour les armes de la République : une bataille sanglante, disputée pendant treize heures du combat le plus vif, sept mille prisonniers dont trois généraux, parmi lesquels le général Zach, chef de l'état-major général, dix pièces de canon et neuf drapeaux sont le résultat de cette journée ;

---

(1) Cette mise en scène n'a aucune raison d'être. Foudroyé, Desaix est tombé de son cheval en perdant le sang qui refluait par sa bouche et qui l'aurait étouffé s'il n'avait été déjà mort.

M. de Mélas s'est retiré sous la citadelle d'Alexandrie. Le Premier Consul fait connaître le précis de cette mémorable journée ; demain, il en enverra, par un nouveau courrier, la relation détaillée que je m'en vais rédiger.

Salut et attachement.

Signé : Alex. Berthier.

P. S. Parmi les officiers tués, nous avons à regretter le général Desaix.

On le voit, ces versions ne sont pas absolument concordantes.

Nous avons donné celle d'un historien célèbre et celle des deux hommes de guerre qui ont dirigé les opérations ; le récit du général Mathieu Dumas, critique autorisé et ami personnel de Desaix, ne peut être passé sous silence. Voici la page qui spécifie le rôle de notre héros :

« Le corps du général Desaix, le plus fort de l'armée française, occupant Rivalta, se trouvait hors de mesure ; il avait détaché, le 13 au soir, la division Boudet dans la direction d'Acqui pour tenter de se lier avec le corps de Masséna et de Suchet ; la division Monnier, appartenant aussi au corps de Desaix, avait été postée au contraire sur la droite de l'armée, à Castel-Novo-di-Scrivia.

On voit clairement, par ces manœuvres dans des directions divergentes, que Bonaparte s'était flatté jusqu'à ce moment d'entourer l'armée du général Mélas, de l'affamer en lui coupant toutes ses communications et de la réduire, sinon sans combattre, du moins sans avoir à livrer une grande bataille. L'agression des Autrichiens était la supposition à laquelle il s'était le moins arrêté. Il se hâta de rappeler Desaix et ses deux divisions ; mais elles ne pouvaient arriver sur le champ de bataille que le lendemain dans l'après-midi.

» Un terrible choc se préparait ; les Autrichiens s'avançaient avec la confiance que donne la victoire..... Le général Desaix, à la tête de sa colonne d'attaque, détachée de la ligne, la mena au pas de charge à la rencontre de la colonne autrichienne ; il était précédé par une batterie de quinze pièces de canon que le général Marmont dirigeait lui-même et qu'il ne fit démasquer qu'en touchant presque aux rangs autrichiens : un feu à mitraille, aussi vif qu'il était inattendu, étonna et arrêta la tête de la colonne du général de Zach. La 9$^{me}$ demi-brigade d'infanterie légère commença alors son attaque et fut suivie par tout le reste de la division. La fusillade s'engagea à portée de pistolet. C'est au moment où l'on allait se mêler que l'intrépide et généreux Desaix, frappé mortellement d'une balle au milieu de la poitrine, tomba dans les bras du colonel Lebrun, l'un des aides-de-camp du Premier Consul. »

Berthier ne s'était pas contenté d'écrire le rapport au Ministre de la guerre précité, il en avait rédigé un second pour le Premier Consul. Cette seconde version, corrigée par Bourrienne, secrétaire de Bonaparte, n'a pas été publiée dans la *Correspondance de Napoléon*. Elle diffère des précédentes. Nous la publions, à raison de son caractère spécial. Desaix y fut cité à peine, et ce qui existe sur sa mort a été dicté à Bourrienne par le Premier Consul (1) surpris du laconisme de Berthier.

---

(1) La *première rédaction* de ce Rapport n'existe plus, depuis l'incendie du palais des Tuileries. Elle avait été conservée par Napoléon III avec des documents qui devaient faire retour au Dépôt de la Guerre et que M. Turpin, archiviste honoraire du Dépôt, avait classés en 1870.

Ces papiers comprenaient 82 cartons de documents militaires, portant sur le premier Empire : c'est-à-dire 23 à 25 mille pièces. Elles sont aujourd'hui perdues.

Au quartier-général sur le champ de bataille de San-Juliano (1)
(Sic) Marengo, le 25 prairial, à 9 heures du soir.

An VIII de la République française une et indivisible.

*Alex. Berthier, général en chef de l'armée de Réserve,
au Premier Consul.*

J'ai à vous rendre compte, Citoyen Consul, de la bataille de Marengo où vous avez déterminé la victoire indécise pendant treize heures du combat le plus opiniâtre.

Après la bataille de Montebello près Casteggio, la division Gardanne, formant l'avant-garde, repoussa l'ennemi de Garoffollo et Saint-Julien jusqu'à Marengo, où il a pris position le 24 au soir.

Le général Gardanne, soutenu de la 24$^{me}$ légère, l'a attaqué dans cette position, a enlevé le village de Marengo, fait environ deux cents prisonniers et pris deux pièces de canon.

Le 25 au matin, le général Mélas, avec toutes ses forces, a débouché par ses ponts et par le gué de la Bormida et a attaqué avec vigueur notre centre à Marengo, tandis que, profitant de sa nombreuse cavalerie, ses ailes se déployèrent par notre droite et par notre gauche.

Le corps du général Victor tenait la gauche et le centre; celui du général Lannes la droite; notre cavalerie couvrait les ailes et formait une réserve. L'ennemi a démasqué plus de cent bouches à feu. L'attaque et la résistance de nos troupes ont été également opiniâtres.

Les ennemis se battaient comme des hommes qui voulaient se faire une trouée et qui n'avaient plus d'alternative entre la victoire ou leur perte entière. Ils étaient parvenus à se rendre maîtres du village de Marengo; notre gauche a fait un

---

(1) Le mot San-Juliano, dicté par Berthier, a été effacé par Bourrienne, qui lui a substitué le mot Marengo.

mouvement de retraite soutenu par la cavalerie; le centre a suivi ce mouvement et notre droite, combattant avec avantage, a arrêté les progrès que l'ennemi cherchait à faire pour tourner notre droite qui, soutenue par les grenadiers de la garde des Consuls, a maintenu sa position jusqu'au moment de l'arrivée de la division Boudet aux ordres du général Desaix.

Cette division, que vous avez *dirigée* au combat, a attaqué le centre de l'ennemi au pas de charge. La 9ᵐᵉ demi brigade légère, incomparable par sa bravoure, était en première ligne. Le général Desaix marchait à sa tête.

Votre présence donnait à l'armée cette impulsion qui a tant de fois décidé la victoire; la charge a été battue, toute la nouvelle ligne s'est ébranlée suivie des divisions qui s'étaient battues depuis le jour.

Le général Kellermann, qui avait soutenu le mouvement de retraite de notre gauche, saisit le moment où l'infanterie ennemie, après avoir été ébranlée, cherchait à attaquer de nouveau. Il charge avec impétuosité, fait plus de six mille prisonniers, prend dix pièces de canon et le général Zagg, chef d'état-major de l'armée.

La gauche de l'ennemi continuait à combattre avec opiniâtreté. La division Watrin, appuyée des grenadiers à pied des Consuls, qui se sont signalés pendant toute la bataille, la garde à cheval des Consuls, commandée par le chef de brigade Bessières, et l'artillerie se sont couvertes de gloire. La cavalerie, aux ordres du général Murat, a fait plusieurs charges décisives.

Le général Monnier a attaqué le village de Castel-Ceriolo où était la gauche de l'ennemi et culbuté plusieurs bataillons dans la Bormida. Des corps de cavalerie ont été coupés, un escadron de dragons de La Tour a été entièrement détruit par le feu des grenadiers de la garde des Consuls.

Le résultat de cette sanglante bataille a jeté les restes de l'armée du général Mélas au-delà de la Bormida, sous le canon de la citadelle d'Alexandrie. Nous avons fait sept ou huit mille prisonniers, parmi lesquels le général Zagg, chef de l'état-major général, et beaucoup d'officiers de marque. Nous avons pris beaucoup de canons : le nombre n'en est pas encore connu.

Le nombre des tués ou blessés de l'ennemi s'élève à six mille hommes. Jusqu'à ce moment on m'a remis douze drapeaux ; il y en a d'autres dans les divisions.

Notre perte est d'environ six mille hommes tués, treize cents blessés et cinq cents prisonniers.

Je vous ferai connaître les détails de cette *mémorable journée* et les noms de ceux qui se sont distingués, lorsque j'aurai les rapports des divisions.

Le général Desaix a été tué.

Le général Murat a eu ses habits criblés de balles ; le général Lannes, son chapeau emporté d'un boulet ; les généraux Mainoni, Valher, Rivaud ont été blessés (1).

(Addition Bourrienne). La République a fait aujourd'hui une grande perte. Desaix a été tué ; il était arrivé depuis deux jours. Sa mort a vivement affecté toute l'armée (2).

Le maréchal Marmont, si dur pour ses collègues, a tracé de Desaix un portrait touchant et a fait connaître, pour l'avoir entendu, le langage du héros sur le champ de bataille.

---

(1) Le Bulletin de l'armée de Réserve du 26 prairial, publié au *Moniteur* le 3 messidor, n'est nullement celui que nous donnons ici. On trouvera aux Pièces justificatives deux lettres de Maret et de Carnot sur celui qui a paru au Journal officiel.

(2) Il existe aux pièces non publiées de la *Correspondance de Napoléon* une lettre de Bonaparte « Aux Consuls. » Elle est sommaire et n'a pas paru, aux membres de la Commission, authentique.

On trouvera ce récit aux Pièces justificatives.

Nous savons ce qu'il faut penser des versions intéressées que Bonaparte, devenu empereur, avait fait rédiger et qu'il avait rejetées parce qu'elles lui déplaisaient. Elles ont paru dans le *Mémorial du Dépôt de la Guerre*, sous la Restauration, après avoir été sauvées par le colonel Muriel. Nous préférons les documents de source autrichienne sur la bataille elle-même, quant à la manière dont s'effectua la déroute des vainqueurs du matin et quant au rôle de Desaix. Nous ne négligerons pas les droits de Kellermann.

Nos désirs en ceci seront pleinement satisfaits.

Le *Dépôt de la guerre d'Autriche* n'a rien publié d'officiel sur la Campagne de 1800. Mais il a autorisé un officier d'une rare capacité, le capitaine Karl Mras, à utiliser les documents de l'état-major général. La narration qui a paru en 1823, dans l'*OEstreichische militarische Zeitschrift*, peut être citée comme un modèle du genre. Toute la campagne d'Italie est décrite avec une méthode, une clarté d'exposition, une simplicité d'allures remarquables ; son rédacteur a conservé durant son récit une modération de langage, une impartialité d'appréciation et un respect de ce qu'il a cru être la vérité, qu'il faut signaler en y applaudissant. Il n'a pas recherché si son pays avait été victorieux ou vaincu ; s'il avait des griefs à formuler ou des préventions à détruire ; non, il n'a voulu ni exalter ni diminuer personne. Il n'a eu qu'une passion, la plus noble de toutes lorsqu'on a l'honneur de porter sur les faits un jugement qui restera : le respect de la vérité.

Et c'est pour cela que nous voudrions voir ce travail entre les mains des jeunes officiers de notre École supérieure de guerre. Ils y apprendraient l'art de comparer les récits provenant d'adversaires et de vérifier les narrations militaires d'origine étrangère ; le respect des vainqueurs d'hier devenus les vaincus du lendemain ; la mesure dans l'opinion à porter sur leur sanglante victoire, gage d'une appréciation équitable des défaites.

Nous avons à remercier M. le directeur général de la *Bibliothèque impériale et royale de guerre de Vienne*, de la communication bienveillante qu'il nous a faite dans un intérêt scientifique, sur l'intervention de l'un de ses amis de l'état-major général autrichien. Aux rapports officiels français, soupçonnés de partialité, aux récits divergents, il fallait une réponse de l'adversaire. Nous l'avons et elle est digne de foi.

L'extrait suivant en fournira la preuve :

Ainsi tout maintenant était animé et excité par les avantages remportés. Les Autrichiens croyaient ne plus devoir rencontrer une résistance opiniâtre, puisque la bataille paraissait *perdue* pour les Français. Tous les chemins étaient couverts de fuyards, de blessés ou de cadavres.

Mais *la situation* des deux armées *fut tout-à-coup changée par l'arrivée du général Dessaix.*

Il était environ cinq heures du soir lorsque ce dernier, arrivant de Rivalta avec la division *Boudet*, parvint devant San Giuliano, précisément au moment où l'armée française, à moitié désorganisée, se retirait à droite et à gauche de cette localité, en marchant vers Torre de Garrofolo. Sur cette apparition longtemps attendue, *Bonaparte* fondait l'espoir de rétablir l'égalité du combat et de donner une direction plus favorable à la bataille.

Le corps du général *Lannes* et la division *Monnier* prirent aussitôt position à droite de *Dessaix*; le corps du général *Victor* n'étant plus en état de combattre, ce jour-là, se plaça derrière la division *Boudet*.

Celle-ci, *sur laquelle reposaient toutes les espérances des Français*, fut disposée par *Dessaix* en deux lignes devant San Giuliano. Sa première ligne mit à profit le terrain couvert d'un voile épais d'arbres et de vignes. Douze pièces de canon couvraient sa droite et la brigade de cavalerie *Kellermann* la flanquait à gauche.

Dès que le général *Zach* fut parvenu sur la hauteur de Casina Grossa, il développa son avant-garde en deux lignes. La première fut formée des trois bataillons de Michael *Wallis*, ayant sur leur flanc gauche le régiment des dragons de *Lichtenstein*. La seconde ligne fut formée des grenadiers de la brigade *Lattermann*. On continua ainsi, musique en tête, la marche sur San Giuliano. Déjà la première avant-garde avait atteint les vignes, lorsque le régiment de *Wallis*, surpris tout-à-coup par un feu terrible d'artillerie et de mousqueterie, se mit en désordre et recula sur la seconde ligne. Mais les grenadiers ne fléchirent pas. Ils laissèrent les pelotons de ce régiment se retirer par les intervalles de leur ligne, et ils répliquèrent, en avançant lentement, au feu de l'ennemi. En même temps, deux batteries canonnèrent la position de San Giuliano. Cependant le régiment de *Wallis* se remit en ordre et marcha vers l'ennemi.

*Bonaparte* aperçut en ce moment la cavalerie placée sur le flanc gauche des Autrichiens. Elle lui donnait de l'inquiétude pour son artillerie. Il dirigea sur-le-champ le général *Kellermann* sur le flanc droit de la division *Boudet*. Celui-ci exécuta ce mouvement en passant dans l'intervalle des deux lignes françaises.

Alors *Dessaix*, se plaçant à la tête de la 9e demi-brigade légère, s'élança impétueusement hors des vignes et se précipita au milieu des bataillons autrichiens. Le surplus de la division *Boudet* suivit ce mouvement.

Les généraux *Lannes* et *Monnier* revinrent à l'attaque également avec leurs troupes.

Cette attaque rapide et inattendue étonna les Autrichiens victorieux. Leurs batteries durent se soustraire promptement au danger d'être prises, et l'avant-garde commença à fléchir.

*C'est à ce moment décisif que le général Dessaix tomba de cheval, atteint d'un coup de fusil.*

Les Français abordèrent avec une fureur extraordinaire la première ligne de l'avant-garde autrichienne. Celle-ci plia. Cependant le général *Zach* réussit à contenir leur attaque à l'aide de ses grenadiers. Mais tout aussitôt *Kellermann* parut en colonne avec sa cavalerie. Le régiment de dragons *Lichtenstein* ne pouvait résister à cette force supérieure ; il n'attendit donc pas le choc de la cavalerie ennemie, mais se replia précipitamment sur la cavalerie placée à la tête de la colonne principale. Le général *Kellermann* fit poursuivre ce régiment par une partie de sa brigade. Avec l'autre partie, il entoura les huit bataillons de l'avant-garde et y pénétra en les sabrant de tous côtés. Cette attaque était si inattendue et fut exécutée avec une rapidité si extraordinaire, que l'infanterie, après une courte résistance des soldats isolés, fut mise en désordre et rompue. Un grand nombre succombèrent. Le général *Zach*, avec 37 officiers et 1627 soldats, fut fait prisonnier. Le général *Saint-Julien* aussi avait été saisi par les cavaliers français, mais il fut délivré par le secours de quelques dragons.

Par cette destruction de l'avant-garde de la principale colonne autrichienne, le courage des Français renaquit. Les divisions battues tout-à-l'heure marchèrent de rechef et avec résolution.

Le général *Kellermann* fut rapidement appuyé par la *Garde consulaire à cheval* et par un régiment de la brigade *Champeaux*. A peine le général eut-il remis ses troupes en ordre, après la défaite de l'avant-garde autrichienne, qu'il suivit la direction prise dans leur fuite par les dragons de *Lichtenstein*.

Ceux-ci s'étaient jetés directement sur la cinquième brigade de cavalerie *Pilati*, qui arrivait avec la tête de la colonne principale sur la hauteur de Casina Grossa. Le désordre se répandit dans cette brigade. Ces cavaliers, saisis d'une terreur panique, se replièrent rapidement en partie sur la colonne du général *Ott*, mais en majorité vers l'infanterie de la colonne principale, pour abréger le chemin.

Personne dans la colonne principale ne pouvait encore s'expliquer cette fuite de la cavalerie. On avait bien entendu une canonnade violente s'élevant subitement vers San Giuliano. Mais nul ne savait ce qui s'y était passé. La plupart des cavaliers savaient aussi peu pourquoi ils fuyaient. La colonne principale, rompue par sa propre cavalerie, commença dès lors à fléchir. Le général *Kaim* fit bien marcher les premiers bataillons pour recevoir la nouvelle attaque de l'ennemi ; mais, avant que ce mouvement fût prononcé, ces bataillons se virent mis en désordre par une nouvelle irruption de leur propre cavalerie, et violemment emportés dans la tempête de cette déroute. C'est dans cette situation dangereuse que survint encore *Kellermann* avec sa cavalerie, qui se précipita sur la colonne d'infanterie. Le désordre fut à son comble. Les bataillons qui tentaient de s'avancer étaient dispersés par le flot des fuyards.

Sur la route et de chaque côté tout s'enfuyait dans un pêle-mêle affreux. Six bataillons de grenadiers seulement, mis en réserve sous le général *Weidenfeld*, à la hauteur de Spinetta, tinrent ferme. Leur tentative pour arrêter les fuyards fut sans doute inutile. Cependant le général *Weidenfeld* fit prendre à ses grenadiers une position à gauche de la route et s'apprêta à recevoir l'ennemi avec énergie. Mais le jour commençait à s'obscurcir, pendant que la fuite se continuait vers Marengo.

Derrière le Fontanone, généraux et officiers s'efforcèrent en vain de rétablir l'ordre. La retraite se continua de même jusqu'à la tête de pont.

Là, tous se précipitaient en désordre les uns sur les autres : canons, cavaliers, fantassins, charrois ; chacun voulait échapper le premier au danger. Pour ne pas s'attarder au pont, un charretier entra près du pont dans la Bormida et atteignit heureusement l'autre rive. D'autres suivirent son exemple. Mais le terrain limoneux ne supporta pas longtemps cette charge croissante, et 20 à 30 canons ou voitures demeurèrent dans la rivière.

Il s'était écoulé déjà quelque temps depuis que la foule des fuyards avait dépassé les grenadiers de la brigade *Weidenfeld* et aucun ennemi ne se montrait encore devant elle. En effet, *Kellermann* avait retardé sa poursuite jusqu'à ce que l'infanterie française eût regagné du terrain. Mais à peine ce but fut-il atteint, que *Kellermann* parut devant Marengo, où les grenadiers marchèrent et résolurent de tenir ferme jusqu'à ce que le général *O'Reilly*, venant de Fingarolo, fût parvenu à leur hauteur. Le général *Weidenfeld* accueillit les Français avec un feu violent d'artillerie et de mousqueterie et mit un terme à la poursuite.

Le général *O'Reilly*, qui avait aperçu de loin la nouvelle tournure que prenait subitement la bataille, fit sa retraite de Fingarolo le long de la Bormida. Il ne fut d'abord poursuivi par personne. Ce ne fut qu'à la hauteur de Marengo qu'il s'engagea de nouveau. Aussitôt que le général *Weidenfeld* fut assuré de l'approche d'*O'Reilly*, il se retira en bon ordre vers la tête de pont. *O'Reilly* chercha maintenant à couvrir cette retraite avec ses troupes. La ténacité des Croates empêcha l'ennemi de pénétrer en même temps dans la tête de pont.

Le général *Ott* n'avait pris aucune part à cette seconde partie de la bataille.

Lorsqu'un combat violent était engagé devant San Giuliano, le général *Ott* fit serrer en masse sa colonne dont la tête était à la hauteur de l'avant-garde de la colonne principale. Renforcé par la brigade de cavalerie *Pilati*, *Ott* pouvait tenter une attaque avec chance de succès, puisque l'ennemi qu'il avait devant lui s'était affaibli par son attaque contre le général *Kaim*. Il résolut donc de s'avancer et de prendre en flanc l'ennemi s'avançant vers Marengo. Déjà quelques bataillons du centre de la colonne commencèrent à se développer en bataille. Mais la dissolution de la colonne principale fut si rapide, que le moment favorable était évanoui lorsque *Ott* eut achevé son préparatif d'attaque. Déjà le feu avait atteint Marengo. En même temps il faisait tout-à-fait sombre et l'on ne pouvait plus distinguer la force de l'ennemi. Alors *Ott* mit ses troupes en retraite et les dirigea vers Castel Ceriolo.

La *Revue militaire autrichienne* a publié, « d'après les sources originales, » un récit complet sur la Campagne de 1800. L'attaque du sud méditerranéen de la France, la défense et la capitulation de Gênes, la journée de Marengo, la convention qui l'a suivie et en vertu de laquelle furent évacués le Piémont et ses forteresses, la campagne de Toscane, on retrouve tous ces grands événements dans les articles de ce recueil. La campagne de 1796 a fait, comme celle de 1799, l'objet d'une suite d'études techniques. Pour la narration de celle de 1800, on peut s'en tenir au capitaine impérial et royal Karl Mras. L'auteur ayant voulu être complet, a fourni des aperçus intéressants sur l'état des esprits dans les pays occupés par les siens ; il a donné la composition des corps français avec autant de soin que ceux de l'Autriche et a décrit leurs marches. Les fautes des généraux autrichiens, en stratégie comme en tactique, il les a signalées sans amertume et sans chercher à passer pour un maître, il a écrit une relation que ne désavoueraient pas les écrivains autorisés. Les évolutions des troupes et leurs conséquences ont servi de leçon aux rapprochements qu'il a exposés. On voit par nos réflexions et par la lecture de notre extrait, la lumière que l'on tire de la version autrichienne pour réfuter ou faire concorder entre elles les narrations diverses et parfois contradictoires que nous avons sur la *Journée de Marengo*.

Le moment est venu de résumer la Campagne de 1800.

Dès le début, le général Thurreau, descendant le mont Cenis, s'était emparé de Suze et avait menacé Turin. Le général Béthencourt, gravissant le Simplon, avait débouché en Lombardie par le défilé de Gondo et rejeté Laudon sur Milan. Le Saint-Gothard fut enfin franchi par le général Moncey à la tête des corps détachés de l'armée du Rhin.

Au 28 mai, toute l'armée de réserve avait passé les Alpes et tenait en mains les clefs de la Lombardie et du Piémont.

La prolongation du siége de Gênes par le général Ott, au mépris des ordres de son chef, le maréchal Mélas, devait favoriser la prise de la Lombardie et la défaite des Impériaux à la prochaine action : Montebello.

Ott porte devant l'histoire une double responsabilité : la désobéissance la plus formelle envers son chef, et une part dominante dans sa défaite, part que son courage dans l'action ne suffit pas à effacer.

Bien autrement inspiré avait été Masséna. Se portant sur ses derrières, le vaincu avait pris Ott en queue et l'avait poussé sur l'armée du Premier Consul. Devinant l'appréciation de Bonaparte et de Berthier sur le maréchal Mélas, le vainqueur se jettera dans Gênes pour s'enfuir par mer, Masséna se plaçait tête à lui pour arrêter sa marche. S'il pouvait se joindre à Suchet, il battrait le vieux lutteur ; s'il restait isolé de son collègue, son intervention donnerait à Bonaparte le temps d'arriver, après quoi il saisirait son adversaire corps à corps et déciderait du sort de l'Italie par une victoire. Ainsi avait raisonné le vainqueur de Rivoli : les événements avaient justifié sa pénétration (1).

La narration du duc de Bellune, qui a joué le principal rôle à Marengo comme « lieutenant du général en chef » pendant les deux tiers de la journée, contient, avec celles de Savary et de Marmont, ce qu'il faut croire ; et elle puise dans la narration autrichienne une force nouvelle.

Berthier et Napoléon ont publié leur dossier, mais l'histoire n'accepte pas aussi facilement leurs narrations que celles de leurs subordonnés.

Le premier bulletin de l'armée de réserve (2) nous a donné celle du Premier Consul ; une dépêche de Berthier à Carnot a résumé l'appréciation première sur la victoire. Le deuxième rapport, corrigé par Bourrienne, a été plus exact. Voyons les dires de Berthier lorsqu'il célébrait, en l'an XIII, le 25 prairial :

(1) On trouvera le *Plan de campagne pour l'Armée du Rhin*, dans la *Correspondance de Napoléon*, au 22 mars 1800, avec un commentaire des Consuls sous forme de dépêche. (En deux pièces.)
Les Instructions à Masséna « pour la campagne prochaine » sont du 9 avril. Le Premier Consul lui avait recommandé « la défensive. » Il lui ordonnait, en lui faisant connaître les opérations de Moreau et de Lecourbe, d'attirer « l'attention de l'ennemi » et trouvait dans les montagnes qui couvraient Gênes le gage de sa « supériorité dans ce système de guerre. » N'y a-t-il pas des publications compromettantes ?

(2) Ce n'est pas Desaix, mais le général Monnier qui avait été, au début de la campagne, désigné pour commander la réserve du corps de Berthier. (*Correspond. de Nap.*, dépêche du 15 mai au général Dupont.)

« La division Desaix, qui n'avait pas encore combattu,
» marcha la première à l'ennemi.... Une légère élé-
» vation de terrain couverte de vignes dérobait à ce gé-
» néral une partie de la ligne ennemie; impatient, il s'é-
» lance pour la découvrir ; l'intrépide 9ᵐᵉ légère le suit
» à pas redoublés. L'ennemi est abordé avec impétuosité,
» la mêlée devient terrible ; plusieurs braves succombent
» et Desaix n'est plus. »

Le temps n'avait pu modifier l'opinion de Berthier, le courtisan connaissait son maître. Il livrait cette fois une bataille sur le papier, mais ce n'était plus l'action sanglante et dramatique du 14 juin. Il fallait à Bonaparte, devenu Napoléon, une auréole qui l'enivrât à tout prix, dût disparaître la gloire de ses lieutenants et de ses fidèles. Il fallait au ministre de 1805 des dotations et un titre d'Altesse... Desaix reposait dans les glaces du Saint-Bernard.

La narration autrichienne réfute spécialement le récit de l'an XIII.

Nous prions nos lecteurs de ne voir dans la dissertation qui va suivre aucune idée préconçue contre le fils du vainqueur de Valmy. Nous ne pouvons trouver de figure plus sympathique durant la Révolution que celle de Kellermann, et la carrière de son fils, général de cavalerie renommé, a été digne de la sienne. Mais l'histoire est un jugement et l'impartialité la plus sévère en est la base. Le rôle du général de Marengo a été assez remarquable pour qu'en le célébrant on ne tolère plus qu'il s'arroge celui de Desaix, ce qui constitue une usurpation.

L'honneur de la cavalerie n'est nullement en jeu dans la décision qui résultera de notre examen. Nous n'avons pas à exalter notre héros au-delà de ce qu'il a fait et nous rendrons justice à l'intervention brillante de Kellermann comme il convient. Son arme a compté trop de services, de 1792 à 1815, pour avoir à redouter ou même à s'inquiéter de notre verdict. Il n'y a ici ni préférence à décerner sur l'emploi de la cavalerie dans telle ou telle manœuvre dans une action, ni préférence à formuler pour la thèse présente dans la 3ᵐᵉ partie de la journée du 14 juin. Notre rôle est plus modeste, sans cesser d'être périlleux. Il faut rendre à chacun ce qui lui appartient et déterminer la part de Desaix dans cette résurrection de la fortune militaire de la France. Il faut montrer qu'au second rang il y a des places toujours honorables pour ceux que leur grade ou leur commandement a mis au second rang et qui n'en sont point sortis par une de ces inspirations qui constituent le génie de la guerre.

Desaix accourant à la bataille inquiet de son inaction par ordre, voilà le génie.

Masséna se plaçant sur l'Apennin après avoir été à peu près sacrifié à Gênes et oubliant ses griefs pour arrêter Ott ou le faire écraser par Berthier, voilà le génie.

Kléber outragé répondant par Héliopolis à l'insolence des propositions anglaises, voilà le génie.

Peut-on comparer une charge de 800 hommes à l'un de ces trois faits? Kellermann à l'un de ces généraux? Qui l'oserait?

Enfin, que faut-il penser de la version du général Kellermann? Et ceci n'est pas la partie la plus mince de notre tâche (1).

_____

(1) On nous a fait l'honneur de nous demander une appréciation des diverses versions publiées sur la Journée de Marengo. Nous n'hésitons pas à déclarer que

*Nous contestons* de ce chef *deux points* : son récit quant à l'arrivée de Desaix sur le terrain, la prépondérance du général de cavalerie ; subsidiairement, dans nos *notes*, le retrait des troupes de Desaix, puis leur retour sur le lieu même où leur chef venait d'être foudroyé.

Le général Kellermann a déclaré que Desaix ne s'est pas dirigé sur Marengo « peu après les premiers coups de canon, » il est impartial. Cette version, qui est celle de M. Thiers, est inexacte. Ce qu'il faut dire, c'est que Desaix, fatigué vers 1 heure de ne pas rencontrer les Autrichiens sur la route de Novi, s'est retourné tête à San Giuliano ; le bruit du canon l'a averti d'une bataille, il a rencontré des officiers de Bonaparte en route, etc. Marmont est un témoin précieux ; Savary le complète, et ces deux acteurs Kellermann les a totalement négligés.

Parle-t-il de sa charge ? Lorsqu'il avance qu'il a eu « une inspiration soudaine » et que son action de cavalerie a été « moins longue à exécuter qu'à raconter, » il dit vrai, il dit juste ; cet honneur il l'a et il l'a *seul*. Mais lorsqu'il s'écrie : « Le général Desaix, amenant avec lui la division Boudet de 4 à 5 mille hommes et 8 pièces de canon, ne pouvait se flatter de rétablir l'équilibre », là Kellermann ne voit plus juste. Il oublie ou plutôt il feint d'oublier, pour faire valoir sa version, que l'armée autrichienne se croyant victorieuse comme son chef n'était plus en ordre de bataille. Le général de Zach a bien repris le commandement effectif et marché contre Desaix,

nous avions reculé devant cette mise en œuvre de concordances ou de réfutations, parce que nous en comprenions la gravité. Mais le conseil venait de trop haut à un certain moment pour que nous n'ayons pas cru de notre devoir d'y obtempérer.

mais la vigueur de nos troupes et leur irrésistible mouvement en avant a frappé de terreur des vainqueurs trop confiants.

Le duc de Bellune, qui a en ceci une autorité bien autre, a rendu justice à Kellermann, comme il l'a fait à l'égard de Lannes son collègue vaillant et son ami. Que dit-il de l'action de Desaix ?

Bonaparte éprouvait, avec surprise, *cet affront, le premier qu'il eût jamais reçu*, et déclara qu'il mourrait plutôt que d'y survivre. On lui annonce l'arrivée de Desaix. « A cette nouvelle un éclair de joie et d'orgueil illumine son front. » Il fait annoncer à ses généraux l'heureux concours qu'il en attend, accourt au-devant de lui et tient conseil. Il reçoit un blâme que Marmont nous a transmis pour l'avoir entendu (1). On prend son avis qu'il donne « avec son calme habituel, » et les officiers d'état-major partent dans toutes les directions annoncer l'offensive que va guider Desaix.

Le duc a une façon admirable de constater l'effet que dut produire cette nouvelle. « La division Boudet, dit-il, nouvellement arrivée, avait plus de 5,000 baïonnettes, et elle était commandée par Desaix ! »

La 9ᵉ légère se porte à l'avant-garde de l'armée. Elle jette une nuée de tirailleurs « sur tout son front » pour

---

(1) Il y a ici une divergence apparente entre la version de Marmont et celle du duc de Bellune.

Marmont dit qu'on tint conseil à *cheval* et le duc parle du Premier Consul marchant et fouettant *le sol de sa cravache*. Ces divergences ne sont qu'apparentes ; si on réfléchit que Victor était à la tête de ses troupes lors de l'arrivée de Desaix, on comprendra qu'il ait pu assister à une partie du conseil seulement, la dernière, ce fut la plus importante : l'acceptation par Bonaparte des conseils de Desaix.

entraver l'ennemi et donner aux nôtres le temps « d'arriver à sa hauteur. » L'armée entière se reforme, il était cinq heures trois quart. En trois quarts d'heure le vaincu avait accompli cette résolution et ce changement inattendus. Les Autrichiens avaient changé « leur ordre de bataille en ordre de marche. » Notre artillerie les mitraille. Irrités, ils veulent aller de l'avant, et Desaix fond sur eux le sabre à la main. Comme il les aborde, *Feu*, « Desaix tombe! La France a perdu un héros, et l'un de ses plus beaux jours de gloire doit être aussi un des jours de deuil les plus lamentables. » Mais la 9ᵉ légère a crié *vengeance*. Aussitôt « le choc est terrible! Kellermann le voit et il sent que le moment décisif est venu (1) : il part au grand trot. » La 9ᵉ légère attaque « de front et avec furie. » Zach se rend (2). A cette vue, « un seul cri *En avant* s'élève de toute la ligne française. » Les Autrichiens sont bien vaincus, chargés « par les troupes de Victor et de Lannes qui ont retrouvé toutes leurs forces. » La nuit protége la retraite si chèrement et si noblement achetée par les troupes de Mélas.

Non, il n'est pas vrai de dire avec le général Kellermann qu'il a tellement contribué à la victoire qu'elle est

---

(1) L'appréciation *exacte* à porter sur la valeur de l'intervention Kellermann, la voilà.

Le maréchal Victor l'a donnée et son témoignage peut suffire aux plus difficiles. — La version *autrichienne* la confirme.

(2) Où voit-on, dans le récit du maréchal, que la 9ᵉ *légère ait plié?* Il s'est trouvé un sous-intendant qui a inventé cette phase de la bataille pour expliquer la spoliation et la nudité du cadavre de Desaix.

Tout cela favorisait trop bien les vues du général Kellermann pour qu'il refusât de s'approprier une narration qu'il est seul à donner. Ici encore la narration *autrichienne* le réfute.

son œuvre : s'il faut en attribuer l'honneur, en dehors de Bonaparte, à un général, c'est à Desaix, et cet honneur il l'a payé de son sang.

Bonaparte l'a si bien compris qu'aucune de ses relations n'est exacte, et celles de Berthier se ressentent de la faiblesse de son caractère comme de ses flatteries, soit à la tête de l'armée de réserve, soit comme ministre de la guerre en 1805.

Il faut à la vérité historique d'autres preuves, parce qu'elle entend peser la valeur des témoignages émis, les rapprocher, les contrôler entre eux, et ne prononcer qu'après avoir mesuré la valeur de chacun d'eux.

Kellermann, car son récit contient autant d'inexactitudes qu'il entend formuler de prétentions pour se décerner la palme, Kellermann a été jusqu'à contester les paroles de Desaix sur la possibilité d'engager une nouvelle action. Il est encore dans l'erreur. Ces paroles n'ont pas été prêtées gratuitement à notre héros. Le duc de Bellune l'affirme avec la loyauté qui caractérise sa narration et spécialement l'entretien du Premier Consul.

« Desaix, dit-il, qui l'avait écouté fort attentivement
» certes, se borna à lui répondre avec son calme habituel
» (sur une nouvelle action), *qu'on avait encore le temps de*
» *gagner une bataille.* »

Notre Conclusion est aussi simple que juste.

Bonaparte, battu dans la seconde action, n'a pas donné l'ordre qui a conduit Desaix sur le terrain, en ce sens que celui-ci, ne voyant pas sur le milieu de la journée trace d'Impériaux sur sa route et fait aux surprises de la guerre, a voulu retourner au quartier-général dont l'absence de nouvelles l'inquiétait; homme de guerre consommé, tous ses anciens collègues l'affirment, pourquoi n'aurait-il pas *pressenti* une action que tout annonçait depuis deux jours? Pourquoi, lui plus que tout autre, confident du vrai général en chef, le Premier Consul, n'aurait-il pas cru possible ce que son expérience lui dictait? Pourquoi n'aurait-il pas profité de ce que sa situation et son grade l'autorisaient à prendre: l'initiative? Pourquoi aurait-il reculé devant une responsabilité spéciale, mais qu'il avait tant de fois prise sur le Rhin et en Egypte? Bien plus, dirons-nous, une conduite contraire aurait été une négation de son passé militaire, de son génie?

Combien d'autres généraux ont pris dans d'autres batailles une initiative *d'action* que ne comportaient pas absolument leurs premières instructions? Mais on ne la conteste point, parce que n'ayant pas trouvé la mort dans leur inspiration, ils ont pu tout exposer dans leurs Rapports ou dans leurs Mémoires, parce que ceux qui ont concouru au résultat final n'ont pu s'arroger la victoire. En veut-on une preuve? une seule? Supposons que le maréchal Davout eût été tué à Auerstaedt. Combien n'aurait-on pas eu de légendes, à commencer par celle de Napoléon qui résista trois jours durant à la vérité, même sur preuves matérielles: la reddition de l'ennemi!

Et lorsque Kellermann s'appuie du récit magnifique du maréchal Victor, pour rappeler que de Novi à Marengo il y a 40 kilomètres et impossibilité matérielle d'entendre le canon, l'honorable général se trompe encore. Desaix n'a pas entendu le canon, mais lui était-il interdit de pressentir une action sur ses derrières? Qui oserait le soutenir?

*L'ingenium*, c'est cela même : Pressentir aujourd'hui, réparer demain des désastres malgré des obstacles en apparence insurmontables, prévoir toujours.

Desaix avait donc compris qu'il était utile ailleurs qu'à Novi, et les papiers autrichiens reconnaissent qu'il sauva tout.

C'est pour cela que nous disons qu'il avait marché au canon, c'est-à-dire à la bataille.

Oui, il a rencontré dans son retour vers le quartier-général des aides-de-camp du Premier Consul, accourant à lui à franc étrier. En quoi son mérite peut-il souffrir de cette corrélation quant à son initiative ? Il a fait annoncer son arrivée, et *un éclair de joie* illumina alors Bonaparte. Que veut-on de plus pour spécifier son rôle ? Les Autrichiens ne s'y sont pas mépris. Il a précédé la marche de ses troupes; un conseil de guerre a été tenu; les fautes commises il les a vues aussitôt, c'est-à-dire le peu d'emploi que l'on avait fait jusqu'alors de l'artillerie : *C'est ainsi, général,* s'écria-t-il, *qu'on perd les batailles.* Des dispositions furent prises en commun, car Bonaparte acceptait encore des conseils. Qu'est-ce si on rappelle sa déférence pour Desaix à ce moment. Son lieutenant innocent du 18 brumaire, trompé par lui en cela, était un instrument de haute valeur à exploiter... puis, on était battu, on l'était deux fois.

Or, il y allait de la possession de l'Italie, peut-être en France du pouvoir, et ce pouvoir comptait à peine huit mois d'existence.

Bonaparte voulait sa victoire à lui, il sentait notre domination en Egypte compromise par sa conduite même. La Suisse venait d'être délivrée de Souwarow par l'épée de

Lecourbe, républicain aussi ferme qu'il était général redoutable. Gênes était perdue, mais sa capitulation et sa défense faisaient de Masséna le rival des plus grandes célébrités militaires. Moreau, glorieux encore, conquérait la Souabe, et attirant sur lui toutes les forces de l'Allemagne promettait à la France un second Turenne (1)! Il fallait au Premier Consul ce coup d'éclat pour répondre à ses rivaux à l'intérieur et asseoir une domination qui était à la merci d'une défaite, à l'extérieur. N'avait-il pas dit le 24 avril, dans sa « Proclamation aux jeunes Français, » que cette campagne devait *finir la guerre de la Révolution* ?

Les récits de Marmont et de Victor réfutent Kellermann qui a tenté d'amoindrir Desaix pour lui enlever sa gloire, comme si 800 cavaliers auraient pu relever une double défaite par une simple charge. Enfin, Kellermann laisse de côté le général Champeaux, qui a payé de sa vie son concours. Donc, Kellermann a coopéré à l'action principale. Cette action Desaix la guidait et lui a transmis ses ordres. Marmont, plus modeste, et ce n'est pas son tempérament, a conservé à son œuvre personnelle, l'artillerie qu'il commandait dans la colonne d'attaque, la part qui lui convenait, ce que n'a pas fait Kellermann.

Ce dernier a laissé sur la mort de Desaix un témoi-

---

(1) Bonaparte écrivait à Moreau le 16 mars, alors qu'il comprenait l'importance de son concours :

« Le général Dessolle vous fera part, citoyen général, de mes vues pour la *Campagne* qui va s'ouvrir. Il vous dira que personne ne s'intéresse *plus que moi* à votre gloire personnelle et à votre bonheur... J'envie votre heureux sort... Je troquerais volontiers *ma pourpre consulaire* pour une épaulette de chef de brigade *sous vos ordres*. Ma confiance en vous, sous tous les rapports, est entière. »

La réplique d'Hohenlinden devait paraître un jour trop éloquente.

gnage étrange. « Comme il n'avait point d'uniforme, dit-il, les soldats ne l'ont point remarqué. » Les attestations discutables citées par le duc de Valmy, dans son « Histoire de la campagne de 1800 » ne peuvent infirmer ni le fait, ni la présence de Desaix (1). Leur témoignage n'a aucune valeur sérieuse, et il est étrange qu'un militaire ait pu lui donner créance au point de tenter de contrebalancer toutes les présomptions, toutes les inductions et tous les témoignages des contemporains, tels que les rapports officiels ou les écrits des généraux Marmont, Victor, Dumas et Savary (2). Nous ne nous y serions pas arrêté, si le nom de son auteur ne nous avait imposé le devoir de réfuter cette dernière assertion.

Desaix fut retrouvé avec peine par Savary dans ce champ de carnage où les cadavres s'entassaient sur les cadavres; il le reconnut à sa chevelure (3), le mit sur son cheval dans un manteau de soldat et fit transporter son corps au quartier-général. Les deux Éthiopiens que le héros avait emmenés d'Égypte et qu'il avait traités comme s'ils eussent été ses enfants, baisèrent la plaie béante et s'agenouillant près de lui murmurèrent leur douleur sur

(1) Il s'est trouvé des officiers tellement admirateurs de Kellermann, qu'ils ont accepté une seule version : la sienne. Or, ce général était éloigné du Premier Consul par celui-ci qui ne l'aimait pas.

(2) Savary a laissé dans ses *Mémoires* un récit vraisemblable, car il n'avait aucun intérêt personnel à satisfaire ici. Il cite dans sa narration un fragment de conversation sous forme d'ordre reçu par lui de Bonaparte. « Pour vous, lui dit ce dernier, allez là (il me montrait un point noir dans la plaine), vous y trouverez le général Kellermann... restez auprès de lui ; vous lui indiquerez le point par où Desaix doit déboucher, car Kellermann ne sait même pas qu'il soit à l'armée. » (T. I, ch. 17, p. 276.)

(3) « Malgré l'obscurité, je le reconnus à sa volumineuse chevelure, de laquelle on n'avait pas encore ôté le ruban qui la liait. » (Ibid.)

leurs rhythmes sauvages, témoins des gloires de l'Egypte.

Son corps fut transporté à Milan où il fut embaumé par ordre de Bonaparte (1).

Le Tribunat, interprète des sentiments de la France et des regrets de l'armée, adressa aux Consuls un message où il était dit : « *La mort de Desaix est un malheur public au sein des plus éclatants triomphes.* » Le ministre de la guerre, Carnot, écrivit à Berthier : « *La France entière comme l'armée de réserve déplore la perte de ce généreux Desaix dont l'Europe et l'Afrique célèbrent les exploits et dont tous les cœurs bien nés regrettent les vertus.* » Les Consuls décernèrent, par un arrêté pris en commun, une pension nationale à sa mère, Bonaparte s'occupa de l'avenir de cette sœur que ce héros avait si tendrement aimée. Sur la proposition de Debry, le plénipotentiaire épargné à Rastadt, l'Assemblée rendit le décret suivant : « *Dans la séance du 16 messidor elle portera le deuil du général Desaix et des braves morts aux champs de Marengo.* »

L'histoire devait à ce grand caractère et à ce général, auquel nul ne fut supérieur de son vivant, le témoignage de son mérite.

Puissent les documents publiés par nous contribuer à l'éclat de sa renommée et à la perpétuité de notre admiration.

(1) Bonaparte resta fidèle à la mémoire de Desaix et le prouva en 1806, ainsi qu'on le verra aux Pièces Justificatives.

# PIÈCES JUSTIFICATIVES

### CHAPITRE PREMIER.

#### CERTIFICAT DE NOBLESSE

Nous, Bernard Chérin, Ecuyer, généalogiste et Historiographe des ordres de Saint-Michel et du Saint-Esprit, Généalogiste de celui de Saint-Lazare, et, en cette première qualité, Commissaire du Roi pour certifier à Sa Majesté la noblesse de ceux qui aspirent aux places de sous-lieutenants dans ses Gardes-du-Corps et dans ses régiments d'Infanterie Française, de Cavalerie, de Chevaux-légers, de Dragons et de Chasseurs, etc.

Certifions au Roi que Louis Charles Antoine des Aix-de-Veygoux, né le dix-septième jour du mois d'Aoust de l'année mil sept cent soixante huit et batisé le lendemain dans l'Eglise Parroissiale de Saint-Hilaire d'Ayat, au diocèse de Clermont, fils de Gilbert Antoine des Aix, Chevalier, Seigneur de Veygoux (petit-fils de Charles des Aix, Sieur du Quereau et de Veygoux, maintenu dans sa noblesse par arrêt du Conseil d'Etat du roi du 3 décembre 1672), et de Dame Amable de Beaufranchet-d'Ayat, son épouse,

A la Noblesse requise pour être reçu sous-lieutenant dans les Troupes de Sa Majesté : En foi de quoi nous avons délivré le présent certificat et l'avons signé et fait contresigner par notre secrétaire.

A Paris, ce troisième jour du mois d'octobre de l'an mil sept cent quatre vingt trois.

(Signé) Cabain.

Pour Monsieur le Généalogiste
et Historiographe des ordres du Roi,
(Signé) Berthier.

---

### ÉCOLE MILITAIRE D'EFFIAT

Créée par un descendant du marquis d'Effiat, maréchal de France et ami du cardinal de Richelieu, cette école était régie par les Pères de la Congrégation de l'Oratoire. Fondée à Effiat même, elle a duré jusqu'à la Révolution ; son existence est constatée avec honneur dans l'histoire militaire, parce qu'elle a compté *Desaix* parmi ses élèves.

Nous n'avons pas à tracer ses origines et les résultats qu'elle donna ; mais nous tenons à fournir quelques indications sur les études de Desaix, d'après le *Programme* de 1782, et sur ses succès scolaires.

Il est intitulé : « Exercices publics de MM. les Élèves
» de l'*Ecole Royale militaire* d'Effiat, sous la direction des
» Prêtres de l'Oratoire, dédiés à Monseigneur François
» de Bonal, évêque de Clermont, comte de Brioude, etc.
» Ils commenceront le lundi 25 du mois d'août et
» continueront les trois jours suivants. Les séances
» s'ouvriront le matin à huit heures précises et le soir à
» trois heures. » Il comprend 73 pages in-4°.

Les Exercices publics furent subdivisés en huit séances.

La première, relative aux « Langues latine et allemande. » La seconde et la troisième aux « questions sur » les Mathématiques ; » une partie concernant « les » Fortifications » et les « éléments d'Artillerie. » La quatrième à la « Géographie. » La cinquième à la « Géographie détaillée, » c'est-à-dire à la Géographie historique, physique et à l'histoire naturelle. La sixième à l' « Histoire » ancienne. La septième à « Histoire et » Poésie » ou toute l'histoire de France et les divers genres de poésie. La huitième traitait de « l'Eloquence » appuyée d'exemples tirés des meilleurs poètes et des orateurs les plus estimés.

La partie politique, l'art militaire et la diplomatie par l'histoire du droit public, était très-soignée : le sommaire des questions posées l'indique.

L'organisation de l'armée romaine était l'objet des questions suivantes :

« Levée des Troupes. — Armées des Romains. — » Exercices militaires. — Légions. — Grandeur des » armées romaines. — Leurs marches. — Leurs cam- » pemens, leur ordre de bataille. — Attaque et défense » des Places. — Marine des Romains. — Récompenses et » punitions des soldats. — Honneurs du triomphe. »

Desaix, qui faisait ses humanités, en 1872, obtint les succès suivants :

*Réponses :*

Réponse sur l'Arithmétique (p. 20).

Réponse sur la troisième race de l'Histoire de France jusqu'à Louis XII (p. 56).

Sur les divers genres de poésie (p. 60).

Prix :

Géographie détaillée, premier Accessit.
Histoire de France, deuxième Prix.
Diligence, deuxième Accessit.
Mathématiques (1re classe de calcul), premier Accessit.

On sait que tous les Examens des Ecoles militaires (12) se passaient obligatoirement à Brienne, où professait Pichegru.

Desaix l'examiné et Pichegru l'examinateur devaient se rencontrer aux lignes de la Queich...

---

### COMMISSARIAT DES GUERRES.

*A Monsieur Duportail, Ministre de la guerre.*

Le sieur Desaix Veygoux, né le 17 aout 1766, sous-lieutenant au 46me régiment, cy-devant Bretagne, depuis le 22 octobre 1783 a toujours resté à son corps depuis la Révolution, il a quitté pour être employé à des détachements.

Je dois à la justice et à l'affermissement de la Cons-

Le sieur Desaix Veygoux a l'honneur de prier Monsieur Duportail de vouloir bien le nommer à une place de : *Commissaires ordinaires des guerres* de la nouvelle formation.

Le sieur Desaix étant particulièrement connu de M. Dumas, maréchal de camp, espère que cet officier-général voudra bien rendre de sa conduite et de sa capacité un compte

titution de témoigner au Ministre que Monsieur des Aix de Veygoux a toujours tenu la meilleure conduitte sous tous les rapports et méritte son attention particulière.

(Signé) Dumas.

qui le mettra à même de prouver au Ministre qu'il est susceptible de remplir cette place.

L. Desaix de Vaveoux, officier au 46ᵐᵉ régiment.

Huningue, le 19 8ᵇʳᵉ 1791.

### RÉGIMENT DE BRETAGNE

J'ai l'honneur de proposer à une sous-lieutenance en troisième le sʳ Louis Charles Antoine des Aix de Veygoux, cet emploi étant vacant par la passe du vicomte de la Luzerne dans un régiment de cavalerie. Je joins ici le certificat de M. Chérin.

Paris, le 18 8ᵇʳᵉ 1783.

(Signé) Le Comte de Crillon.

### 46ᵐᵉ RÉGIMENT D'INFANTERIE

22 mai 1792.

M. Desaix de Veygoux, lientenant au 46ᵐᵉ régiment d'Infanterie, a été nommé à une place de Commissaire des guerres le 20 xᵇʳᵉ 1791 ; mais n'ayant pas encore 25 ans accomplis, il n'a pu être reçu et a supporté sans fruit beaucoup de dépenses qui l'ont épuisé.

Cet officier demande à être réintégré dans son ancien emploi de lieutenant qu'il n'a point abandonné et à être indemnisé d'une partie de ses pertes par la jouissance des appointemens accumulés pendant son absence; il assure que l'opinion du régiment lui est favorable.

On observe qu'il y a possibilité d'observer la demande de M. de Veygoux, parce que son emploi est vacant par l'abandonnement du sujet qui avait été nommé pour le remplacer.

**Approuvé**
pour son remplacement seulement.

## CHAPITRE II.

Généraux en chef qui ont commandé les armées du Rhin pendant la carrière de Desaix, de 1792 à 1800.

### Armée du Rhin (1792).

M<sup>al</sup> Luckner. Du 14 décembre 1791 au 6 mai 1792.

G<sup>al</sup> Lamorlière. Du 7 mai au 20 juillet (*par intérim*).

G<sup>al</sup> Biron. Du 21 juillet au 25 décembre en chef, mais *subordonnément* à Luckner jusqu'au 19 septembre.

Le général Custine en chef, mais *subordonnément* à Biron; la gauche, du 19 septembre au 1<sup>er</sup> octobre où elle devient armée des Vosges. — Biron est ensuite subordonné à Custine par arrêté du 30 octobre.

G<sup>al</sup> Desprez-Crassier. Du 26 décembre au 31 (*par intérim*), *subordonnément* à Custine.

### Armée du Rhin (1793).

G<sup>al</sup> Desprez-Crassier. Du 1<sup>er</sup> janvier au 14 mars (*par intérim*), *subordonnément* à Custine.

G<sup>al</sup> Custine. Du 15 mars au 17 mai avec le commandement supérieur de l'armée de la Moselle depuis le 9 avril.

G<sup>al</sup> Diettmann. Du 18 au 29 mai (*par intérim*), *subordonnément* à Houchard.

G<sup>al</sup> Beauharnais. Du 30 mai au 17 août, *provisoirement et subordonnément* à Houchard jusqu'au 2 août.

G<sup>al</sup> Landremont. Du 18 août au 29 septembre (*par intérim*), jusqu'au 23 août et *provisoirement* ensuite.

G.ᵃˡ Meunier. (*Par intérim*), du 30 septembre au 1ᵉʳ octobre.

G.ᵃˡ Carlenc. Du 2 octobre au 26 octobre *provisoirement*.

G.ᵃˡ Pichegru. Du 27 octobre au 31 décembre *subordonnément* à Hoche, depuis le 24 décembre.

### Armée du Rhin (1794).

G.ᵃˡ Pichegru. Du 1ᵉʳ au 13 janvier *subordonnément* à Hoche.

G.ᵃˡ Michaud. Du 14 janvier au 31 décembre. Du 14 au 24 mars et du 15 au 20 mai; pendant que Michaud visite tous les postes de l'armée, le général Dorsner a la signature, correspond avec le ministre et assure le service journalier. Il commande également pendant un voyage que le général Michaud fait à Bitche du 4 au 7 juin.

Le général Kléber, *subordonnément* l'armée devant Mayence, du 4 au 31 décembre.

### Armée du Rhin (1795).

G.ᵃˡ Michaud. Du 1ᵉʳ janvier au 10 avril. Le général Kléber, *subordonnément* l'armée devant Mayence, du 1ᵉʳ janvier au 13 février. Le général Schaal, *subordonnément* l'armée devant Mayence, du 14 février au 29 avril et ensuite les divisions de l'armée de Rhin-et-Moselle employées au siége de Mayence.

G.ᵃˡ Kléber. (*Par intérim*), du 11 au 16 avril.

G.ᵃˡ Pichegru. Du 17 au 19 avril, les armées de la Moselle et du Rhin. Et du 20 avril au 31 décembre.

### Armée de Rhin-et-Moselle (1796).

G<sup>al</sup> Pichegru. Du 1<sup>er</sup> janvier au 4 mars.
G<sup>al</sup> Desaix. (*Par intérim*), du 5 mars au 20 avril.
G<sup>al</sup> Moreau. Du 21 avril au 31 décembre.

### Armée d'Allemagne (1797),

Composée des armées de Sambre-et-Meuse, de Rhin-et-Moselle, par arrêté du Directoire en date du 8 vendémiaire an VI (29 septembre), mis à exécution du 7 au 20 octobre, réunies en une seule armée sous la dénomination d'Armée d'Allemagne, divisée en *Armée de Mayence* et *Armée du Rhin*, par arrêté du 19 frimaire (9 décembre), mis à exécution les 14 et 16 décembre.

### Rhin-et-Moselle. — Deuxième armée du Rhin.

G<sup>al</sup> Moreau. Du 1<sup>er</sup> au 30 janvier avec le commandement supérieur sur l'armée de Sambre-et-Meuse.
G<sup>al</sup> Desaix. (*Par intérim*), *subordonnément* au général Moreau, du 31 janvier au 9 mars.
G<sup>al</sup> Moreau. Du 10 au 27 mars.
G<sup>al</sup> Desaix. (*Par intérim*), du 28 mars au 19 avril.
G<sup>al</sup> Moreau. Du 20 avril au 9 septembre.
G<sup>al</sup> Gouvion Saint-Cyr. *Provisoirement* du 10 septembre au 6 octobre, *subordonnément* au général Hoche jusqu'au 18 septembre.

### Armée d'Allemagne.

G<sup>al</sup> Augereau. Du 7 octobre au 13 décembre avec la disposition des troupes de l'armée du Nord.

### Armée de Mayence.

G<sup>al</sup> Hatry. Du 16 décembre au 31 décembre.

### Armée du Rhin.

G<sup>al</sup> Augereau. Du 14 décembre au 31 décembre.

### Armée d'Angleterre (1797).

G<sup>al</sup> Bonaparte. A partir du 26 octobre (1797).
G<sup>al</sup> Desaix. *Provisoirement* en attendant l'arrivée du général Bonaparte.

### Armée d'Orient (1798).

#### I.

G<sup>al</sup> Bonaparte. Du 8 mai au 31 décembre.

#### II (1799).

G<sup>al</sup> Bonaparte. Du 1<sup>er</sup> janvier au 22 août (du 12 nivôse au 5 fructidor an VII).
G<sup>al</sup> Kléber. Du 25 août au 31 décembre (du 8 fructidor an VII au 10 nivôse an VII), d'abord *provisoirement*, puis définitivement en chef par arrêté des Consuls en date du 24 brumaire an VIII (15 novembre).

### Armée d'Italie (1800).

G<sup>al</sup> Suchet. (*Par intérim*), du 1<sup>er</sup> au 5 janvier (11 au 15 nivôse an VIII).
G<sup>al</sup> Marbot. (*Par intérim*), du 6 au 15 janvier (16 au 25 nivôse).
G<sup>al</sup> Masséna. Du 16 janvier au 16 juin (26 nivôse au 27 prairial).

Suchet commande sur le Var, *subordonné* du 7 avril au 7 juin (17 germinal au 18 prairial).

G.ᵈˡ Suchet. (*Par intérim*), du 17 au 24 juin (28 prairial au 5 messidor).

---

Arrondissements et pays qui ont été affectés aux armées dans lesquelles a servi Desaix, de 1792 à 1800.

### Armée du Rhin (1792).

A sa création, les 5ᵉ et 6ᵉ divisions militaires.

Le 11 mai 1792, le département de l'Ain en est distrait pour être donné à l'armée du Midi.

### Armée du Rhin (1793).

1ᵉʳ Janvier. 5ᵉ et 6ᵉ divisions militaires, moins le département de l'Ain.

1ᵉʳ Mars (*Arrêté du*). Tout le cours du Rhin, de Mayence à Basle, les 5ᵉ et 6ᵉ divisions militaires jusqu'à Besançon.

30 Avril (*Décret du*). Sur les frontières et dans les places, depuis Bitche inclusivement jusqu'à Porentruy exclusivement.

### Armée du Rhin (1794).

1ᵉʳ Janvier. Sur la frontière et dans les places, depuis Bitche inclusivement jusqu'à Porentruy exclusivement.

### Armée du Rhin (1795).

1ᵉʳ Janvier. Sur la frontière et dans les places, depuis Bitche inclusivement jusqu'à Porentruy exclusivement.

### Armée de Rhin-et-Moselle (1795).

A sa création. Commence à la Moselle-de-Sierck à Coblentz, occupe tout le cours du Rhin de Coblentz à Huningue et comprend à l'intérieur les départements de la Moselle, de la Meurthe, des Haut et Bas-Rhin, des Vosges, du Doubs et de la Haute-Saône.

Le 18 Novembre. La 3e division militaire passe de l'arrondissement de l'armée de Rhin-et-Moselle dans celui de l'armée de Sambre-et-Meuse.

### Armée de Rhin-et-Moselle (1796).

1er Janvier. Les 4e, 5e, 6e divisions militaires, moins le département de l'Ain attaché *provisoirement* à la 7e division militaire.

### Armée d'Allemagne (1797).

#### Armée de Rhin-et-Moselle, dite aussi deuxième armée du Rhin.

1er Janvier. Le Rhin, de Bingen à Huningue, et les 4e, 5e et 6e divisions militaires, moins le département de l'Ain distrait de la 6e division militaire. Après la cessation des hostilités (22 avril), l'armée reste en cantonnements sur la rive droite du Rhin (quartier-général à Strasbourg).

#### Armée d'Allemagne.

A sa création. Les 2e, 3e, 4e, 5e, 6e, 24e et 25e divisions militaires; tout le pays conquis sur la rive gauche du Rhin et au-delà de ce fleuve.

### Deuxième armée du Rhin.

A sa création. Les départements du Mont-Terrible, du Haut et du Bas-Rhin, et dans les positions vis-à-vis sur la rive droite du Rhin.

### Armée d'Angleterre (1797).

23 Décembre (3 nivôse an VI) *Par arrêté du.* Une zone de 10 lieues de large, tout le long des côtes, de Brest à Ostende, en comprenant une partie des 13e, 14e, 15e, 16e et 24e divisions militaires.

### Armée d'Orient (1798).

#### I.

S'organise de la fin de mars à la mi-mai dans les ports de Toulon, Gênes, Civita-Vecchia, Ajaccio.

Du 19 mai au 8 juin (3 floréal au 20 prairial an VI), en mer.

Du 8 juin au 18 juin (20 prairial au 30 prairial), devant Malte.

Du 19 juin au 1er juillet (1er messidor au 13 messidor), en mer.

#### Une division reste à Malte.

Le 2 Juillet (14 messidor). Débarque près d'Alexandrie.

10 Octobre (19 vendémiaire an VII) *Par arrêté du.* Exécuté à l'armée d'Italie le 30 vendémiaire (21 octobre). L'Ile de Malte passe dans l'arrondissement de l'armée d'Italie.

## II (1799).

1er Janvier (12 nivôse an VII). L'Egypte et la Syrie.

### Armée d'Italie (1800).

1er Janvier (11 nivôse an VIII). La chaîne de l'Apennin et des Alpes, de Gênes au mont Saint-Bernard, les 7e, 8e et 19e divisions militaires.

5 Mai (15 floréal) *Par arrêté du.* Le département du Mont-Blanc en est distrait et passe à l'armée de Réserve.

*L'armée de Réserve*, organisée par décret du 8 mars 1800, fut placée successivement sous le commandement des généraux Victor Perrin (du 11 au 18 avril), et Alexandre Berthier (du 19 avril au 24 juin), jointe à l'armée d'Italie, réorganisée après la victoire de Marengo.

(Dépôt de la Guerre, travail du capitaine d'état-major Clercet.)

—

*Lettre du général Biron au général Custine, sur l'arrestation de Desaix.*

Strasbourg, le 12 septembre 1792.

« M. de Vegoulx, aide-de-camp de M. Victor Broglie, a trouvé moïen de se faire arrêter dans le département des Vosges chargé de 13 lettres pour son général qui ont été ouvertes et me paraissent le compromettre extrêmement. Une de ces lettres parlait d'une caisse de papiers déposée chez Laubadère ; tous ces renseignements et copie des lettres ouvertes ont été envoïés au département du Bas-Rhin par un courier de celui des Vosges. On a envoyé chercher Laubadère qui a demandé de fort bonne grâce l'examen immédiat et exact de ses propres papiers et a remis la caisse appartenante à M. Victor Broglie. On n'a trouvé dans les papiers de Laubadère que beaucoup de preuves de civisme, et des meilleurs principes. Dans la lettre de M. de Broglie on en a trouvé une de moi que l'on a cru devoir envoier à l'Assemblée nationale sans la décachetter, elle ne contient autre chose qu'un reçu officielle de la déclaration qu'il m'envoie que, conformément au décret de l'Assemblée nationale sur les officiers suspendus, il se retire dans l'intérieur du royaume. Le département des Vosges a cru devoir tenir M. de Vegoulx en prison et donner ordre de s'assurer de la personne de M. Victor Broglie jusques à ce que l'Assemblée nationale en ait ordonné. »

*Division aux ordres du général Desaix* (17 juillet 1794).

### QUARTIER-GÉNÉRAL À SCHIFFERSTATT.

| | |
|---|---|
| 2e Bataillon du 93e régiment, | |
| 12e Régiment de cavalerie, | à Otterstatt. |
| 17e Régiment de dragons, | |
| 8e Compagnie d'artillerie légère, | |
| 1er Bataillon de la 7e demi-brigade d'infanterie légère, | à Valsheim. |
| 2e Bataillon de la 7e demi-brigade d'infanterie légère, | |
| Le 40e régiment de chasseurs, | à Neuhoffen. |

| 1er Bataillon du 21e régiment, | à La Rehutte. |
| 7e Régiment de chasseurs, | |
| Chasseurs du Rhin, | au bois entre la Rehutte |
| 1er Bataillon de la 159e demi-brigade, | et Schifferstatt. |
| 1er Bataillon du 3e régiment, | |
| 2e Bataillon du 3e régiment, | à Gross et Klein, Schif- |
| 8e Régiment de chasseurs, | ferstatt. |
| 9e Compagnie d'artillerie légère, | |
| 10e Bataillon des Vosges, | |
| 1er Bataillon de la 109e demi-brigade, | à Igelheim. |
| 4e Régiment de chasseurs, un détachement, | |

On observe qu'Igelheim, avant la retraite du 6 prairial, faisait partie de la 2e division. Le général Desaix invite le général Girardon à faire occuper ce village par cette division et les troupes qui y sont se porteront sur Schifferstatt où on leur désignera leur emplacement.

A Schifferstatt, le 29 messidor an II de la République.

*L'adjudant-général, chef de brigade,*

BOULLAND.

# CHAPITRE III

*Lettre des Représentants du peuple près les armées du Rhin et de la Moselle, à la Convention Nationale, datée du quartier-général à NIDERBRONN, le 22 décembre 1793.*

Les défenseurs de la République, Citoyens Collègues, viennent de remporter une victoire signalée sur les *Autrichiens* : vous savez que les satellites des Rois, comptant plus sur la force de leurs canons que sur leur propre courage, s'étaient retranchés sur les hauteurs de *Reishoffen, Gondershoffen, Freschweiler* et *Werth* en avant d'*Haguenau* et avaient formé des redoutes à triple étage, non moins formidables que celles de *Jemmapes* ; la tête de leur retranchement a été attaquée ce matin avec le plus grand succès. Les soldats de la République ont pris 46 pièces de canon aux ennemis, 20 caissons, fait plus de 500 prisonniers dans le nombre desquels se trouve le colonel du premier régiment de l'empereur, tout chamaré de croix et de rubans, et 8 autres officiers. Le nombre de leurs morts a été très-considérable : on ne s'est déterminé à faire des prisonniers que *lorsqu'on été fatigué de tuer*. Nos pertes ont été peu conséquentes, il serait trop long de vous détailler les prodiges de valeur de nos braves soldats : leurs succès en parlent mieux que tout ce que nous pourrions en dire ; les généraux, d'ailleurs, s'empresseront de vous communiquer tous les détails militaires. Cette victoire est d'autant plus importante que c'est l'ouverture qui doit nous conduire à *Landau*. Nous avons été toute la journée sur le champ de bataille au milieu de nos frères d'armes : nous avons tiré nous-mêmes le canon sur l'ennemi ; et il ne dépendra pas de nous que le cours de cette victoire ne soit suivi sans relâche et avec la plus grande ardeur.

Salut et fraternité.

(Signé) J.-B. LACOSTE. M.-A. BAUDOT.

—

*Lettre des mêmes Représentants, à la Convention Nationale, datée de GERMERSHEIM, le 9 nivôse an II<sup>e</sup>, 29 Décembre 1793.*

Les succès des armées de la Moselle et du Rhin, Chers Collègues, sont étonnans, et leur marche des plus rapides. Elles se sont emparées hier matin du poste important de *Germersheim* qui couvre *Landau*, assure la conservation des lignes de la *Queisch*, et ouvre la porte du *Palatinat*: aussi nos intrépides défenseurs sont-ils en ce moment à une lieue de *Spire* ; et on nous assure que les troupes légères y sont entrées. On nous assure aussi que les *Prussiens* et les *Autrichiens*, en se séparant, se sont fait leurs adieux, à la sortie de la petite ville de *Bergzabern*, à coups de sabres et de fusils. Les premiers se sont retirés sur *Neustadt* et *Mayence* ; les autres ont repassé le *Rhin* sur trois différens ponts, qu'ils avaient eu la bonne précaution d'y faire construire : il était tems, car s'ils n'eussent point fui à toutes jambes pendant plusieurs jours et plusieurs nuits, ils étaient tous exterminés. Les routes sont couvertes de prisonniers et de déserteurs. La courageuse persévérance des armées qui ont délivré *Landau*, et de la garnison qui l'a conservé, doit leur mériter les mêmes honneurs qu'à l'armée qui a fait le siége de *Toulon*. Nous croyons que c'est participer à vos intentions que de le demander expressément.

La bataille de *Kaisberg* a prouvé aux ennemis qu'ils n'ont que leur destruction totale à attendre des défenseurs de la République. Pendant plus de quatre heures de pas de charge, sous un feu terrible et continuel, pas un soldat n'a sorti des rangs ; et l'on voyait les traineurs courir à toutes jambes pour aller partager la gloire de leurs braves frères ; aussi la victoire fut-elle complette et assure le triomphe de la République. L'ennemi nous a laissé des magasins considérables à *Lauterbourg* et particulièrement un Magasin à poudre auquel il avait mis une mèche allumée auparavant d'être sorti de la place : on est parvenu à l'éteindre au moment où elle allait faire sauter la ville et toute la partie de notre armée qui l'occupait. Les Autrichiens ont mis le feu à plusieurs de leurs magasins dans leur fuite : ils nous ont cependant laissé beaucoup de fusils à *Germersheim*, de l'avoine, des légumes secs, des farines, des grains, indépendamment de 800,000 rations de fourrages et 30,000 couvertures. Nous partons demain pour nous rendre à Spire.

—

### DESAIX A SA SŒUR

Au quartier-général de Reichstett.
21 brumaire an II de la République (11 novembre 1793).

« C'est depuis longtemps, charmante petite sœur, que que je n'ai reçu de tes nouvelles, j'en suis bien désolé ; j'aime bien à savoir ce qui t'arrive ; je désirerais à toutes les minutes apprendre que tu es gaie, que tu danses et que tu es contente ; mais point du tout, malgré mon impatience, les courriers ne m'apportent rien, je m'en attriste. Je suis resté, il est vrai, quelques jours sans écrire à maman, mais je ne le pouvais dans la retraite que nous avons faite ; le poste de l'armée s'était retiré fort loin, j'étais accablé d'ouvrage, je n'avais pas le temps d'écrire ni le moyen d'envoyer des lettres. Je craignais bien que vous ne fussiez inquiètes de moi ; je sais combien vous m'êtes toutes attachées, et combien vous désirez qu'il ne m'arrive pas de malheurs. Je t'assure que vous avez bien tort de vous tourmenter si fort ; je vais toujours très-bien ; ma santé est bonne, ma blessure est entièrement guérie, je n'en attends plus que quelques autres, pourvu qu'elles soient glorieuses et utiles à mon pays. Que j'aurai de plaisir, charmante petite sœur, de te présenter mes cicatrices glorieuses, de te raconter mes souffrances et mon courage ! Tu me couvriras de tes baisers, de tes tendres caresses, et je serai dans l'enchantement ; ce sera ma récompense la plus agréable. Aime-moi bien, charmante petite sœur ; tu sais que nous sommes destinés à passer notre vie ensemble, à en adoucir les maux ; ainsi pense à moi et souvent.

» Quand la guerre terrible et effroyable qui ravage et dévaste, qui sépare les amis, sera enfin terminée, simple, ignoré, paisible, content d'avoir contribué à rétablir la paix et à repousser les cruels ennemis, les barbares étrangers qui veulent nous faire la loi, je viendrai près de toi et nous ne nous séparerons plus ; nous adoucirons la vieillesse de la bonne maman, nous chercherons à la rendre heureuse ; je soupire bien après ce moment.

» Je ne crois pas avoir le plaisir de t'embrasser cette année encore ; l'hiver approche, et la campagne ne finit pas ; elle est bien dure. Plains nos malheureux Volontaires couchés à terre, dans la boue jusqu'aux genoux, et fatigués d'un service pénible et continuel. Plains-moi aussi, charmante sœur, je suis élevé à un grade difficile et pénible, que je n'ai accepté qu'avec le plus grand regret. Je suis général de division, et commande l'avant-garde ; c'est bien de l'ouvrage pour ton frère, que tu sais bien jeune encore et pas très-expérimenté. J'espère que la fortune m'aidera, qu'elle me sourira ; et qu'avec un zèle sans bornes, bien de la bravoure, je réussirai à faire triompher les armes de la République ; tu ne saurais croire combien j'en ai le désir. Si la victoire me couronnait, j'en déposerais les couronnes entre les mains de maman, comme autrefois je lui donnais celles de lierre que me méritait mon assiduité au collége. Je lui suis bien attaché, à cette bonne maman ; je l'aime au-delà de tout ce qu'on peut dire. Que je voudrais la savoir contente et heureuse !

» Je suis bien désolé de voir, au milieu de mes richesses, avec les riches appartements qu'on m'a donnés, que je ne puisse pas réunir une somme un peu considérable pour l'aider ; elle ne m'a pas encore dit qu'elle en eût besoin. Je crains qu'elle ne me le cache ; tu sais bien que tu as toujours été la confidente de mon cœur, que je n'ai jamais rien eu de caché pour toi. Eh bien ! dis-moi, avez-vous besoin de quelque chose ? Parle vite, je serai trop heureux de me priver pour vous offrir tout ce que je possède. Si je n'avais pas eu du malheur pour mes chevaux, j'aurais pu payer mes dettes, mais malheureusement ils sont hors de prix. Qu'il m'en faudrait beaucoup et que je n'en ai peu !

Le joli cheval qui m'avait rendu des services réels, qui avait été blessé d'un coup de sabre, et que j'aimais beaucoup, est devenu aveugle ; pour le remplacer, il faut 2,000 livres. Tu sais combien cela se trouve peu facilement ; cependant mes économies me les procureront. Mais, je t'en conjure, dis si maman est à court d'argent ; j'ai quelques assignats de mes économies, je lui en ferai parvenir. Si je la savais dans le besoin, je serais au désespoir, je serais bien loin du bonheur.

» Adieu, charmante petite sœur, aime-moi bien, pense à ton frère. »

Signé : Desaix.

# CHAPITRE VI.

## Organisation des bureaux de l'État-major général de l'armée de Rhin-et-Moselle.

Il y aura à l'état-major général de l'armée de Rhin-et-Moselle, quatre bureaux dont le travail sera distribué ainsi qu'il suit :

### BUREAU N° 1

*près du chef de l'état-major.*

L'adjudant-général Donzelot et ses adjoints.

La correspondance générale : tout ce qui a rapport à l'organisation et à la police des corps, à l'artillerie et au génie, les permissions, congés, passeports, les renseignements demandés sur les employés à l'armée ; le recueil des actions héroïques et civiques.

Le dépôt des lois, arrêtés du Comité de Salut public et des Représentants du peuple ; des mémoires, rapports militaires, plans, cartes géographiques et de tous les papiers de l'État-major général qui ne sont pas utiles dans les autres bureaux.

Les frais de bureau de l'État-major général et des divisions.

### BUREAU N° 2.

**L'adjudant-général Frision et ses adjoints.**

Le mouvement des troupes.

Le personnel des officiers généraux, aides-de-camp, adjudants-généraux et adjoints, les commandants des places.

L'ordre du jour; la série des mots; l'envoi aux troupes des lois, arrêtés, règlements, bulletins, etc.

L'enregistrement des dépêches; les ordonnances; la nomination des adjoints et secrétaires de jour.

L'état de la situation générale des troupes de l'armée active et des divisions militaires, et en général tous les états de ce genre qui seront demandés par le chef de l'État-major.

### BUREAU N° 3.

**L'adjudant-général Garobuan et ses adjoints, et l'adjoint Coteau.**

Le rapport décadaire; l'état général de l'approvisionnement des places en vivres, fourrages, etc.

La rédaction du bulletin de l'armée tous les cinq jours.

La levée des positions et camps.

La confection des plans et cartes.

Les renseignements et indication sur l'emplacement des corps.

Les hommes en subsistance.

## BUREAU N° 4.

*L'adjudant-g<sup>al</sup> Gudin et ses adjoints.*
- Les prisonniers de guerre et les déserteurs, les hommes tués et blessés ; la confection des états qui y sont relatifs.
- Les tribunaux et commissions militaires.
- La police du quartier-général.

*Le général de division, chef de l'état-major général de l'armée de Rhin-et-Moselle.*

Signé : LIÉBERT.

—

Notre étude serait incomplète si nous ne donnions pas quelques fragments de la Correspondance de Desaix avec son général en chef, lorsqu'il eut la responsabilité du commandement. On jugera ainsi sur le vu des documents intimes :

Ruprechtsaw, le 22 brumaire an V.
(12 novembre 1796).

§ 1

### DESAIX A MOREAU

« J'arrive de Kehl, mon général ; ce poste important me donne de jour en jour plus d'inquiétudes. Nos moyens de défense s'en vont tous les jours d'une manière étonnante par la baisse prodigieuse des eaux. Nos îles ne sont plus rien, et nous y sommes sur la bonne foi des ennemis. Leurs travaux s'avancent avec une rapidité prodigieuse ; ils ont eu aujourd'hui une immense quantité de travailleurs. La nuit dernière et aujourd'hui ils ont fait une ligne immense qui joint de leur droite en avant d'Auenheim les ouvrages que vous leur avez vus hier et qui s'étendent en avant de Neumühl. Cet ouvrage est fait en tranchée, c'est-à-dire que les terres en sont jetées en avant et couvrent ceux qui sont derrière. Je ne sais pas quelles sont les intentions des ennemis, mais elles sont inquiétantes. Si c'est une ligne contre le fort, elle est à bien près de sept cents toises de ses ouvrages, ce n'est pas l'ordinaire ; si c'est plutôt une première ligne de laquelle il débouchera pour s'emparer du terrain en avant, il nous resserrera jusque sous nos palissades, et ce sera bientôt fait.

» Je ne sais quel parti prendre : si je veux leur faire jeter des boulets ou des obus ainsi que des bombes, ils me les rendront et gêneront nos travaux ; je n'ai que le moyen bien précaire des sorties dont les rentrées ne produiront que l'effet de les retarder et fatiguer sans les repousser.

» Voyez, général, quel parti vous voulez prendre ; il en faut un ici. Voulez-vous me laisser encore sur la défensive et défendre la place et ses approches ? Dans ce cas, je bataillerai contre l'ennemi pour le bien fatiguer, le gêner et gagner du temps sur lui. Dans le cas où vous voudriez le culbuter dans ses travaux et le remettre à sa première position, alors on préparerait en silence de toutes parts les moyens d'attaque, et, le laissant tranquille pour l'endormir, on chercherait à l'écraser d'un coup ; il faudrait alors éviter de le fatiguer ici, afin qu'il n'y amenât pas trop de monde.

» J'agirai d'après ces deux hypothèses, embrassez-en une. Mais à vous dire le vrai, il faut ici un parti : ou consentir à être très-serré, ou le contraire. La rapidité des travaux de l'ennemi fait croire qu'il y met une importance infinie ; il achève dans moins de rien des travaux énormes, tandis que de très-médiocres, que nous poussons cependant avec le plus de vigueur possible, n'avancent pas.

» Je vous rendrai compte, demain, de ce qui sera arrivé la nuit. J'irai de bonne heure à Kehl pour voir ce qui arrivera. »

---

### DESAIX A MOREAU.

A la Ruprechtsaw, le 27 brumaire an V.
(17 Novembre 1796.)

« Tout est tranquille aujourd'hui, mon général : les ennemis continuent leur retranchement avec la plus grande vigueur. Ils ont avancé depuis deux jours sur notre droite une batterie sur une digue, ils ont aussi joint l'intervalle qui est entre Iuntheim et Neumühl par des retranchements. Le front du village de Iuntheim est renforcé par des chevaux de frise placés dans tout son contour. D'après tout cela, mon général, les lignes des ennemis viennent tous les jours dans très-grande force et ne seront plus aisées à être insultées. Comme je vous l'ai déjà répété, si vous voulez rester sur la défensive et attendre les ennemis, il n'y a rien de plus à faire ; mais si vous ne voulez pas être aussi serré, si vous voulez vous donner la facilité de sortir, il faut se presser de culbuter les lignes des ennemis au moment où elles sont imparfaites et pas encore garnies d'artillerie sur tous les points. En effet bientôt, par leur organisation en demi-cercle, elles se verront si bien de flanc de tout côté qu'elles ne seront plus abordables, surtout quand elles auront du canon et qu'elles seront renforcées des obstacles qu'on leur prépare, qui est, je crois, des palissades, des chevaux de frise et autres de ce genre.

» Je ne vous dissimulerai pas que l'armée ennemie doit être très-nombreuse. L'immensité de travailleurs, d'hommes de service qu'elle fournit, fait présumer qu'elle doit former une très-grosse masse. En effet, on y voit des corps de toutes les divisions de l'armée autrichienne, de M. de Frölich, par exemple, le régiment de Giulay, de Kaunitz et les hussards frontières. Les chevau-légers qui étaient en avant de Neumühl ont été relevés aujourd'hui par des cuirassiers. Ainsi, mon général, comme je vous l'ai dit, si vous ne voulez pas permettre...

Je chercherai à vous voir le plus tôt possible.

## § 2.

### Exécution du programme de Carnot.

Le 31 août, Berthier, chef de l'état-major général de l'armée d'Italie, avait écrit à son collègue de l'armée du Rhin la dépêche suivante, destinée à lui faire connaître les opérations de son armée.

« Au quartier-général de Brescia, le 14 fructidor.

» J'ai reçu, mon cher camarade, avec bien du plaisir, votre lettre du 14 fructidor; le général en chef attendait avec impatience de recevoir des nouvelles de votre armée.

» Celle d'Italie occupe dans ce moment à peu près les mêmes positions que celles dont je vous ai fait part dans ma dernière. Nos divisions vont se mettre en marche le 16, et elles seront le 18 à Trente où nous devons attaquer l'ennemi s'il ose rester dans cette position.

» D'après les dernières nouvelles, il paraît que le général Wurmser sépare les débris de son armée en deux et porte une forte colonne avec toute sa cavalerie vers Bassano, dans l'intention de couvrir Trieste. Nous espérons avec la droite de notre armée arranger cette colonne comme celle de Salo.

» Nous jugerons de votre position par les mouvements que fera l'ennemi et nous agirons en conséquence. Faites-nous savoir avec quelles forces et quand vous comptez (arriver) à Insbrug.

» Vous trouverez ci-joint un chiffre qui servira à correspondre secrètement pour les objets essentiels.

» Vous sentez, mon cher camarade, combien il est intéressant que nos armées communiquent fréquemment par correspondance.

» Salut et fraternité.
Alexandre BERTHIER. »

Fidèle à l'esprit du programme de Carnot, le chef de l'État-major général de l'armée de Rhin-et-Moselle, Reynier, avait répondu à son collègue de l'armée d'Italie :

» Au quartier-général à Phaffenofen le 16 fructidor.

» Hier, mon cher général, notre aile gauche a été attaquée par les troupes que le prince Charles renvoie devant nous et le corps du général Mercantin qui, après le passage du Lech, s'était retiré de Rain sur Landshut; les Autrichiens ont attaqué avec une audace et une opiniâtreté qu'on ne leur avait pas encore connues, mais ils ont été vigoureusement repoussés après plusieurs heures d'un combat très-vif. La nuit a empêché de les poursuivre bien loin et de leur prendre plus de 300 prisonniers, 100 chevaux et 1 obusier. Le champ de bataille est aujourd'hui couvert des cadavres de leurs hommes et de leurs chevaux. Il y en a plus de 200. On évalue le nombre de leurs blessés à 900 ou 1000.

» Nous avons des prisonniers de sept bataillons du corps de Vartensleberg qui jusqu'à présent avait été opposé à l'armée de Sambre-et-Meuse; par notre marche, ce corps était plus près de nous que celui que le prince Charles a conduit sur Nuremberg. La grosse cavalerie que le prince Charles avait emmenée est, à l'exception d'un régiment, aussi revenue.

» Voici nos dispositions avant l'affaire d'hier :

» L'aile droite (général Ferino) avait son corps de bataille à Dachau, derrière l'Amper, et son avant-garde à Nimphembourg, Mosak et Schlesheim.

» Le centre (général Saint-Cyr) derrière l'Ilm, la droite à Phaffenhofen et la gauche à Gundelsried; son avant-garde sur la route de Freising et près Wolnzack; la réserve était à Wicheried.

» L'aile gauche (général Desaix), la droite au bois de Gundelsried et la gauche à la Par vers Freinhausen. Son avant-garde occupait Puschreid, Geisenfeld et Reicherzhofen. Il avait un corps détaché sous les ordres du général Delmas entre Neubourg et Ingolstadt sur la rive droite du Danube. Ce corps marcha hier matin pour attaquer la tête de pont d'Ingolstadt ; une demi-brigade et de la cavalerie du corps de bataille du général Desaix furent détachés pour soutenir cette attaque ; au moment où on la commençait, on apprit que l'avant-garde était repoussée de Geisenfeld et l'ennemi se présenta près de la route de Reicherzofen à Ingolstadt. On fit revenir au corps de bataille les troupes qui en avaient été détachées et on laissa le général Delmas pour tenir sa position près la tête de pont d'Ingolstadt et couvrir la gauche de l'armée.

» L'ennemi repoussa l'avant-garde jusqu'à Langenbreck où le combat s'engagea très-vivement ainsi qu'à la chapelle de Saint-Gastl. Le feu de notre artillerie n'arrêtant pas les colonnes ennemies qui venaient se former contre nos troupes, la cavalerie vint pour charger une de nos batteries et arrivait aux pièces avec la plus grande audace, lorsque le 1er régiment des carabiniers, par une charge vigoureuse, en culbuta une partie dans un marais, l'autre fut obligée de se sauver devant la 62me demi-brigade et de recevoir plusieurs décharges. Les réserves étant arrivées, on reprit alors l'offensive ; un bataillon de la 97me demi-brigade monta avec une grande bravoure sur la hauteur de la chapelle Saint-Gastl et y prit un obusier avec un caisson à la vue d'un régiment de cuirassiers ennemis. La nuit arrêta la poursuite dans le bois où l'ennemi se retira. L'artillerie légère s'est conduite avec la plus grande bravoure lorsqu'elle a été chargée. Son feu a été parfaitement dirigé et a fait beaucoup de mal à l'ennemi.

» On avait fait marcher l'avant-garde du général Saint-Cyr pour chasser les postes que l'ennemi avait encore sur l'Amper et pousser vers Freyssinge. Le vent empêchait d'entendre la canonnade et le général Saint-Cyr ne fut pas averti que l'attaque sur l'aile gauche était bien sérieuse, ce qui fit qu'il n'envoya qu'une reconnaissance sur Wolnsal où on se tirailla toute la journée avec les ennemis.

» L'avant-garde du général Ferino marcha dans les environs de Munick pour chasser entièrement les Autrichiens de la rive gauche de l'Iser. Il reconnut cette rivière et les positions des ennemis sur l'autre rive. On n'a pas jugé convenable d'occuper la ville de Munick où il y a environ 40,000 Palatins, mais on occupe les environs et les rives de l'Iser dont l'ennemi a barricadé les ponts qu'il défend avec des canons.

« Salut et fraternité.

REYNIER. »

Bonaparte confirma lui-même, le 31 août, la teneur des confidences de Berthier à Reynier par la lettre suivante qu'il écrivit au général Moreau, comme collègue, à titre de commandant l'armée du Rhin et de la Moselle :

« Nous voilà en position de nous rencontrer, citoyen général, et de combiner nos opérations.

» Le 16 (fructidor) l'armée d'Italie marcha sur Trente où elle serait arrivée le 18 ou le 19.

» Le général Wurmser paraît vouloir couvrir Trieste et a en conséquence pris position sur la Brenta avec une division de son armée. Il sera possible que la division qui est à Trente se retire sur *Brixen* et de là sur le chemin de *Lisig*. Ce mouvement lui deviendra le seul possible si vous avancez sur Insprük en force. Je tâcherai de deviner par les manœuvres des ennemis vos progrès, mais il est indispensable que j'aie de vos nouvelles.

» Le général Berthier envoie au général chef de l'état-major un chiffre pour correspondre avec plus de sûreté.

» Si vous vous rendez maître d'Inspruk et que vous soyez en force, il nous sera facile de nous communiquer et de concerter nos opérations ultérieures. »

## § 3.

### DESAIX ET MARCEAU.

*Marceau, général de division au général en chef (par intérim) Desaix* (1).

Le 15 juin 1796.

J'ai l'honneur de vous faire passer, général, une lettre du général en chef Jourdan et profite de cette occasion non pas pour faire mon compliment, mais bien pour vous réitérer les sentiments d'estime et d'intérêt que vous m'avez inspiré. Le départ de ma sœur semble avoir banni de chez moi les amusements, ou plutôt je crois qu'elle les a emportés avec elle. Il me serait facile de croire n'avoir rien perdu si j'avais le bonheur de vous posséder quelque temps ou au moins d'être à même de vous voir souvent; je ne vous en dirai pas les raisons; si vous m'aimez autant que je vous estime, votre cœur, d'accord avec le mien, vous les a déjà fait deviner. De bonne foi, général, pour me distraire des opérations de la guerre qui n'est plus qu'ennuyeuse pour moi, daignez perdre quelques instants

---

(1) Les relations de Marceau avec Desaix furent continues; nous en trouvons la preuve dans la correspondance du premier, car celle de Desaix fait absolument défaut. (*Corresp. génér.*)

à me donner de vos nouvelles; ils ne seront pas perdus pour tout le monde, je vous l'assure.

Ma sœur en partant m'a chargé de vous dire mille choses honnêtes de sa part si j'en trouvais l'occasion; elle ne peut être plus belle, puisqu'elle me met à même de vous offrir le faisceau de l'estime et de l'intérêt de toute la famille. Puisse l'amitié en former le lien et je m'estime heureux.

Signé : Marceau.

## § 4.

### DESAIX ET GOUVION SAINT-CYR.

Pforzheim, le 30 messidor an IV (18 juillet 1796.)
*Desaix à Gouvion Saint-Cyr*

Je n'ai reçu que ce matin très-tard, mon cher Saint-Cyr, la lettre que tu m'as adressée; nous étions déjà depuis hier en mesure d'attaquer l'ennemi, et l'avions même chassé de plusieurs de ses cantonnements pour nous y placer. Il était encore très-près de nous à Enzberg, ce qui nous a très-surpris, d'après les rapports qu'on t'avait faits. On n'a pas pu encore m'assurer exactement sur quel point il avait réuni ses forces; on m'a dit seulement qu'il avait dû envoyer un corps à Heilbronn, pour recevoir et protéger celui venant de Francfort; et que l'autre avait dû se porter tout entier vers le Neckar, pour couvrir les débouchés de Kannstadt et de Marbach. D'après cela, je fais marcher presque toutes les troupes qu'avait Delmas et lui-même, pour se porter sur la route de Heilbronn par la gauche de l'Enz. Il ira jusqu'à la hauteur de Waihingen ; ses troupes seront trop fatiguées pour aller plus loin. Quoiqu'il y ait bien du chemin, je tâcherai de faire aller jusque vers Groningen (ou plutôt au ruisseau qui vient de Leonberg et va dans l'Enz du côté de Dizingen), la division Sainte-Suzanne. C'est tout ce que je peux faire peut-être que d'y faire aller mes avant-postes. Je ferai toujours tout ce qui me sera possible pour être à la hauteur. D'après ce qu'il me semble, je dois trouver encore bien des forces de ce côté-là ; les Saxons y sont en entier, je les ai encore vus hier. Je t'engage à me donner de tes nouvelles bien précises ; tu aurais dû me dire à quelle hauteur serait ta gauche et où je pourrais la joindre ; tu vas profiter de ton avance pour aller très-grand train, j'aurai bien de la peine à te suivre ; mais au moins je te soutiendrai en échelons par ta gauche.

*P. S.* J'attendais le général en chef, hier au soir ; il n'est pas encore ici.

## CHAPITRE VII.

*Le général Augereau, commandant en chef l'armée d'Allemagne, au général de division Desaix.*

Strasbourg, 20 octobre 1797.

D'après l'arrêté du Directoire exécutif, citoyen général, qui ordonne que les armées de Rhin-et-Moselle et de Sambre-et-Meuse n'en feront plus qu'une, sous la dénomination d'armée d'Allemagne, j'ai cru avantageux pour le succès des armes de la République et la gloire des défenseurs de la patrie qui ont l'honneur de servir la liberté, de composer la droite et la gauche de six divisions actives chacune. Votre zèle, les talents que vous avez développés dans la carrière militaire que vous avez honorée par des succès dus à vos qualités personnelles, et l'estime générale dont vous jouissez parmi les personnes qui savent apprécier le mérite, m'ont déterminé à vous conférer le commandement en chef de la droite de l'armée ; vous aurez, en conséquence de l'ordre établi, six généraux de division, etc.

Signé : Augereau.

# CHAPITRE VIII.

## Composition de l'armée d'Angleterre.

*Le Ministre de la Guerre au Directoire exécutif.*

---

Citoyens Directeurs,

Le Directoire ayant adopté le plan proposé par le général Bonaparte, relatif à la formation de l'armée d'Angleterre, cette armée doit être en conséquence provisoirement composée suivant le tableau ci-joint et conformément à vos intentions de :

Trente demi-brigades d'infanterie de ligne ;
Onze demi-brigades d'infanterie légère ;
Quatre régiments de cavalerie, compris les carabiniers ;
Dix-huit régiments de dragons ;
Huit régiments de chasseurs ;
Et quatre régiments de hussards,

formant ensemble 123 bataillons et 134 escadrons indépendamment de :

Deux régiments d'artillerie à pied ;
Deux régiments d'artillerie à cheval ;
Quatre compagnies d'ouvriers d'artillerie ;
Deux bataillons de sapeurs ;
Quatre compagnies de mineurs ;
Et deux corps de pontonniers.

Je soumets à l'approbation du Directoire les projets d'arrêtés ci-joints, relatifs à l'exécution de cette disposition.

Salut et respect.

# ÉTAT DE LA RÉPARTITION DES TROUPES DE L'ARMÉE D'ANGLETERRE.

| | | | |
|---|---|---|---|
| **14ᵉ Division Milⁱʳᵉ,** 8 bataillons et 4 escadrons, 5,450 hommes. | 3 bataillons de la 40ᵉ de ligne............ | 1,664 | Pour les côtes du Calvados, l'intérieur de ce département, une partie de la Manche et de l'Orne. |
| | 1 id. de la 47ᵉ de ligne.... | 538 | Pour l'autre partie de la Manche et de l'Orne. |
| | 3 id. de la 4ᵉ de ligne..... | 1,766 | Cherbourg, La Hougue et toute la côte de cette presqu'île. |
| | 1 id. de la 6ᵉ légère...... | 700 | Les côtes de Granville et une partie du département de la Manche. |
| | Le 5ᵉ régiment de dragons............ | 744 | Caen, St-Lô et Alençon. |
| | 3 bataillons de la 19ᵉ légère, nouvelle formation | 1,204 | Toutes les côtes du département d'Ille-et-Vilaine, Port-Malo, St-Servin, Dinan et Châteauneuf. |
| **18ᵉ Division Milⁱʳᵉ,** 21 bataillons et 4 escadrons, 15,213 hommes. | 2 id. de la 6ᵉ légère............. | 1,664 | Les côtes du département des Côtes-du-Nord et l'intérieur du département, contenant important pour le grand passage de Brest. |
| | 1 id. et demi bataillon de la 13ᵉ légère. | 1,458 | |
| | 2 id. de la 6ᵉ légère............ | 1,452 | Brest, Quelferne, Camaret et toutes les îles et côtes au nord du Finistère. |
| | 1 id. et demi bataillon de la 77ᵉ, nouvelle formation | 1,215 | |
| | 3 id. de la 81ᵉ de ligne..... | 1,384 | Quimper et toutes les côtes au sud du Finistère. |
| | 2 id. de la 52ᵉ de ligne..... | 1,678 | Belle-Isle en mer. |
| | 1 id. de la 52ᵉ de ligne..... | 900 | Pour toutes les côtes du Morbihan et l'intérieur de ce département qui est très important. |
| | 3 id. de la 58ᵉ de ligne..... | 1,924 | |
| | 2 id. de la 58ᵉ, nouvelle formation | 1,200 | Pour le département d'Ille-et-Vilaine. |
| | Le 2ᵉ régiment de chasseurs.......... | 546 | Port-Brieux, Pontivy et Rennes. |
| **19ᵉ Division Milⁱʳᵉ,** 8 bataillons et 4 escadrons, 6,071 hommes. | 3 bataillons de la 3ᵉ légère...... | 1,650 | Pour les côtes, les îles et intérieur des départements de Loire-Inférieure, de la Vendée, de la Charente-Inférieure et des Deux-Sèvres. |
| | 2 id. de la 70ᵉ de ligne..... | 1,533 | |
| | 3 id. de la 98ᵉ légère....... | 2,080 | |
| | Le 3ᵉ régiment de chasseurs........ | 692 | La Rochelle, Niort, Nantes. |
| | Le 11ᵉ id. de hussards.... | 106 | Saintes. |
| **22ᵉ Division Milⁱʳᵉ,** 6 bataillons et 4 escadrons, 4,575 hommes. | 3 bataillons de la 10ᵉ de ligne. | 2,173 | Pour les 5 départements de Maine-et-Loire, Mayenne, Sarthe, Indre-et-Loire, Loir-et-Cher, dont 3 sont chaudement infestés de chouans. |
| | 3 id. de la 24ᵉ légère..... | 1,966 | |
| | Le 6ᵉ régiment de chasseurs......... | 416 | Le Mans, Vendôme, La Flèche, Laval. |

## SITUATIONS DE LA DIVISION DESAIX

La *situation* de la division Desaix, au 18 août 1798, donne comme généraux de brigade, Belliard et Friant; comme chef d'état-major, Donzelot, adjudant-général; comme adjoints, Donzelot et Lapasset; comme aides-de-camp de Desaix, Savary, chef d'escadron, Clément et Rapp, capitaines; comme commissaires des guerres, Sartelon, en résidence à Gizza, et Daure, en résidence au Caire.

Le total de l'effectif (officiers compris) s'élève au chiffre de 5,318 hommes.

Au 22 octobre on trouve le général Belliard en moins, il avait été remplacé par le général Robin, et les commissaires des guerres étaient Colbert et Senneville; l'emplacement des corps de division était à cette époque: Alexandrie sur le Nil et Zao.

Le 8 novembre 1798, la division Desaix comprend trois régiments de ligne sous les ordres des généraux Friant, Robin et Belliard.

La 21me demi-brigade légère avait son quartier-général à Fayoum. — Le 61me de ligne avec ses 1er et 2me bataillons à Zaoé, le 3me était détaché à Alexandrie. — L'emplacement du 88me de ligne n'étant pas indiqué, on doit le considérer comme étant resté aux ordres du général Belliard.

Le général Zayonscheck est classé parmi les officiers généraux commandants des provinces, son emplacement était à Zaoûd (province de Beny-Sciout).

# CHAPITRE IX.

**Tableau des demi-brigades d'infanterie ou des régiments de troupes à cheval employés à l'expédition de la Méditerranée.**

## 1798.

### ARMÉE D'ORIENT

#### INFANTERIE LÉGÈRE.

| | |
|---|---|
| 2e 1/2 brigade | 21e 1/2 brigade. |
| 4e 1/2 id. | 22e 1/2 id. |

#### INFANTERIE DE BATAILLE.

| | |
|---|---|
| 9e 1/2 brigde de bataille. | 61e 1/2 brigde de bataille. |
| 13e 1/2 id. | 69e 1/2 id. |
| 18e 1/2 id. | 75e 1/2 id. |
| 19e 1/2 id. | 85e 1/2 id. |
| 25e 1/2 id. | 88e 1/2 id. |
| 32e 1/2 id. | |

#### TROUPES A CHEVAL

| | |
|---|---|
| 7e régiment de hussards | 14e régiment de dragons. |
| 22e régiment de chasseurs à cheval. | 15e id. |
| | 18e id. |
| 3e régiment de dragons. | 20e id. |

#### DÉTACHEMENTS

| | |
|---|---|
| 6e 1/2 brigade de bataille | 7e 1/2 brigade d'infanterie légère. |
| 14e 1/2 id. | |
| 80e 1/2 id. | |

## RÉCAPITULATION

| NOMS des Divisions. | NOMBRE D'HOMMES ||| Nombre de chevaux en état | Effectif officiers compris |
|---|---|---|---|---|---|
| | Infanterie | Cavalerie | Artillerie | | |
| Division Kléber.. | 2,691 | » | » | 18 | 4,381 |
| Id. Dessaix... | 3,674 | » | » | » | 5,347 |
| Id. Lannes... | 2,552 | » | » | 29 | 3,976 |
| Id. Reynier.. | 2,892 | » | » | 8 | 3,652 |
| Id. Bon.... | 3,302 | » | » | 28 | 4,695 |
| Cavalerie...... | » | 2,072 | » | » | » |
| Détachés....... | 2,102 | » | » | » | » |
| Au quartier-général. | 1,037 | 176 | 19 | 139 | » |
| Artillerie à pied.. | » | » | 1,172 | 150 | » |
| Id. cheval. | » | » | 358 | » | » |
| Sapeurs....... | » | » | 155 | » | » |
| Dépôts........ | 592 | » | » | » | » |
| Total.... | 19,132 | 2,248 | 1,699 | 1,153 | 22,051 |

Total général.... Divisions........ 22,051  
 Cavalerie........ 2,248  } 25,998  
 Artillerie....... 1,699

## PROCLAMATION DU GÉNÉRAL MENOU AUX HABITANTS DE LA PROVINCE DE ROSETTE

Je vous fais savoir, moi Menou, le français commandant la province de Rosette, que je déclare conserver la religion musulmane selon la doctrine de votre prophète Mahomed; que la paix de Dieu et sa grâce soient sur lui et que je conserve votre culte. Faites donc vos prières, la lecture de l'Alcoran, exercez votre culte et je vous défendrai de quiconque qui vous voudra du mal; s'il plaît à Dieu très-haut, dès que les mamelouks seront exterminés de l'Egypte, toutes les propriétés et les droits seront aux Français qui les exerceront sans vexations et exigeront beaucoup moins que l'usage ordinaire du pays. Tous les pauvres artisans ne payeront plus ni patente, ni avances, ni coutume. Les négociants feront leur commerce sans que personne puisse les inquiéter sous quelque prétexte que ce soit; mais sachez aussi que quiconque entreprendra de trahir les Français ou de leur nuire, n'échappera point à leur vengeance. Les principaux de l'armée française et Bonaparte, leur général en chef, veulent supprimer les avanies qui pesaient sur vous, encourager les commerçants et les cultivateurs et rendre enfin tout le peuple heureux sous leur gouvernement.

Les Français aiment Sa Hautesse le Grand Seigneur des Ottomans et l'appuient. Que Dieu perpétue sa puissance. Ils ne sont ennemis que des mamelouks seulement.

(Première huitaine de juillet.)

# CHAPITRE X

### DESCRIPTION DU FAYOUM

« La campagne du Fayoum est un bassin de verdure où tout vient sans effort. Là point de charrue qui ouvre péniblement la terre pour lui confier l'espoir d'une récolte souvent trompeuse. Quand l'inondation s'est retirée, on jette sur le limon déposé par le fleuve des poignées d'orge, de blé, de dourah, de millet, et le piétinement de quelques hommes complète l'ensemencement. Les coteaux sont couverts de vignes et d'oliviers; la vallée, de rosiers en fleurs, d'indigo et de cannes à sucre, etc. On y voit tour à tour des plantations de lin, de carthame, de coton, de heuneh, de tabac; des forêts de dattiers et de figuiers; des haies d'opuntias; des vergers de pruniers, de pêchers et d'abricotiers. C'est en un mot la province la plus fertile de la plus fertile contrée qui soit au monde.

Comme toutes les richesses de ce terrain proviennent des eaux du Nil, l'irrigation est pour le cultivateur l'objet d'une surveillance continuelle. C'est aux environs de Medinet-el-Fayoum que se trouve l'embranchement des divers canaux qui arrosent tout l'intérieur de la province. On en compte neuf principaux, à chacun desquels est une vanne qu'on lève et qu'on abaisse, en raison du besoin d'eau des différents villages où ils aboutissent. Ainsi, toute la contrée se trouve sous la dépendance du chef-lieu, dépendance forcée à laquelle elle ne peut se soustraire. Quand un village se refuse à payer le miri, il suffit, pour l'y contraindre, de fermer la vanne de son canal. Aucune violence directe n'obtiendrait un résultat plus prompt que cette force passive. Le village rebelle n'a de choix qu'entre la misère et l'obéissance. Mais ces résistances sont rares ; le partage des eaux se fait presque toujours avec une rigoureuse impartialité ; et si l'on violait les usages reçus, le pays entier se lèverait pour en réclamer l'exécution.

(Extrait de l'*Histoire de l'Expédition française en Egypte*, t. III, ch. 13, p. 429.)

## CHAPITRE XI.

#### COMBAT DE SAMAHOUTH.

Au quartier-général d'Esné, le 9 pluviôse an X
(28 janvier 1799).

*Le général Desaix au général en chef.*

Les occasions pour vous écrire, mon général, sont fort rares. Il s'en présente une et j'en profite pour vous annoncer que nous avons combattu à *Samahouth*.

Mourad Bey avait rassemblé pendant notre séjour de Girgé tous les habitants à cinquante lieues à la ronde, deux mille hommes d'infanterie bien armés, venus de la Mecke, Hassan Bey et ses mamelouks. Fier d'une aussi nombreuse armée, il se croyait invincible. En effet, le jour que je partis de Girgé, il s'avança de How à Farchout laissant ses équipages au premier lieu. Nous nous rencontrâmes donc à Samahouth.

Notre avant-garde, composée du 7ᵐᵉ d'hussards, avait deux pelotons en avant commandés par le capitaine Veber. Ils furent tout d'un coup assaillis par les soldats de la Mecke soutenus par quelques mamelucks; ils firent alors demi-tour, et se voyant fortement pressés, faire volte face et sabrer vingt des plus hardis ne fut que l'affaire d'un instant. Nous avons eu un hussard tué dans cette occasion: la division se forma alors en deux carrés d'infanterie aux ailes avec les canons, la cavalerie en carré au milieu et marcha sur Samahouth. Deux compagnies de carabiniers, conduites par mon aide-de-camp Clément, furent chargées d'attaquer le village défendu par les shériffs de la Mecke. Un peloton d'hussards, commandé par le citoyen Duvernois, devait le soutenir. Les ennemis étaient sur le bord d'un canal; ils firent une vigoureuse résistance; on en vint à l'arme blanche; un carabinier fut tué; mon aide-de-camp Rapp fut blessé d'un coup de sabre sans mortellement, et le citoyen Duvernois eut le poignet scié d'un coup de poignard sans être estropié. Mais, à notre tour, nos carabiniers, à coups de crosse et de bayonnette, en eurent bientôt expédié une trentaine et le village fut à nous. J'ai eu à me louer dans cette occasion de mon aide-de-camp Clément qui a très-bien fait.

Nous vîmes bientôt arriver de toutes parts des immenses colonnes d'ennemis qui s'avançaient pêle-mêle en faisant des hurlements affreux. Notre carré de gauche était composé de la 21me demi-brigade légère commandée par le général Belliard. Ils passèrent devant lui à une certaine distance sans attaquer, mais se dirigèrent tous sur le carré de droite commandé par le général Friant et composé des 61me et 8me demi-brigades. A peine furent-ils approchés que toute notre artillerie, commandée par le chef de brigade la Tournerie, fit un feu épouvantable sur eux. Ils avancèrent malgré cela, mais quand la mitraille eut vigoureusement joué et que la mousqueterie eut commencé, ils s'enfuirent à toutes jambes. Alors nous marchâmes droit à eux, nous dirigeant vers le désert. Nous parvînmes à les approcher; un gros groupe vint vis-à-vis de nous, Mourad à la tête; je crus l'occasion favorable, et la cavalerie et le général Davout se précipitèrent sur eux. Les dragons, le fusil en main, pleins d'ardeur, espéraient les joindre; mais dans un instant tout disparut. Au bout d'une lieue de charge, on ne voyait pas quatre mamelucks ensemble; dispersés dans le désert derrière nous, ils ne présentèrent plus d'ennemis à combattre. Les chasseurs du 22ᵐᵉ, du chef de brigade Lassalle, en joignirent cependant quelques-uns.

Nous avons trouvé quelques armes précieuses garnies en or, plusieurs livres de ce métal sur les morts. Sans nous arrêter à les compter, nous avons marché sur Farchout. Nous n'y avons pris que le temps de raffraîchir et *marchant toute la nuit*, nous sommes arrivés au point du jour à How. En chemin faisant, nous avons massacré quelques soldats de la Mecke restés dans les villages. Ils sont braves et se défendent jusqu'à la mort.

A How est un passage à travers les montagnes qui conduit à Esné dans vingt-quatre heures. Par les bords du fleuve il faut cinq jours. Je craignais que les mamelucks suivant cette route, tandis que je suivais la seconde, ne revinssent derrière moi et gagnant cinq ou six jours de marche ne se trouvassent encore les maîtres d'une grande partie du pays. C'est ce qu'ils ont toujours fait dans les guerres précédentes; mais le désordre dans lequel ils se sont trouvés, la précipitation de notre marche les ont obligés de suivre le Nil. Ils n'ont pas eu le temps de préparer l'eau indispensable pour cette traversée.

Nous avons toujours marché *à grandes journées* espérant rejoindre les débris de nos ennemis, mais nous n'avons pu en attraper que très-peu parce que, prévenus de notre arrivée, ils traversaient le fleuve, soit sur des barques soit sur des radeaux faits de doura. Beaucoup se sont noyés en employant d'aussi frêles machines. La cavalerie les talonne ainsi depuis trois jours ; ici, après une marche forcée, nous les avons manqués de deux heures. Ils y ont brûlé leurs tentes et leurs gros bagages pour aller plus légèrement.

Depuis le combat de Samahouth, l'Elphy Bey n'a plus reparu : beaucoup de mamelucks aussi. Nous les suivions ainsi sans relâche jusqu'à Sienne. Je pars ensuite avec la 21<sup>me</sup> légère. La cavalerie nous précède.

*Dans quatre jours, Mourad aura quitté l'Egypte.*

Quand cette troupe sera reposée, je l'enverrai tenir garnison à Kéné, Girgé, Siout et Miniet ; la cavalerie sera ici et le général Belliard à Esné. Ainsi disposés, nous attendrons facilement que la faim et la misère aient détruit entièrement nos ennemis. Nos barques ne sont pas arrivées ; quand elles seront près de nous, je vous donnerai plus de détails.

Vous faire l'éloge de tous ceux qui le méritent, j'aurais beaucoup à vous dire. Les généraux Friant et Belliard sont pleins de zèle, le général Davout du désir de bien faire. Il a parfaitement manœuvré à Samahouth. L'artillerie a très-bien servi. Nous demandons des munitions et des souliers à grands cris. Le chef de brigade la Tournerie a à se louer du citoyen Pina.

Signé : Desaix.

P. S. Nous avons vu les ruines de Thèbes. Il y a des temples tous entiers parfaitement conservés ; nous avons admiré des statues de 80 pieds de haut.

*Rapport sur l'expédition de Kosséir.*

Du Caire, le 18 ventôse an VII
(8 mars 1799).

Citoyen Général,

Vous avez sans doute appris le peu de réussite de l'expédition de Kosséir et vous avez pu penser que la reconnaissance projettée dans les voyages entrepris successivement pour Tor et Cocéir n'a pu avoir son exécution ; je vais néanmoins vous entretenir un moment du peu de choses que j'ai pu y observer.

Dans notre première tentative pour aller à Tor après avoir lutté inutilement contre les vents, essuyé plusieurs avaries, nous avons été forcés de rentrer à Suez.

Dans la nuit du 13 au 14 pluviôse, les quatre canonnières portant quatre-vingts hommes de débarquement, dont cinquante maltais, mirent à la voile avec le vent le plus favorable. On n'emmena point de petites embarcations, crainte qu'elles ne retardâssent la marche de la flottille. Nous espérions pouvoir en prendre à Cocéir pour faire à loisir au retour toutes les observations que les circonstances auraient pu permettre. Nous marchâmes à pleines voiles jusqu'au 15 au matin, en tenant le milieu du canal. Au lever du soleil nous aperçûmes les îles de Juba ; le vent étant alors très-violent, nous fûmes mouiller au nord-est de la plus méridionale de ces îles.

Le mouillage est assez bien abrité sur une profondeur d'eau de 10 à 15 brasses, mais le fond est partout de roches et la côte inabordable à cause des bans de roches à fleur d'eau dont elle est partout environnée. Ainsi, ce lieu ne doit être considéré que comme un refuge contre une tempête et non comme un bon port. Ces îles nous ont paru composées de roches calcaires peu élevées. Je n'y ai pas remarqué d'apparence de minéraux.

L'île de Séduan, à laquelle nous arrivâmes le 16 au matin, présente encore une ressource au navigateur : elle n'est qu'un rocher très-élevé formé de couches calcaires brisées et inclinées dans tous les sens. Parmi ces couches jaunâtres, on en distingue une très-noire dans quelques endroits qui est probablement un filon métallique. Des bancs de corail à fleur d'eau comme aux îles Juba empêchent également d'y aborder. Immédiatement à côté est une profondeur d'eau très-considérable qui augmente encore rapidement à mesure que l'on s'éloigne de l'île; le fond est de roches sur lesquelles nous avons eu des câbles coupés.

Dans la nuit du 16 au 17, nous partîmes de Séduan; nous nous trouvâmes au point du jour en vue des îles Jefatin, et fûmes mouiller à quelques lieues de là sur la côte d'Afrique, dans une baye marquée sur la carte anglaise à 13 ou 14 lieues de Cocéir, mais qui n'y porte aucun nom. Cette baye, profonde de 4 à 5 milles, contient à son extrémité un espace très-large abrité contre tous les vents sur une profondeur de 6 à 8 brasses d'eau, fond de sable mélangé de roches unies; la côte qui est au nord est une plaine qui nous a paru de sables facilement abordable à l'extrémité d'une haute chaîne de montagnes qui continue jusqu'au-delà de Cocéir. L'entrée est un canal peu large formé au nord par un banc de roches qui s'étend beaucoup en pleine mer, au sud par des îlots bordés entre eux par des bancs également de roches à fleur d'eau. Je crois qu'au-delà de ces îlots il y a une autre entrée dans la partie méridionale; nous n'avons pas eu le temps de le reconnaître; ce lieu nous a paru mériter des observations plus exactes que nous nous proposions de faire au retour, mais le mauvais génie de notre marine a trompé notre attente.

Le 19 pluviôse (7 février 1799), à deux heures du matin, nous mîmes à la voile par un vent frais du nord-ouest et nous suivîmes la côte à peu près à une lieue et demie de distance; elle nous parut unie et nous n'aperçûmes pas le port nommé Kalla-Alma devant lequel nous avons cependant dû passer de jour. Sur les huit heures du matin, nous aperçûmes devant nous des brisans considérables qui indiquaient un banc au large omis sur la carte anglaise; nous fûmes obligés d'alarguer la côte et nous la suivîmes pendant près d'un mille; nous nous raprochâmes ensuite du rivage sur lequel nous aperçûmes un peu de verdure. A midi, la hauteur du soleil observée nous plaçait à peu près à la latitude de Cocéir. Cependant nous n'aperçûmes rien sur la côte. Un quart d'heure après nous vîmes les mâts de bâtiments qui paraissaient rangés le long du rivage : quelques temps ensuite on distingua sur une petite hauteur près de la mer un château ayant sur une tour pavillon rouge et un pavillon blanc sur un autre; ce ne fut qu'en aprochant très-près que nous aperçûmes la ville, située sur le bord de la mer, et le banc qui est au nord du mouillage; onze bâtiments étaient en ligne. Derrière, des chaloupes étaient occupées à transporter des hommes du rivage dans les vaisseaux. On voyait quelques cabanes semblables à celles des Arabes sur le bord de l'eau et quelques hommes à cheval allant de divers côtés dans la campagne. On ne distinguait pas d'embrasures ni de pièces sur les tours du fort qui est semblable au plus grand château d'Adgeroin; huit des bâtiments avaient pavillon rouge, deux pavillon rayé blanc et bleu et un pavillon rouge, jaune et vert. Une maison de la ville avait aussi pavillon rouge.

Le commandant, sans aucun signal, fut mouiller à la tête du banc et dit à celui de *la Castiglione* qui était près de lui de mouiller à sa gauche. La chaloupe *le Millesimo* était à jet de distance et *l'Isonzo* a près d'un mille en arrière ; à l'instant où nous jetâmes l'ancre, quelques coups de fusil partirent des bâtiments dont nous étions à demi-portée et à petite portée de la terre. Le commandant cria aussitôt de couper le câble ; en même temps, on riposta au feu de l'ennemi par quelques coups de canon et une fusillade sur les bâtiments qui devait produire peu d'effet, puisqu'on apercevait à peine quelques têtes de ceux qui étaient dedans. L'affaire commençait à s'engager, lorsque la chaloupe du commandant sauta à son troisième coup de canon ; *la Castiglione*, sur laquelle le bâtiment embrasé s'abattait en ce moment, fut aussi sur le point de prendre feu ; heureusement, le câble était coupé et le vent l'eut bientôt mise hors de danger. Le bâtiment incendié échoua sur le banc de manière que l'eau ne faisait qu'affleurer le pont. Quelques malheureux étaient encore sur l'avant et nous tendaient les bras ; beaucoup d'autres s'étaient jetés à la nage et faisaient de vains efforts pour nous atteindre. Le vent et le courant les jetèrent sur le rivage et sur les bâtiments ennemis ; un seul, parvenu à gagner à bord du *Millesimo*, y fut tué par le canon de l'ennemi. Le vent qui était alors très-violent, nous empêcha de sauver personne et nous fit rester deux jours à louvoyer devant Cocéir sans pouvoir remonter du côté de Suez. Enfin, le troisième jour nous parvînmes à la hauteur des îles Juba où un coup de vent contraire nous ayant surpris pendant la nuit nous força de rétrograder à travers les écueils. Nous faisions près d'une lieue et demie par heure sans avoir aucune voile au vent ; enfin, au point du jour nous atteignîmes heureusement l'île de Séduan où nous restâmes à l'abri pendant deux jours. Le 24, nous en partîmes ; le 25 au matin, nous nous trouvâmes à la hauteur de Tor, nous y vîmes quelques bâtiments qui mettaient à voile. On ne jugea pas à propos de les attendre ; le 26 au matin, nous mouillâmes à la pointe d'Hammam. Le fond est de sable, l'abri très-bon contre les vents d'est, du nord et d'ouest. Je suis descendu à terre, mais n'ai pas trouvé les eaux chaudes que l'on dit y exister. La montagne est très-élevée, calcaire et contient une mine de fer qui paraît abondante. Enfin, après avoir fourragé pendant plusieurs jours, nous sommes arrivés le 1er ventôse à Suez, d'où je suis parti pour revenir au Caire n'ayant plus rien à y faire. Je souhaite que désormais vous m'employez à des expéditions plus heureuses. Recevez, en attendant, l'assurance de mon respect et de mon zèle pour l'exécution des ordres que vous pourrez me donner.

## LETTRE DE DESAIX A BONAPARTE.

Siout, le 27 ventôse an VII (17 mars 1799).

*Le général Desaix au général Bonaparte.*

Je vous ai rendu compte, mon général, que les mamelouks étaient battus, mais qu'ils n'étaient pas détruits. Ils sont comme l'hydre de Lerne, à mesure qu'on leur coupe une tête, il en renaît une autre.

Dans le moment, Mourad est toujours à Elouah, la quantité de son monde est inconnue; les rapports varient d'une manière prodigieuse, il est là avec peu de ressource. J'ignore le parti qu'il prendra.

Hassan l'a quitté et réuni avec Osman et Sale Bey, Mahomet-Bey; l'Elfy qui s'est enfui et a passé à travers les déserts; il tentera encore le sort des armes. Il est appuyé par les soldats d'Yambeau et de la côte de la mer Rouge, ils réuniront bien six cents mamelouks. Ils seront les plus difficiles à détruire. Braves, vigoureux, accoutumés aux revers. Hassan ne se décourage pas, il sait habiter dans les déserts des temps infinis et reparaître quand l'occasion est favorable, comme vous n'imagineriez pas avec quelle rapidité il les parcourt.

Les mamelouks de Mourad sont venus de Brèbe ici en huit jours, et nous il nous en a encore fallu vingt; nous en avons rencontré ici cinquante qui, dans la misère, sont venus se rendre; je les enverrai au Caire par la première occasion.

Schaï Kachef, gouverneur de Siout, avait fait demander la paix; je la lui avais accordée à condition qu'il rentrerait comme particulier; il n'y a pas consenti : il voulait avoir toute sa compagnie montée et armée comme auparavant. Je m'y suis refusé et je n'ai plus entendu parler de lui.

Cassin-Bey Abousef, retiré chez les Arabes de Bemati, fait aussi demander à traiter ; c'est un chef bien difficile que de régler l'existence de ces gens-là ; ils consentent avec peine à revenir particuliers.

Dans ce moment-ci, je n'ai pas de nouvelles du général Belliard, seulement on m'assure qu'il a combattu les mamelouks d'Osman et d'Hassan bey, les gens de la Mecque et les habitants qu'il a vaincus, qu'il a repris des barques chargées de munitions que nos troupes avaient été contraintes d'abandonner.

Tous les pays étant en insurrection les lettres n'arrivent pas vite. Je demande au Caire des munitions, nous en sommes entièrement dépourvus.

Je vais marcher sur la rive droite pour la balayer, chasser les mamelouks et tâcher de finir la partie la plus éloignée de l'Egypte ; mais à vous dire le vrai, nous n'en serons pas maîtres de sitôt. Si vous laissez ce pays-ci un instant sans troupes, il sera de suite à ses anciens maîtres ; le moins que l'on y puisse conserver dans deux mois d'ici, c'est deux mille hommes avec huit pièces de canon.

Le fort que vous me demandez, le général Belliard doit le construire à Kéné ; mais quel effet produira-t-il quand douze ou quinze cents mamelouks tiendront le pays et pourront encore l'augmenter de tout ce qu'ils voudront. Pour finir et bien finir, je vous le répète, il faudra bien du temps ; pensez bien, mon général, il serait bien cruel, après avoir conquis le pays avec tant de peine, de voir tous les travaux inutiles et obligés de recommencer de nouveaux frais.

J'ai le plus vif désir, mon général, d'être des vôtres, car nous sommes ici mal et très-mal ; mais je désire voir ici cette corvée finie.

Je ne vous entretiendrai pas de nos souffrances, elles ne vous occuperaient pas. J'ai la garnison de deux cents hommes d'infanterie, autant de cavalerie et deux pièces de canon à Siout.

A Tata, il y en a autant sans artillerie, les deux corps sont destinés en se réunissant à combattre Mourad s'il descendait des déserts.

A Gergé il y a deux cents hommes d'infanterie de garnison.

Le général Belliard avec treize cents hommes occupe Kéné pour faire face à Coffed ; Esné en doit avoir un petit détachement à Farschout pour en lever les contributions.

Il reste encore six cents hommes d'infanterie, quatre canons et quatre cents chevaux qui avec moi parcourent continuellement le pays, renfoncent les points faibles et jettent dans les déserts les mamelouks qui veulent en sortir ou qui s'établissent dans le bon pays.

Je reçois dans le moment une lettre du général Belliard du 23 de Kéné : il m'annonce que trois jours de suite il s'est battu contre Hassan-Bey, Sale-Bey et la compagnie d'Osman, le dernier n'étant pas guéri de ses blessures. Tous les mequains y étaient réunis et tous les habitants ; trois jours il a soutenu tout leurs efforts, sept ou huit cents ennemis ont péri ; nous avons trente-six hommes tués, cent trente-six blessés. La djerme *l'Italie*, avec deux barques sur lesquelles étaient nos munitions, a été prise. Ceux qui la montaient ont péri au combat, de cinquante hommes; toutes nos munitions ont été entièrement perdues, nous avons repris les canons et les caissons Le général se loue extrêmement du citoyen Clément, mon aide-de-camp, du citoyen Binoi, aide-de-camp du général Friant, et du citoyen Major, son aide-de-camp. L'action d'Esné leur avait déjà fait beaucoup d'honneur, le général Belliard sollicite de l'avancement pour eux.

Je vous avais demandé avec instance, mon général, des munitions. Je sentais bien le besoin que j'en avais, aussi suis-je dans une situation critique; on a l'air de pleurer quand on demande, cependant voyez où nous sommes réduits: mes soldats n'ont d'autres cartouches que celles qui sont dans leurs gibernes; au moins, mon général, écoutez les demandes que l'on vous fait. Les mamelouks dans la Haute-Egypte sont à dix huit cents; je vais les combattre.

Salut et fraternité.

Signé : Desaix.

*P. S.* A Gergé, la garnison, composée d'un bataillon de la 88ᵐᵉ demi-brigade, commandée par le citoyen Ravies, chef de bataillon, est passé sur la rive droite pour arrêter des mamelouks qui descendaient à Acmin. Le bataillon s'est placé sur leur passage. Les mamelouks, au nombre de cent, les chargèrent deux fois à portée de pistolets, mais ils furent obligés de s'enfuir dans les déserts en laissant treize hommes et sept chevaux sur le champ de bataille; ils ont eu beaucoup de blessés.

Desaix.

Eckmin, le 1ᵉʳ germinal an VII (21 mars 1799.)

*Le général Desaix au général Bonaparte.*

J'ai reçu avec grand plaisir, mon général, de vos nouvelles et appris vos succès en Syrie. Sûrement dans ce moment-ci vous avez quitté Gaza et vous avez porté vos armes victorieuses jusqu'à Damas. Quant à nous, notre situation est toujours la même, nous sommes bien les maîtres de l'Égypte, mais les mamelucks ne sont pas détruits. Je vous envoie ci-joint le rapport du général Belliard qui vous fera connaître en détail les violents combats qu'il a eu à soutenir. Dans ce moment-ci, je me rapproche de lui par la rive droite pour en imposer aux habitants révoltés, les punir, et jeter dans les déserts les mamelucks qui s'y trouvent.

Voici la situation des mamelucks : A Samahout, ils étaient 2,400; la misère, la faim et les déserts en ont fait périr environ 400. Lorsque le manque de toute subsistance a forcé Mourad d'abandonner les pays au-dessus de Sienne, et qu'à travers les déserts il est venu prendre de l'eau à Armout pour se retirer dans les oasis, il avait alors avec lui 1,000 mamelucks; 300 l'ont suivi avec Osman bey, Ottambourgi, Mohamet bey, Elusenfort et Ossman bey Bardis; Hassan bey était avec eux. Des 700 autres, 600 se sont dispersés dans tout le pays, ont vendu leurs armes et vivent comme paysans dans les villages; 100 autres qui avaient conservé leurs armes se sont joints aux petits partis qui rôdaient dans le pays. Soliman bey, Rossnan bey, Achmet bey et Kamargui, Cassin bey Mossou, sont à ce que l'on assure restés au-dessus de Sienne avec leurs femmes et 300 mamelucks; Selim bey Aboudiab est aussi avec eux. J'attends des nouvelles pour savoir si décidément ils restent dans ce pays là.

Dans l'Egypte se trouve Osman, bey de Hassan, auquel sont venus se joindre Hassan bey, venu d'Elouah, Osman bey Clergan venu de Brib, ils ont 200 mamelucks. Sallé bey de Hassan renforcé de Selim Elmarangi kachef de Mourad est avec 200 mamelucks de tous les beys entre Kéné et Girgé sur la rive droite, joint aux Arabes nos plus cruels ennemis; il fait le plus grand mal, attaque les barques qui passent et dévaste beaucoup. Ossman bey se tient dans les déserts au-dessus de Kéné, vis-à-vis d'Acnim. Dans l'intérieur des déserts se trouve Elfi bey avec vingt et un mamelucks à cheval et 60 à dromadaire. On ne peut pas savoir où il se trouve. Selim, caché avec une trentaine d'hommes, est dans les montagnes vis-à-vis Siout, Cassin bey Abousef avec 40 mamelucks est chez les Arabes vis-à-vis de Melaoué. Dans cette partie là encore se trouve Sallé bey l'ancien, avec 20 mamelucks. Vis à vis Miniet se trouve Soliman le Boual avec un peu plus.

Je vous donne ces détails, général, afin que vous conceviez bien notre position. J'ai dispersé mes troupes de la manière suivante:

A Esné — quatre cents hommes.

A Kéné — huit cents hommes pour combattre les mekins et mamelucks et 2 canons.

A Girgé — deux cent quarante hommes d'infanterie.

A Tata — deux cent quarante hommes d'infanterie et deux cents chevaux.

A Siout — autant et deux canons.

Ces deux derniers points sont importants pour contenir la population qui est extrêmement nombreuse et riche et pour combattre en se réunissant Mourad s'il descendait et venait s'unir aux nombreux Arabes de Bencati. Ces différents détachements font partout la guerre aux mamelucks. A Miniet, le citoyen d'Etrée a combattu Soliman le Boual réuni aux Arabes, il a été blessé dans le combat, on le dit même mort, il a perdu 4 mamelucks.

A Melaoué, Sallé bey a eu deux de tués et deux de blessés par les habitants chez qui il voulait venir.

A Girgé, Selim Elmerangi et 44 mamelucks ont été tués et 30 blessés par les troupes du citoyen Moreau, comme je vous l'ai mandé par ma dernière lettre.

Vous voyez à présent que les mamelucks réduits au sort d'Arabes sont extrêmement difficiles à atteindre; bien servis par leurs espions, ce n'est que par hasard qu'on les joint.

En les fatiguant, peut-être parviendrions-nous à les dégoûter, faire périr leurs chevaux, faire manger leur argent, alors nous en serions débarrassés. J'enrage de ne pouvoir pas faire vite, mais je ne sais comment faire. Le manque où nous sommes de cartouches, nous embarrasse fort. J'en ai demandé avec les plus grandes instances au général Dugua, mais elles nous arriveront bien tard. Le général Belliard redoute de tirer un coup de fusil.

Je voudrais bien aller à Kosséir, mais il y a cinq jours entiers de déserts sans eau. On ne peut pas y aller avec peu de monde, nous n'avons point d'argent, peu de moyens; comment faire? Nous avons détruit trois armées de Mekins, il en viendra peut-être dix, leur fanatisme est au comble, et leur courage admiré de tout le monde.

J'attends, mon général, de vos nouvelles avec impatience. Si vous avez été mal, nous ne sommes pas mieux, vos troupes ont été longtemps reposées et ont des espérances d'être bien; nous ne demandons qu'à pouvoir bien faire. Quelles sont vos intentions ? Deux mille Grecs levés dans le pays où vous êtes avec moitié de Français pourraient peut-être vous conserver celui-ci. Jugez, nous ferons tout ce que vous voudrez

Je vous ai déjà mandé que *Thèbes était bien au-dessus de sa réputation, rien au monde ne lui ressemble pour l'énormité, la richesse des ruines que l'on y voit encor.* Je ne juge que les voyageurs qui en ont parlé ne l'ont pas vu qu'en ce qu'ils n'en ont pas assez parlé. De tous les monuments que nous avons admiré, celui de Dendera est celui qui nous a paru le plus digne de remarque par la pureté de ses plans et la beauté de ses détails. Le citoyen Denon vous en apportera, j'espère, des plans et des vues qui vous feront plaisir.

Il y a à Thèbes deux obélisques d'une taille et d'un fini de travail qui font qu'aucun de ceux de Rome ne leur est comparable. Transportés à Paris, ils y seraient bien extraordinaires.

Signé : Desaix.

## DÉPART DE BONAPARTE.

### *Le général Menou au général Dugua.*

Mon cher général, je vous envoie ci-joint un paquet de lettres que m'a remis le général Bonaparte, au moment de son départ pour la France, plusieurs sont très-importantes.

Le général est parti avant-hier dans la nuit, je n'ai pu qu'approuver le motif de son départ; cette mesure est la seule dans mon opinion qui puisse être utile à l'armée.

Il s'est embarqué sur la *Muiron*, commandée par Gantheaume, la *Carrère*, commandée par du Manoir, de conserve, ainsi que deux avisos.

J'ai eu ordre de ne vous expédier ce paquet que trente-huit heures après le départ des frégates, qui ont eu un débarquement heureux, au moins par ce que nous avons pu en juger par les meilleures lunettes. Pas un seul Anglais, pas un Turc.

Le général Kléber commande l'armée.

J'imagine qu'il arrivera à Rosette demain. — J'ai tous les paquets à lui remettre.

Adieu, mon cher général, recevez les nouvelles assurances de mon inviolable attachement.

ABDALLAH. J. MENOU.

A Alexandrie, le 24 août 1799.

## CHAPITRE XII

Voici la première lettre que Desaix a écrite à son arrivée en France; elle était adressée à un membre de sa famille.

Au Lazaret de Toulon, le 14 floréal an VIII.

J'arrive d'Egypte, ma très-bonne et estimable tante. Le premier moment où je touche la terre je vous le consacre. Faites-moi le plaisir de me faire savoir le plus tôt possible comment vous vous portez, si vous êtes heureuse. Je demande à vous et à tout le monde parce que j'y prends le plus vif intérêt. J'ai été longtemps éloigné de vous. Que ces années ayent été tranquillement passées par vous ai l'objet de tous mes vœux, j'ai été bien fatigué. Je le suis encore, mais heureusement pas malade. J'espère à présent avoir des agréments et des consolations qui me dédommageront des peines passées. Vous savoir bien en sera une grande, vous voir la plus agréable.

Je vous salue et vous aime de toute mon âme.

DESAIX.

OPINION DE DESAIX SUR LE SYSTÈME DE GUERRE PRATIQUÉ EN EGYPTE.

*Lettre du général Desaix au général Dumas.*

Toulon, le 6 prairial an VIII.

Je vous remercie infiniment, mon général, de votre obligeant souvenir ; c'est avec bien de l'intérêt que j'ai appris votre retour et la fin de votre proscription. Je me fais une très-grande fête de vous revoir où je désirais: à l'armée. Je ne crois point passer à Dijon, j'ai ordre du Premier Consul d'aller le joindre directement. Vous devez juger de mon impatience, ma quarantaine finit demain, et sur-le-champ je cours en Italie. Je brûle d'entrer dans la carrière; mes amis, mes camarades y brillent dans les campagnes de Souabe; je les suis des yeux.

Je ne suis pas surpris que vous n'ayez pas tout ce qu'il vous faut pour comprendre notre pénible *campagne de la Haute-Egypte*. Les opérations du Delta et de la Syrie étaient dans l'ordre ordinaire; *dans l'autre partie, elles ne ressemblaient à rien de ce qui est connu*. Ce n'était pas une guerre, c'était une *chasse* difficile, consistant à forcer, avec la seule infanterie, une cavalerie intrépide, ne combattant jamais qu'à sa fantaisie, ne pouvant qu'être surprise, mais jamais forcée de combattre. Recrutée à tout instant par ses nombreux partisans et par quelques-unes des tribus arabes que déterminaient l'appât du butin et la facilité d'échapper au danger, cachée dans d'immenses déserts où des fontaines et quelques pâturages lui permettaient de subsister à couvert de l'ennemi, il était presque impossible d'obtenir des succès décisifs. Ce n'est que par des marches continuelles, une grande activité; ce n'est qu'en créant des *compagnies de dromadaires*, que nous avons pu parvenir à détruire un ennemi toujours étonnant par sa constance. Souvent surpris, battu et rejeté hors du territoire de l'Egypte, l'horrible faim le ramenait aussitôt 30 ou 40 lieues au-dessous du point où on l'attendait. *Jamais une poursuite n'a été moindre de 500 lieues*; et nous en avons fait plus d'une. Cent fois pendant la nuit nous avons surpris Mourad-Bey et lui avons enlevé armes, chevaux et équipages; chaque fois, perdu dans l'immensité du désert, il s'est réorganisé : il avait encore 100 cavaliers de 4,000 mameluks qui composaient sa troupe particulière à la bataille de Samhoud. Le récit de notre campagne ne serait que celui de notre excessive patience, de nos souffrances, mais non de nos combinaisons.

Ne connaissant pas la formation de nos armées, non plus que celle des ennemis, je ne puis encore deviner les mouvements qui se préparent ; mais, si je ne me trompe, ils seront suivis des plus heureux succès.

J'ai appris en Egypte . . . . . . . . . . . . . . . . . .
. . . . . . . . . . . . . . . . . . . . . . . . . . . . . .
. . . . . . . . . . . . . . . . . . . . . . . . . . . . .
et je vous prie de croire à toute l'estime comme à tout l'attachement que j'ai pour vous.

Signé : Desaix.

### *Mourad-Bey à Desaix.*

Lorsque nous étions au Caire et que la paix s'est faite entre nous et le général en chef des Français, nous avons fait aussi des accords Le Dieu puissant fasse que nous les observions et que nous n'y manquions jamais en aucune manière. Que l'amitié entre nous et les Français soit toujours la même. Dieu veuille qu'elle augmente progressivement soit de loin, soit de près. Nous souhaitons au grand général des Français toutes sortes de succès dans tout ce qu'il entreprendra.

Nous vous faisons savoir, Notre cher Ami, aussi cher que notre vie, que nous sommes très-gênés par la grande quantité de soldats qui nous arrivent dont le nombre est de 2,000. Que les pays que nous a donnés le grand général des Français, depuis Girgé et en-dessous jusques en haut, n'ont pas été inondés par les eaux. Il ne se trouve que dix mille trente feddams de terres ensemencées; encore l'ont-ils été artificiellement. Hors cela il ne se trouve rien, aussi le peuple est-il bien malheureux par le manque des eaux. Les cantons qui sont au-dessous de Girgé ne sont arrosés qu'à moitié, mais Akmine est entièrement aride, il ne se trouve qu'un peu de Schétaoud et quelques îles. Nous n'avons d'entièrement arrosé que le pays de Barasboura.

Notre ami, le grand général des Français, nous a obligés de payer une contribution de 15,000 ardebs de grains et 25,000 ardebs d'orge. Les pays qu'on nous a concédés ne peuvent suffire à cette demande et à l'entretien de vos soldats; nous ne savons quels moyens employer pour remplir ces engagements. Nous sommes convenus de payer cette somme, mais quand nous avons fait les accords, nous pensions que les pays avaient été baignés par les eaux. Lorsque nous les avons vus arides, nous avons été extrêmement affligés parce qu'ils ne peuvent suffire pour donner ce qui est demandé et pour notre nourriture. Nous avons espérance que le grand général prendra en considération notre malheureuse situation et allègera notre misère.

Nous vous demandons pour médiateur auprès du grand général des Français, afin de l'engager à nous laisser le miri et à réunir aux pays qu'il nous a donnés ceux de Edfeh-el-Oudia, Guesiret-Schandaouil et El-Maragua pour soutenir notre existence. Nous espérons plus que cela, nous espérons que vous nous ferez roi du Kaire sous la protection de la République française.

Notre Ami, sans délai, écrivez de notre part au général en chef au Kaire, car nous ne savons comment obtenir tout ce que nous demandons, si vous n'y contribuez en employant tout votre zèle.

Notre cher fils Assan-Aga va auprès de vous et vous fera savoir plus amplement toutes nos demandes.

Expédiez, nous vous en prions, une personne de votre part au grand général français, et s'il est nécessaire nous y en joindrons une aussi pour l'y accompagner, parce que notre bien et le vôtre ne font qu'un. Dieu veuille que notre intercession soit heureuse et que le grand général ne manque pas d'y faire droit.

Assan-Aga vous fera connaître nos intentions.

(Classé aux pièces sans date précise.)

---

### Ordre de retour de Desaix

12 frimaire an VIII.

*Le ministre au citoyen Desaix, général de division employé à l'armée d'Orient.*

En exécution des ordres des Consuls de la République, vous voudrez bien, citoyen général, faire les plus promptes dispositions pour *revenir en Europe*.

Le général Kléber est chargé de prendre les mesures nécessaires pour vous faire remplacer dans le commandement qui vous est confié.

Salut.

# CHAPITRE XIV

### Marengo, d'après Berthier et Dupont.

Le duc de Bassano et Carnot ont laissé sur Marengo deux lettres qu'il importe de publier sur le présent débat. Les voici en leur entier :

*Le Secrétaire d'État au ministre de la guerre.*

Paris, le 26 juin 1800.

J'ai reçu, mon cher compatriote, la suite du Journal des opérations de l'armée de réserve, rédigé par le général Dupont, chef de l'état-major. J'avais à l'instant même et selon votre désir ordonné l'insertion au *Moniteur*. Ce morceau était composé et allait paraître lorsque, hier soir fort tard, un courrier a apporté un rapport très-détaillé de l'affaire de *Marengo* fait par le général Berthier au Premier Consul. Vous trouverez ce rapport dans le *Moniteur* de ce jour. En l'y faisant insérer, j'ai ordonné qu'on suspendît l'impression du rapport du chef de l'état-major. Je vous prie de me faire dire si vous pensez que sa publicité ait encore aujourd'hui quelque avantage, d'examiner même s'il n'y aurait pas quelque inconvénient à donner un nouveau récit dont tous les détails ne seraient peut-être pas parfaitement analogues. J'attendrai votre réponse pour donner des ordres aux rédacteurs du Journal officiel.

Salut et fraternité.

Hugues, B. Maret.

*Le ministre de la guerre au citoyen Maret, conseiller d'État.*

Paris, le 26 juin 1800.

Il a été convenu mon cher compatriote, entre le général en chef Berthier et le général Dupont, chef de l'état-major général de l'armée de réserve, que le premier adresserait au Premier Consul des rapports détaillés sur toutes les opérations de cette armée et que le second dresserait en même temps un Journal continu des mêmes opérations successivement au ministre de la guerre.

Ces deux ordres de relations me paraissent peut-être également intéressantes à conserver. Ils sont tous les deux officiels, et l'on ne doit pas craindre qu'ils présentent de contradiction, puisqu'ils s'exécutent *d'accord* avec les deux généraux.

Vous vous rappellerez d'ailleurs que dans le temps que le *Premier Consul* commandait en chef l'armée d'Italie, on publiait également ses *dépêches* et les *journaux* du général *Berthier*.

On a jusqu'ici publié les *rapports* du général *Moreau*, pour l'armée du Rhin, et les *journaux* du général *Dessole*.

Je pense qu'il est aussi très-utile de continuer à publier la suite du Journal du général Dupont, parce qu'on ne saurait trop mettre de soin à recueillir de semblables matériaux pour l'histoire.

Je vous salue cordialement.

CARNOT.

(Pièce des bureaux de la guerre, corrigée de la main de Carnot.)

### 4 Thermidor an VIII.

*Le ministre de la guerre à M<sup>me</sup> Desaix, rue du Sentier, N° 20, à Paris.*

Les Consuls de la République ont approuvé, Madame, par arrêté du 1<sup>er</sup> de ce mois, la proposition que je leur ai faite de vous accorder une pension viagère de 3,000 fr. à titre de Récompense Nationale pour les services importants rendus à l'Etat par le brave Desaix votre fils, dont la perte est un véritable sujet de douleur pour tous les Français et qui a été vivement sentie par le Premier Consul sous les yeux duquel il a développé cette hardiesse de génie et de talent qui contribua à fixer la victoire sur les drapeaux de la République à la bataille de Marengo.

J'attends, Madame, que vous m'ayez transmis votre extrait de naissance pour vous expédier le brevet de cette pension si chèrement acquise et si bien méritée.

Vous toucherez, en attendant, 3,000 fr. qui vous sont accordés à titre d'indemnité par le même arrêté des Consuls. Je vais ordonner que cette somme vous soit payée sans délai.

Je vous salue.

---

### 7 Thermidor an VIII.

*Le ministre de la Guerre à Madame veuve Desaix, née Beaufranchet, à Veygoux, par Riom, département du Puy-de-Dôme.*

Tous les Français ont partagé, Madame, la douleur que le Premier Consul manifesta en apprenant la mort du général des Aix, tué à la bataille de Marengo deux jours après son retour de l'armée d'Orient. Cette perte, vivement sentie par toute l'armée et par le gouvernement français, a dû vous affecter encore d'une manière plus sensible, vous, Madame, dont il faisait la consolation et le bonheur. Les Consuls de la République, désirant adoucir l'amertume de votre affliction, vous accordent, à titre d'indemnité, un secours de 3,000 fr. et une pension annuelle de la même somme à dater de la mort de votre fils.

Je m'empresse de vous transmettre l'ampliation de leur arrêté et je vous adresserai incessamment le livret de votre pension.

Salut et fraternité.

RÉPUBLIQUE FRANÇAISE.

DÉPARTEMENT DE LA GUERRE.

## AMPLIATION.

*Extrait des Registres des délibérations des Consuls de la République.*

Paris, le 8 messidor de l'an VIII de la République Française une et indivisible.

Les Consuls de la République arrêtent :

### Art. 1er.

Le corps du général Desaix sera transporté au couvent du grand Saint-Bernard, où il lui sera élevé un tombeau.

### Art. 2.

Les noms des demi-brigades des régiments de cavalerie,

d'artillerie, ainsi que ceux des généraux et chefs de brigades, seront gravés sur une table de marbre placée vis-à-vis le monument.

### Art. 3.

Les ministres de l'intérieur et de la guerre sont chargés, chacun en ce qui le concerne, de l'exécution du présent arrêté.

*Le Premier Consul,*
Signé : BONAPARTE.

Par le Premier Consul :
*Le secrétaire d'État,*
Signé : Hugues B. MARET.

Pour ampliation :
*Le secrétaire général du département de la Guerre,*
Signé : Aug. COLLIGNON.

---

MUSÉE NAPOLÉON. — DIRECTION.

Paris, le 1ᵉʳ floréal an XIII.

Vivant Denon, membre de l'Institut national, de la Légion-d'Honneur, directeur-général du Musée Napoléon, de la Monnoie des médailles, etc.

A *Monsieur Le Sueur, directeur de la Musique de l'Empereur.*

Monsieur,

L'Empereur voulant inaugurer lui-même le tombeau de Desaix sur le mont Saint-Bernard, le 25 prairial prochain, je suis chargé par Sa Majesté des différens préparatifs pour cette cérémonie. J'ai pensé que l'exécution d'une musique guerrière ajouterait beaucoup à l'intérêt de cette fonction. Permettez-moi de m'adresser à vous, Monsieur, pour le choix de deux morceaux d'harmonie, l'un funèbre et l'autre guerrier qui seraient exécutés par les musiciens de la garde ou par ceux de tout autre corps.

Monsieur Perne, qui veut bien se charger de ma lettre pour vous, se charge aussi de vous voir pour cela et de m'expédier cette musique à Milan.

Agréez, Monsieur, l'hommage de ma haute considération.

DENON.

—

### DÉCISION.

Sire, Votre Majesté, en me nommant inspecteur général de la régie des Salines, me fit espérer que, par la suite, elle me donnerait une meilleure place, et Votre Majesté daigna me renouveler cette promesse à la signature de mon contrat de mariage.

La plus belle place et la plus grande faveur que Votre Majesté puisse m'accorder, ce serait de m'attacher à son auguste personne pour lui prouver le dévouement sans bornes que le frère du général Desaix n'a cessé et ne cessera d'avoir pour elle.

Saint-Cloud, 13 septembre 1806.

Renvoyé au maréchal Duroc pour m'offrir le moyen de l'employer utilement et agréablement (1).

Signé : NAPOLÉON.

(1) *Correspondance de Napoléon*, n° 12,183

# APPENDICE

## I.

Discours du maréchal Berthier.

*Prononcé à l'Hospice du mont Saint-Bernard, le 19 juin 1805 (1).*

Un guerrier dort sous cette tombe, et c'est le héros dont il prononça le nom à son dernier soupir qui nous rassemble autour de son ombre pour lui fonder un monument.

Desaix a mérité par sa vie entière cet hommage d'un grand homme et de la patrie. Dans l'âge des plaisirs, il se formait déjà pour la gloire et s'occupait de toutes les sciences qui font l'homme d'Etat et le guerrier. L'histoire, en lui peignant les grands hommes, lui inspira la noble ardeur de les imiter, et accrut sa passion pour l'art de vaincre; les fatigues, toutes les privations supportées au milieu des Alpes endurcirent un tempérament qu'on avait jugé trop délicat pour le métier des armes.

Il avait vingt-trois ans, le grade de capitaine, et l'emploi d'aide-de-camp à l'armée du Rhin, quand la guerre fut déclarée. Envoyé en reconnaissance, il revenait à Landau, il découvre l'ennemi aux prises avec les Français; il y vole sans armes, se précipite dans la mêlée, a

---

(1) Inséré au *Moniteur* du 30 juin.

son cheval blessé, est fait prisonnier, se dégage, étonne ses chefs par ses traits de lumière, s'élance de nouveau et sort couvert de gloire entouré des prisonniers qu'il a faits.

C'était tout à la fois son premier combat et le premier de la guerre. Les vieux militaires prédirent alors un soutien pour la patrie dans ce jeune guerrier qui se montrait audacieux avec réflexion et tour-à-tour impétueux et tranquille. L'éclat de cette action retentit dans l'armée Beauharnais s'en fait redire les détails, l'appelle auprès de lui, le nomme successivement chef de bataillon, adjudant-général et commandant des brigades qui vont au secours de Mayence. C'est par les talents que cette opération le met à même de signaler qu'il est nommé général de division.

Desaix à 25 ans est à la tête d'un corps d'armée, dans ces temps d'orage où la gloire même est souvent un obstacle de plus à la victoire par l'ombrage qu'elle fait naître.

L'ennemi, à Schifferstat, profite de son absence pour surprendre une de ses divisions : en vain poursuit-il nos bataillons dispersés dans la plaine ; Desaix arrive ; on lui crie : Qu'ordonnez-vous ? La retraite de l'ennemi, répondit-il. A sa voix les fuyards se rallient, l'action se rengage, Desaix donne à la fois l'ordre et l'exemple : déjà, dans l'ébranlement, dans le choc, il a saisi cet instant rapide qui décide la victoire : l'ennemi attaqué partout est partout vaincu.

Danheim, Lauter, Wissembourg, Rastadt, Lauterbourg, Renchen, Malseck, Langenbruk et Kehl sont encore couverts de ses trophées.

La paix conclue, Desaix s'empresse de passer les monts pour aller connaître ce jeune héros qui venait de la commander : il en reçoit l'accueil le plus flatteur ; il jure de ne plus se séparer de sa fortune, il va visiter ses champs de bataille, ses positions, ses campements ; il est sur le vaisseau qui le conduit en Egypte ; il combat à ses côtés à Chebreïsse, aux Pyramides, et quand Mourad-Bey avec ses dix mille mamelucks a gagné la Haute-Egypte, Bonaparte envoie pour le combattre dix-huit cents hommes.... et Desaix.

L'histoire retracera cette campagne si féconde en prodiges ; elle peindra Desaix traversant des pays inondés ou des déserts arides ; s'avançant environné, harcelé de tous côtés par l'ennemi, obligé d'interroger à chaque pas un mamelouk ou un Arabe pour en tirer ce qu'il veut dire et même ce qu'il veut taire ; livré à la faim, à la soif, à toutes les privations ; campant sur les sables brûlants, gagnant chaque jour une victoire et donnant à chaque victoire, à l'ennemi vaincu, le bienfait d'une institution nouvelle ; conquérant par la force et civilisant par la douceur, détruisant ou dispersant dix mille hommes de cavalerie avec dix-huit cents Français ; triomphant enfin par la patience et la modération de la résistance que la barbarie, les préjugés, les mœurs et la religion apportaient à la civilisation de ces contrées.

Mais tandis que l'Orient prospérait par les Français, la France touchait à sa perte et Bonaparte était appelé pour la sauver. Desaix accourt au premier signal ; il traverse les mers sur un parlementaire ; il est arrêté par des Anglais qui le maltraitent et par un Africain qui l'accueille en ami ; il s'irrite des retards qui peuvent l'empêcher de combattre ; il arrive à Stradella le 22 prairial; il reçoit à Marengo le commandement d'une division, et, frappé dans une charge qui décide la victoire, il expire en prononçant les mots de *Bonaparte* et de *postérité*.

Sa mort est un jour de deuil pour la France ; elle sera pour ses amis l'objet éternel de leurs regrets. Le noble assemblage qu'on voyait en lui des vertus guerrières et des vertus privées, entraînait tous les cœurs. Cette âme inflexible et rigide pour le devoir, douce et compatissante pour le malheur, cet oubli de ses intérêts qu'il poussa au point de faire un emprunt pour l'existence de quelques jours ; cette fierté qui lui fit toujours dédaigner la faveur ; cette égalité de mœurs qui ne changeait jamais, quand tout changeait dans sa fortune ; cette habitude des privations que nul ne porta peut-être aussi loin ; ses connaissances étendues sur la plupart des sciences ; cet amour de la patrie dont son âme était embrasée, lui formaient un caractère qui faisait regarder sa société et son amitié comme le premier des biens.

Guerriers qui avez servi sous ses drapeaux, et vous qu'il honora du nom d'amis, et vous qui recueillîtes son dernier soupir, jetez aujourd'hui des lauriers sur sa tombe et venez poser avec moi la première pierre d'un monument à ériger dans un lieu plein des souvenirs d'Annibal, de Charlemagne et de *Bonaparte*.

Et vous, vénérables solitaires, nous vous confions le dépôt de cette cendre et ces tables de bronze où sont gravés les traits de cette bataille qui a vu terminer ses jours.

Dites au voyageur, dites au guerrier qui, traversant ces monts, viendra présenter son épée sur le marbre de cette tombe : Voilà l'homme que l'Orient salua du nom de *Juste*, sa patrie du nom de *brave* et son siècle du nom de *sage*, et que Napoléon a *honoré d'un monument* (1).

## II.

### Jugement de Gouvion St-Cyr sur Desaix.

(Mémoires de St-Cyr, t. IV, Ch. IV, 1797, p. 190 à 194.)

A l'occasion de l'armistice, Saint-Cyr ayant mis peut-être un peu trop de chaleur à soutenir qu'il était inopportun et contraire aux intérêts de la France, qu'il retarderait le moment de la paix au lieu de l'avancer, Moreau lui avait montré du froid et un peu d'humeur; cependant, au moment de son passage à Strasbourg pour retourner avec ses troupes dans le Palatinat, il fut rendre visite à Moreau qui avait eu le temps de juger des inconvénients du parti qu'il avait pris ; aussi son mouvement d'humeur était tellement passé, qu'il ne tint qu'à Saint-Cyr de recevoir également la dangereuse confidence qu'il avait précédemment faite à deux de ses collègues; mais comme celui-ci a toujours eu de la répugnance pour les confidences de cette nature et surtout de la part de grands personnages, il détourna deux ou trois fois la conversation que Moreau entamait sur le sujet de la correspondance et prit congé de lui. Il vit ensuite Desaix, qui fut discret sur ce chapitre, mais qui lui parla de son dégoût de servir davantage avec Moreau, et de son projet de se faire donner

(1) Une souscription publique avait été proposée au *Moniteur*, le 3 messidor.

une mission par lui, de se rendre en Italie aussitôt qu'il serait rétabli de sa blessure, pour s'attacher à Bonaparte et se lier à sa destinée; « car, disait-il, je suis persuadé
» que Moreau ne fera jamais rien de grand, et que nous
» ne pourrions jouer auprès de lui qu'un rôle très-subal-
» terne; tandis que l'autre est fait pour jeter un tel éclat,
» acquérir une gloire si immense, qu'il est impossible
» qu'il n'en rejaillisse sur ses lieutenants. »

Saint-Cyr fut fort étonné de la résolution prise par son collègue qu'il avait toujours vu si avant dans les bonnes grâces des généraux en chef et en particulier de Moreau. C'était la première fois que Desaix lui avait montré de l'ambition, car, jusqu'alors, il avait donné tant de preuves du contraire, par les refus successifs qu'il avait faits du commandement de l'armée! Il sentit plus que personne la perte qu'elle allait faire, si la guerre devait encore continuer; la vive amitié qui avait d'abord régné entre eux et la bonne intelligence qui lui avait succédé ensuite et que rien n'avait pu altérer, étaient d'autres causes de regrets. Depuis longtemps, sans doute, on avait cru apercevoir de la rivalité entre eux, il était difficile qu'on n'eût pas cette idée; pour eux, ils n'y voyaient cependant qu'une utile émulation. Leur passion dominante n'était pas la même: dans l'un c'était l'amour de la gloire, et dans l'autre celui de la patrie et le sentiment des devoirs qu'il impose. Leur manière de voir et de faire la guerre était aussi différente que leur caractère: l'un aimait de préférence les troupes légères et toutes les actions de la guerre qui se font avec elles, les affaires d'avant-gardes et celles qui leur ressemblent; l'autre donnait la préférence aux troupes qui pouvaient porter les coups les plus décisifs Desaix faisait presque tout avec son avant-garde, Saint-Cyr avec sa réserve. Aussi dans les conseils ils étaient rarement du même avis ; mais il ne peut résulter d'inconvénients de ce qu'une question militaire soit envisagée sous des aspects différents : le général en chef se trouve plus en état de décider.

Enfin, Saint-Cyr eut occasion de donner bien plus de regrets encore à l'éloignement de son camarade, lorsque la guerre recommença. C'est déjà une tâche bien grande de conduire ses troupes, quand on se trouve secondé convenablement par les talents de son voisin ; mais si celui-ci est faible, qu'il se laisse battre aujourd'hui, l'autre sera battu le lendemain ; pour éviter ce malheur, il est obligé de veiller sur son collègue, de le protéger avec une partie de ses troupes, ce qui augmente les embarras de la situation. En ayant Desaix pour voisin, on était certain qu'il ne se laisserait pas battre, on n'avait besoin de s'occuper que de la position dont on était chargé.

## III.

#### DESAIX D'APRÈS LE MARÉCHAL MARMONT.

Comme toutes les batailles longtemps disputées, perdues pendant une partie de la journée, un dernier coup de vigueur, après tant d'heures de lassitude, vers le soir, a ramené à nous la fortune et la victoire. Ce succès nous coûta le général Desaix, c'était le payer aussi cher que possible. Desaix ne prononça point les belles paroles qu'on a mises dans sa bouche ; il reçut une balle au cœur et tomba raide mort sans proférer un mot. La douleur fut grande dans l'armée. On lui a attribué des pressentiments sur sa fin prochaine. Il avait dit quelques jours auparavant : « Je crains que les boulets d'Europe ne me reconnaissent plus. »

Le général Desaix était un homme bien né. Fort pauvre, élève du Roi à l'école d'Effiat, il n'avait pas montré dans son enfance le germe des qualités qui se sont développées chez lui. Timide et craintif en commençant sa carrière, il parut même manquer d'une sorte d'élévation et ne pas sentir le feu sacré qui le dévora plus tard, car il demanda et obtint une place d'adjoint aux commissaires des guerres, qu'il échangea contre l'épaulette, en quittant le régiment d'infanterie de Bretagne où il était officier. Son peu de fortune en fut cause. Mais bientôt les qualités qui devaient le distinguer si éminemment se développèrent et il revint au métier pour lequel la nature l'avait formé. Il montra activité, intelligence et bravoure, et son avancement fut rapide. Plus il s'éleva, plus il se trouva à sa place. Il était déjà général de division quand je l'ai connu.

Il aimait la gloire avec passion : son âme pure, son cœur droit étaient capables d'en connaître le prix; mais il voulait qu'elle fût dignement acquise et méritée. Il était doué de la plus haute intelligence de la guerre et d'une activité constante; sobre et simple, sa simplicité était souvent poussée jusqu'à la négligence; d'un commerce doux, égal, ses manières polies sans affectation et sa politesse venaient du cœur.

Une élocution facile, assez d'instruction et le goût d'en acquérir toujours, rendaient sa conversation agréable; il avait l'esprit observateur, un grand calme habituel et quelque chose de mélancolique dans le caractère et dans la figure ; sa taille était haute et élancée. Personne n'était plus brave que lui et de cette bravoure modeste qui n'attache pas de prix à être remarquée. Homme de conscience avant tout, homme de devoir, sévère pour lui, homme de règle pour les autres, sa bonté tempérait sa sévérité ; d'une grande délicatesse sous le rapport de l'argent, mais d'une économie allant jusqu'à l'avarice ; estimé de tout ce qui l'approchait ; sa mort a été une grande perte pour la France. Comme il était véritablement modeste et sans ambition, il eût été entre les mains de Bonaparte un instrument utile, dont il ne se serait jamais défié ; et peut-être par la sagesse de son esprit, par la position élevée qu'il aurait eue près de lui, aurait-il exercé dans quelques circonstances une influence utile ; mais il devait nous être enlevé à la fleur de l'âge ; il avait 32 ans quand la mort le frappa. Une circonstance singulière a marqué sa destinée : Emule du général Kléber, tous les deux, avec des facultés et des caractères si différents, ont brillé en même temps d'un semblable éclat. On pouvait comparer leurs actions et leur gloire ; leurs deux noms, contemporains, étaient prononcés avec le même respect, et ces deux émules, ces deux rivaux, séparés depuis peu, sont morts tous les deux le même jour et à la même heure, à 800 lieues de distance, l'un en Europe, l'autre en Afrique. Le Premier Consul regretta sincèrement le général Desaix.

# NOTICE

### JOMINI SUR DESAIX A MARENGO.

L'illustre écrivain a tracé de Marengo un récit incomplet et selon nous erroné, quant au rôle joué par Desaix dans cette journée.

Ces deux appréciations paraîtront graves à ceux qui n'auront pas lu les diverses narrations relatives à cette bataille; elles seront trouvées justes si on compare ces relations entre elles, surtout si l'on échappe à l'influence redoutable du nom de Jomini.

Il y a à cela plusieurs causes.

On doit se reporter d'abord à l'époque où écrivait ce prince de la stratégie et de la tactique. Son *Histoire critique et militaire des guerres de la Révolution* a été révisée définitivement en 1824; or, les *Mémoires du duc de Bellune* n'ont été publiés qu'en 1846 et on sait leur importance spéciale; les *Mémoires* du duc de Rovigo datent de 1828; ceux de Marmont de 1845, et l'*Histoire de la campagne de* 1800, par Kellermann, de 1854. M. Thiers lui-même n'a pu utiliser tous ces documents.

Restaient ceux du Dépôt de la Guerre en France.

Napoléon avait autorisé Jomini à les consulter, mais nous connaissons depuis la *Vie* de ce général par Sainte-Beuve, l'interdiction effective qu'avait formulée Berthier. A-t-il consulté ce qui existait sous la Restauration? nous ne prétendons pas le contraire, mais il n'y paraît pas dans son récit, quant à la description de la bataille elle-même.

Si on veut bien consulter notre chapitre XIV, concernant le rôle de Desaix d'après les papiers du Dépôt de la Guerre d'Autriche qui ont fait l'objet d'une étude approfondie dans la *Revue militaire* de Vienne, on verra que Jomini a complètement adopté ce récit. Mais il n'a cité ni l'*auteur* de l'article dont il a si largement usé, ni le *recueil* militaire dans lequel il a paru et où il a puisé les *éléments* de sa version. Ce procédé vaut qu'on le signale.

4. — Jomini déclare que l'expulsion d'O'Reilly de Marengo par Gardanne et des « avis reçus, » eurent pour résultat de faire soupçonner « la présence de l'ennemi. » Les papiers du Dépôt de la Guerre de France prouvent qu'on connaissait cette présence.

2. — Lorsqu'il ajoute : « L'ordre fut aussitôt expédié à Desaix de revenir de Rivalta, » nous répondons : Où est cet ordre ? Les adversaires de Desaix en parlent et personne ne le cite (1). Or, le nœud de la question est là. Donc c'est une *allégation*, ce n'est pas une *preuve*, pas même une *présomption*. En droit nous disons : *actori incumbit probatio*. Les demandeurs ne produisent pas leurs documents, c'est pourquoi nous prononçons par défaut.

Le recours en *appel* n'est possible qu'avec Bonaparte et Berthier. Leurs relations sont tout aussi muettes et ils étaient les plus intéressés.

(1) Le texte cité par Kellermann : « Je croyais attaquer l'ennemi ; il m'a prévenu : Revenez, au nom de Dieu, si vous le pouvez encore, » n'est pas le style de Bonaparte. En outre, les mots « si vous le pouvez » n'ont rien du commandement militaire ; qu'est-ce si on se rapporte au drame de Marengo. Quant au billet vu « par un jeune hongrois » aux mains de Desaix dont il était « l'ordonnance, » nous laissons au lecteur le soin de qualifier cette preuve et la valeur de ce témoignage.

3. — Les récits français représentent les grenadiers de Lattermann comme écrasés par nos feux, c'est le contraire qu'il faut dire. Ce fut leur solidité qui permit à Mélas de forcer Victor dans Marengo ; il était onze heures du matin. Tout cela Jomini le constate, mais d'après le récit autrichien.

4. — Les bulletins de Bonaparte avaient célébré la fermeté des grenadiers de la garde consulaire. Jomini, toujours d'accord avec les papiers autrichiens, affirme qu'ils furent entamés par les hussards de Frimont.

5. — Parle-t-il des dispositions de Bonaparte pour effectuer sa retraite, protégé par le corps de Desaix et en laissant Carra Saint-Cyr dans Castel Ceriolo ? Il dit textuellement : « Nous sommes forcé de répéter ici que, selon Bonaparte, Carra Saint-Cyr demeura maître de Castel Ceriolo et que la *relation autrichienne* le nie formellement. » L'aveu de l'emploi fait par Jomini des sources est cette fois explicite.

6. — Il était « près de quatre heures, » ajoute-t-il, lorsque Desaix déboucha vers San Giuliano. Nous savons qu'il en était cinq par Marmont et par l'état-major autrichien.

7. — L'ignorance des *Mémoires* d'origine française est complète sur la résolution de combattre à nouveau qu'aurait inspirée Desaix, sur l'ardeur des troupes à recommencer une action jugée désespérée par elles, enfin sur le parti de la retraite qu'aurait pris le Premier Consul.

8. — Jomini se trompe encore lorsqu'il atteste que les troupes répondirent à l'allocution du Premier Consul « par un cri unanime qui promettait la victoire. » Ce cri d'enthousiasme : « en avant, en avant, » ne s'éleva sur

toute la ligne française qu'après la mort de Desaix, et fut le résultat de la vengeance comme de l'enthousiasme des troupes placées derrière la 9ᵉ légère. L'état-major autrichien le reconnaît lui-même et Victor le confirme.

Bien plus, Jomini se contredit lorsqu'il constate que la mort de notre héros excita « la fureur de ses soldats » au point de tout culbuter devant eux et de porter toutes les troupes à s'avancer impétueusement.

Cette seconde partie de la narration s'explique facilement. Elle concorde avec celle des Autrichiens.

Que penser du cri de *victoire* que les troupes auraient poussé après les paroles de Bonaparte ? Cette partie de son récit est toute française, mais elle est fausse. Elle appartient au bulletin de l'armée de réserve, à cette narration arrangée par le Premier Consul pour les besoins de sa cause, et qui avait après coup ce double résultat : le grandir auprès du soldat, de la masse des troupes, rabaisser le rôle de ses lieutenants et amoindrir leur valeur ; surtout, frapper la nation française à l'intérieur par un éblouissement calculé et en bénéficier dans l'ordre politique pour des projets d'élévation ultérieure.

Nous n'avons pas à pousser plus loin cet examen.

Il en ressort deux faits : les erreurs involontaires de Jomini, et ses sources exclusivement autrichiennes comme éléments de son récit.

Certes notre constatation n'a pas pour but de ruiner l'authenticité de ce magnifique exposé. Nous avons trop honoré l'auteur des études de l'*Œstereichische militarische Zeitschrift* pour ne pas persister à le faire à nouveau, mais nous tenons à cette découverte : Jomini a écrit une relation puisée au Dépôt de la Guerre de Vienne, *fait qu'on n'avait pas encore signalé* et qui a, en histoire militaire, une importance considérable.

---

### FEUILLE D'ÉTAT DE SERVICE DE DESAIX.

Des Aix de Veygoux (Louis-Charles-Antoine), fils de Gilbert-Antoine des Aix, chevalier, seigneur de Veygoux, et de dame Amable de Beaufranchet d'Ayat, né à Ayat, diocèse de Clermont, le 17 août 1768.

Sous-lieutenant en 3e en pied, sans appointements, au régiment de Bretagne, 46e d'infanterie, le 20 octobre 1783.

Sous-lieutenant, le 8 juillet 1784.

Lieutenant, le 24 novembre 1791.

Nommé commissaire des guerres (n'a pu être reçu en cette qualité, n'ayant pas encore 25 ans), 20 décembre 1791.

Capitaine, le 23 mai 1792.

Aide-de-camp du général Victor de Broglie, chef d'état-major de l'armée du Rhin, 1er juin 1792.

Adjoint à l'état-major de cette armée, le 1er novembre 1792.

Nommé adjudant-général chef de bataillon, par les Représentants du peuple, le 20 mai 1793.

Nommé général de brigade provisoire par les mêmes Représentants, le 20 août 1793.

Nommé général de division provisoire par les mêmes

Représentants, le 29 vendémiaire an II, 20 octobre 1793.

Suspendu sur la dénonciation du comité de surveillance de Riom, le 23 brumaire an II, 13 novembre 1793.

Confirmé dans le grade de général de division et employé à l'armée de Rhin-et-Moselle, le 16 fructidor an II, 2 septembre 1794.

Commandant en chef par intérim l'armée de Rhin-et-Moselle, du 15 ventôse an IV, 5 mars 1796, au 1er floréal an IV, 20 avril 1796.

Commandant en chef par intérim la même armée, subordonnément à Moreau, du 12 pluviôse an V, 31 janvier 1797.

Commandant en chef par intérim de la même armée, du 8 germinal an V, 28 mars 1797, au 30 germinal an V, 19 avril 1797.

Commandant provisoire de l'armée d'Angleterre, le 5 brumaire an VI, 26 octobre 1797.

Commandant la même armée sous les ordres du général Bonaparte, le 12 nivôse an VI, 1er janvier 1798.

Passe à l'armée expéditionnaire de la Méditerranée, devenue armée d'Orient, le 7 germinal an VI, 27 mars 1798.

Rappelé en Europe et employé à l'armée de réserve, le 12 frimaire an VIII, 3 décembre 1799.

Mort au champ d'honneur, à la bataille de Marengo, le 25 prairial an VIII, 14 juin 1800.

Campagnes : 1792, 1793. Rhin — ans II, III, IV et V; Rhin-et-Moselle — an VI; Angleterre — Fin de VI, VII, et partie de VIII; Orient, — suite de l'an VIII, Réserve en Italie.

# TABLE DES MATIÈRES

Préface.

## LIVRE I
### Campagne de l'armée du Rhin.

**Chapitre premier.** — Jeunesse de Desaix. — Page 1.

SOMMAIRE. — Famille de Desaix. — Ecole militaire d'Effiat. — *Régiment de Bretagne.* — 46ᵉ de ligne. — La Révolution et l'Alsace. — Le colonel Mathieu Dumas. — *Desaix commissaire des guerres.* — Il est nommé Aide-de-camp. — Il proteste contre l'Emigration.

**Chapitre II.** — Desaix et la Révolution. — Page 8.

SOMMAIRE. — Pilnitz et Brunswick. — Le général de Broglie et le général Mathieu Dumas. — Le *Dépôt de la Guerre* et les Etats-Majors. — Affaire de Neuf-Brisack. — Magnifique conduite de Desaix. — Mémoire de La Morlière sur la *Défense de l'Alsace.* — Préliminaires de la guerre. — Desaix à l'Etat-Major général. — Sa bravoure à Landau d'après le maréchal Berthier. — L'Assemblée législative délègue des *Commissaires à l'Armée du Rhin.* — Desaix est emprisonné. — *Mémoire à Carnot* qui lui rend justice.

**Chapitre III.** — Desaix à l'armée des Vosges. — Page 22.

SOMMAIRE. — Résumé de la Campagne de 1792. — *Opinion du Maréchal Gouvion Saint-Cyr sur la capacité progressive des Volontaires.* — Plan de Custine pour la Campagne de 1793, armée du Rhin. — Avenir de Desaix. — Les Commissaires de la Convention protestent contre la situation qu'on fait à l'armée des Vosges. — Critique du plan des opérations d'après Gouvion Saint-Cyr. — Desaix à Worms. — Affaires de Limbach et Rhinzabern. — Conduite de Desaix. — Gouvion Saint-Cyr et Desaix. — *Rapport officiel par les Représentants du Peuple.* — Délation contre Beauharnais à Robespierre. — Desaix au camp de Northweiler. — Son *Rapport sur les* événements du 21 au 30 vendémiaire. — Dessix général de division au camp de la Wantzenau. — Récit de Gouvion Saint-Cyr. — Dépêches de Carnot à Saint-Just. — Desaix à l'affaire de Berstheim. — Desaix s'empare de Lauterbourg. — Jugement de Hoche sur les trahisons anticipées de Pichegru. — Jugement de Gouvion Saint-Cyr sur l'œuvre de l'armée du Rhin.

Chapitre IV. — Desaix à l'armée du Rhin. — Page 47.

SOMMAIRE. — Appréciation de Carnot sur la future Campagne. — Désirs de Hoche sur le même objet. — Plan des Coalisés. — *Plan de Carnot*. — Desaix dénoncé est défendu par les agents du Conseil exécutif de Strasbourg. — *Plan de Carnot commenté par lui-même au général Michaud.* — Desaix vainqueur sur la Reebach. — Procès-verbal du Conseil de guerre tenu à Kurweiller. — Desaix : *Dissentiment entre Desaix et Gouvion Saint-Cyr au conseil de guerre de Landau*. — Desaix à Zaizkheim et à Schweigenheim. — Rapport des Représentants du Peuple et du Général en chef sur les affaires des 12 et 17 juillet, rôle particulier de Desaix. — Sa lettre de Schifferstadt. — *L'Armée du Rhin apprend par des Ordres du jour la fin de la Terreur*. — Opinion de Gouvion Saint-Cyr sur la cavalerie et l'infanterie de l'armée du Rhin. — Correspondance de Bourcier avec Desaix. — *Conseil de guerre tenu à Neustadt.* — Desaix refuse de commander l'armée. — *Saint-Cyr et Desaix désignent Kléber*. — Hiver rigoureux devant Mayence. — *Héroïsme de l'armée*. — Jugement de Gouvion Saint-Cyr sur la Campagne et sur la valeur des troupes. — Son mérite.

Chapitre V. — Desaix en Alsace. — Page 71.

SOMMAIRE. — La France et la Coalition d'après le *Rapport de Boissy-d'Anglas*. — Décrets de la Convention sur les négociations diplomatiques. — La Prusse rompt avec la Coalition. — *Paix de Bâle*. — Éloges du représentant Féraud sur la conduite de l'armée du Rhin pendant l'hiver. — L'armée de Sambre-et-Meuse. — Jugement de *Jomini* sur l'organisation de la campagne. — Desaix quitte les *lignes de Mayence* après une divergence de vues. — La Coalition d'après la diplomatie militaire. — Les commissaires de la Convention défendent énergiquement les droits de l'armée de Rhin-et-Moselle. — L'Émigration et Pichegru. — *Desaix protège l'Alsace contre Wurmser* : Rapport de Rewbell. — Jourdan entre à Dusseldorf. — Manheim capitule. — Retraite de l'armée de Sambre-et-Meuse. — Bulletins de Bacher à Desaix. — Pichegru. — Merlin de Thionville offre au gouvernement le concours de l'armée du Rhin pour réduire le parti Jacobin. — Affaire du 18 octobre — Le *Comité de Salut public désigne Desaix pour sauver*

Manheim. — Conduite contradictoire de Pichegru. — Récits de Gouvion Saint-Cyr et de Pichegru sur le talent déployé par Desaix en novembre. — Desaix sur la Queich, Landau et Franckenthal en décembre. — *Rapport de Rivaud sur l'influence de Desaix dans l'armée.* — Armistice. — Jugement de Gouvion Saint-Cyr et de Jomini sur la Campagne.

Chapitre VI. — **Desaix et l'archiduc Charles.** — Page 99.

SOMMAIRE. — État de l'Armée de Rhin-et-Moselle. — *Instructions de Carnot à Moreau.* — Guerre offensive. — Succès de Bonaparte en Italie. — Tentatives de médiation du duc de Saxe-Meiningen. — Rapport de Moreau sur l'attaque du camp retranché de Manheim par Desaix. — *Lettre de Marceau à Desaix sur la défaite de l'armée de Sambre-et-Meuse.* — *Rapport de Desaix sur le combat de Renchen.* — Desaix et l'archiduc Charles à Ettlingen et Pforzheim. — *Lettre de Desaix sur Gouvion Saint Cyr.* — Poursuite des Autrichiens du Neckar à la Wornitz. — Desaix à la bataille de Neresheim. — Passage du Danube. — Marche sur Augsbourg. — Desaix franchit le Lech. — Desaix à Ingolstadt. — Moreau fait passer l'armée sur la rive gauche du Danube. — Desaix en tête de l'armée. — Instructions du chef de l'état-major général Reynier contre l'Archiduc. — Affaire d'Eichstadt. — *Entente voulue par Carnot entre les armées française d'Italie et d'Allemagne.* — Fautes de Moreau. — L'armée bat en retraite et repasse le Lech. — *Desaix à la bataille de Biberach.* — Retraite vers les Montagnes Noires. — Conseil de guerre. — Desaix et l'armée repassent le Rhin à Huningue. — Vues de Moreau. — Siége de Kehl. — L'Armée d'Italie. — Jugement sur la Campagne.

Chapitre VII. — **Desaix sur le Rhin et en Italie.** — Page 120.

SOMMAIRE. — Cantonnements de l'armée de Rhin-et-Moselle. — *Dissentiment entre Moreau et Beurnonville* — *Lettre de Desaix à Gouvion Saint-Cyr sur la situation militaire* au moment où il prend le commandement en chef par intérim. — Influence des succès de l'armée d'Italie sur la coopération des autres armées. — Moreau à Paris. — Hoche dénonce l'armistice pour l'armée de Sambre-et-Meuse le 14 avril. — *Desaix refuse de l'imiter avec le général Latour.* — Lettre de Desaix à Saint-Cyr. — Préliminaires de Léoben. — *Magnifique conduite de Desaix au 2e passage du Rhin, à Diersheim.* — Éloges du général Mathieu Dumas. — *Lettre du Directoire à Desaix.* — Lettre de Desaix à Saint-Cyr. — Desaix va en Italie avec une mission de Moreau. — 1re *Lettre de Desaix à Reynier.* — *Il compare la tactique de Moreau et celle de Bonaparte.* — 2e *Lettre de Desaix sur l'objet de sa mission diplomatique.* — Bonaparte, s'inspirant du 18 fructidor, prémédite un acte de violence. — Expédition d'Orient.

# LIVRE II

## Expédition d'Orient.

**Chapitre VIII.** — Desaix à l'armée d'Angleterre et à Malte. — Page 135.

**SOMMAIRE.** — I. *Projet du Directoire sur l'Angleterre en 1797.* — Notes de Bonaparte sur l'organisation d'une descente en Angleterre. — Officiers-généraux. — Infériorité de la marine française. — Le Directoire renonce à l'Expédition le 23 février. — Bonaparte propose, le 5 mars, la *Campagne d'Egypte et de Malte.* — Desaix et l'École Polytechnique. — Le Directoire accepte, le 25 avril, l'Expédition d'Orient et licencie les troupes de l'Océan. — II. *Plan de l'Expédition d'Orient par Bonaparte.* — Échec de Brueys à Malte. — Desaix organise à Rome la partie scientifique de la campagne avec Monge. — Lettres de Desaix. — Lettre inédite de Monge. — L'Ordre de Malte. — Desaix à Marsa-Siroco. — Capitulation.

**Chapitre IX.** — Desaix dans la Basse-Egypte. — Page 151.

**SOMMAIRE.** — *Vues de Bonaparte sur l'Egypte.* — Note sur les situations de l'Armée d'Orient. — Opérations du débarquement. — L'armée s'empare d'Alexandrie. — Rôle de Desaix. — Sa division s'engage dans le désert. — *Combat de Damanhour* entre Desaix et les Mameluks. — Desaix à la bataille de *Chobrâkyt.* — Extrait du Journal de marche de la division Desaix dans le désert. — Desaix aux *Pyramides.* — Bonaparte à Desaix sur les desseins de *Mourad-Bey.* — Organisation de la conquête.

**Chapitre X.** — Desaix conquiert la moyenne Egypte. — Page 165.

**SOMMAIRE.** — Subdivision de la Haute-Egypte. — *Jugement de Bonaparte sur Desaix.* — Desaix et l'*Institut d'Egypte.* — Instructions de Bonaparte sur la conquête de la Moyenne et de la Haute-Egypte. — Instructions de Berthier. — Desaix soumet les provinces de Beny-Soueyf et du Fayoum. — *Bataille de Sediman.* — Rapport de Desaix sur la bataille. — La Porte Ottomane déclare la guerre à la France. — *Rapport secret.* — Desaix au combat de Minyet-el-Fayoum, contre-coup de l'insurrection du Caire. — *Lettre* de l'adjudant Donzelot au général Belliard *sur les opérations de Desaix dans le Fayoum.* — Desaix se rend au quartier du général en chef.

**Chapitre XI.** — Desaix conquiert la Haute-Egypte. — Page 183.

**SOMMAIRE.** — Desaix soumet les provinces de Syout et de Gyrgeh. — *Rapport* de son chef d'état-major Donzelot. — Combat de Souâgy et de Tahtab, d'après un *Rapport* de Davout. — *Lettre de Desaix à Bonaparte* sur les opérations : prise de Syène et combat de Samhoud. — Combats de Thèbes et de Qeneh, d'après un *Rapport de Desaix à Bonaparte*. — Lettre de Desaix aux généraux *Belliard et Friant*. — Desaix découvre à *Denderah* le Zodiaque perdu de l'Egypte. — Nouvelles de France. — Mourad-Bey marche sur le Caire. — Affaire de Saouamah. — Perte de la flottille française. — Belliard sauve, à Coptos, la Haute-Egypte. — *Lettres de Desaix à Bonaparte*. — Hassan-Bey est cerné dans la Thébaïde. — Combat de Byr-el-Bar et de Girgeh. — Combat de Syène. — Belliard à Qoséyr. — *Desaix administrateur de la Haute-Egypte*.

CHAPITRE XII. — Desaix et la Convention d'El-A'rych. — Page 209.

SOMMAIRE. — Bonaparte abandonne l'Egypte. — *Un parti demande l'évacuation*. — Kléber général en chef. — Pourquoi ? — *Jugement de Bonaparte sur Desaix*. — Le commodore Sidney Smith s'interpose comme négociateur. — *Texte inédit de ses propositions*. — Réponse de Kléber. — Desaix et Poussielgue plénipotentiaires à Damiette. — Instruction de Kléber. — Desaix et Sidney Smith. — *Protestation de Desaix en faveur de l'armée*. — 1re *Lettre de Desaix à Kléber*. — Kléber persiste dans le projet d'évacuation. — 2me *Lettre de Desaix à Kléber*. — Conseil de guerre. — *Kléber se défend auprès de Desaix*. — Départ de Desaix pour l'Europe. — Desaix écrit à Bonaparte pour *protester contre l'évacuation de l'Egypte*.

## LIVRE III

### Campagne d'Italie.

CHAPITRE XIII. — La deuxième coalition. — Page 235.

SOMMAIRE. — Rôle de Bonaparte. — Cause militaire de la deuxième coalition. — Prétextes de la politique anglaise pour solder les coalitions. — Lettre du Premier Consul au roi d'Angleterre. — Réponse du cabinet britannique. — Ses conditions. — Réplique de Talleyrand. — Aveux de William Pitt au Parlement. — État de guerre.

CHAPITRE XIV. — Desaix à Marengo. — Page 241.

SOMMAIRE. — Éloges du Ministre de la guerre à Desaix sur son retour. — Lettres de Desaix à Bonaparte. — Lettre à sa famille. — Rôle de Moreau à l'armée du Rhin. — Remarquable dépêche de Berthier, général en chef de l'armée de Réserve, au Premier Consul. — Desaix rejoint enfin Bonaparte au quartier-général de Stradella. — Entrevue. — Le 18 brumaire à l'Armée d'Italie et à l'Armée du Rhin. — Dépêche de Berthier à Suchet sur le 18 brumaire. — Le Dépôt de la Guerre et le 18 brumaire. — Dispositions de Bonaparte. — Services rendus par Masséna à l'armée de Ligurie. — Marengo. — Desaix devine une bataille au nord de Novi et se porte au secours du

Premier Consul. — Belles paroles de Desaix. — Sa mort. — Rapport du Premier Consul sur Marengo. — 1er Rapport de Berthier. — Récit du général Dumas. — 2º Rapport de Berthier. — Marmont. — Récit d'après les officiers autrichiens (Dépôt de la Guerre de Vienne). — Réfutation des assertions du général Kellermann. — Savary et Kellermann. — Victor et Desaix. — Rapport de Dupont, chef de l'état-major général, supprimé par Maret. — Maret et Carnot. — Regrets de la France en apprenant la perte irréparable de Desaix.

## PIÈCES JUSTIFICATIVES :

CHAPITRE PREMIER. — Certificat de noblesse.................. 185
    École militaire d'Effiat. .................. 280
    Commissariat des guerres. .................. 286
    Régiment de Bretagne. .................. 289
    46º régiment d'Infanterie. .................. 289

CHAPITRE II. — Généraux en chef qui ont commandé les armées du Rhin pendant la carrière de Desaix, de 1792 à 1800 .. 291
    Arrondissements et pays qui ont été affectés aux armées dans lesquelles a servi Desaix, de 1792 à 1800. ... 295
    Lettre du général Biron au général Custine, sur l'arrestation de Desaix. .................. 298
    Division aux ordres du général Desaix (17 juillet 1794)... 299

CHAPITRE III. — Lettre des Représentants du peuple près les armées du Rhin et de la Moselle, à la Convention Nationale, datée du quartier-général à NIDERBRONN, le 22 décembre 1793. .................. 301
    Lettre des mêmes Représentants, à la Convention Nationale, datée de GERMERSHEIM, le 9 nivôse an IIe, 29 décembre 1793. .................. 302
    Desaix à sa sœur. .................. 303

CHAPITRE VI. — Organisation des bureaux de l'État-major de l'armée de Rhin-et-Moselle. .................. 307
    § 1. — Desaix à Moreau. .................. 309
        Desaix à Moreau. .................. 311
    § 2. — Exécution du programme de Carnot. .. 312
        Dépêche de Reynier à Berthier. ...... 313
        Dépêche de Bonaparte à Moreau. ...... 316
    § 3. — Desaix et Marceau. .................. 317
    § 4. — Desaix et Gouvion-St-Cyr. .................. 318

CHAPITRE VII. — Le général Augereau, commandant en chef l'armée d'Allemagne, au général de division Desaix. . 320

| | |
|---|---:|
| Chapitre VIII. — Composition de l'armée d'Angleterre.. | 321 |
|     État de la répartition des troupes de l'armée d'Angleterre. | 322 |
|     Situation de la division Desaix. | 323 |
| Chapitre IX. — Tableau des demi-brigades d'infanterie ou des régiments de troupes à cheval employés à l'expédition de la Méditerranée. | 324 |
|     Proclamation du général Menou aux habitants de la province de Rosette. | 326 |
| Chapitre X. — Description du Fayoum. | 327 |
| Chapitre XI. — Combat de Samahouth. | 319 |
|     Rapport sur l'expédition de Kosséir. | 333 |
|     Lettre de Desaix à Bonaparte (deux lettres). | 338 |
|     Départ de Bonaparte. | 346 |
| Chapitre XII — Première lettre de Desaix, de Toulon. | 347 |
|     Opinion de Desaix sur le système de guerre pratiqué en Égypte. | 347 |
|     Lettre de Mourad-Bey à Desaix. | 349 |
|     Ordre de retour de Desaix. | 351 |
| Chapitre XIV. — Marengo, d'après Berthier et Dupont. | 352 |
|     4 Thermidor an VIII. | 354 |
|     7 Thermidor an VIII. | 354 |
|     Extrait des Registres des délibérations des Consuls de la République. | 355 |
|     Musée Napoléon. — Direction. | 356 |
|     Décision. | 357 |
| Appendice. — I. Discours du maréchal Berthier. | 359 |
|     II. Jugement de Gouvion Saint-Cyr sur Desaix. | 363 |
|     III. Desaix d'après le maréchal Marmont. | 365 |
| Notice. — Jomini sur Desaix à Marengo. | 368 |

FIN DE LA TABLE DES MATIÈRES.

ERRATUM de la page 248 : *au lieu de*, le témoignage de Gouvion Saint-Cyr à Gênes, il *faut lire* : le témoignage de Gouvion Saint-Cyr sur Gênes.

Toulouse. — Typ. Gibrac et C⁰.

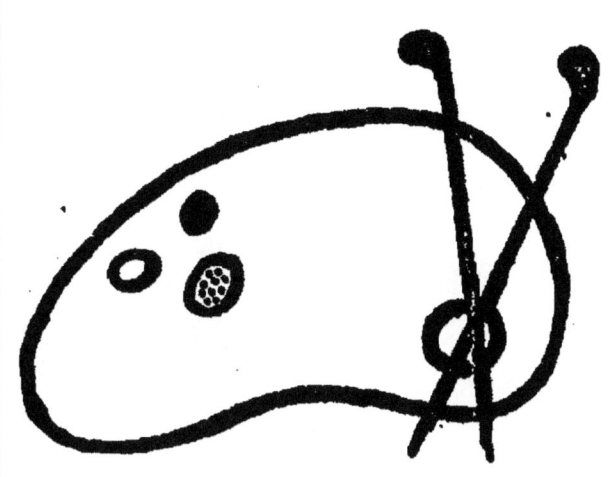

Original en couleur
NF Z 43-120-B